Rich致富348

Z世代經濟

未來最有影響力的新世代，將如何塑造2035世界新常態？

傑森・多希（Jason Dorsey）、丹妮絲・薇拉（Denise Villa）◎著
周玉文◎譯

高寶書版集團

我將本書獻給祖父莫瑞・優林（Murry Ulin），他教我生活、歷史、好故事和世代傳承。我由衷感佩他，每天深受他的記憶所啟發。

——傑森

我將本書獻給我們的女兒瑞雅（Rya），她帶給我超乎想像的喜樂。她的力量、溫暖與對生活的熱情讓我想要成為更好的人。我愛妳遠勝過滿天繁星。

——丹妮絲

每一個新世代都為人類帶來變革。
讓我們擁抱變革，成為故事的一部分。

——丹妮絲·薇拉博士

第三部分 Z世代正如何改變職場世界

各界好評推薦

「《Z世代經濟》堪稱領導者必須吸引新世代消費者和員工、改變自家企業未來的必讀作品。」

——艾瑞克・安德森（Erik Anderson），

頂級高爾夫娛樂集團執行董事、投資機構西河集團創辦人

「在我們當代的世代研究中，《Z世代經濟》是最具權威性的必讀指南。它見解深刻、面面俱到，而且採納真實世界的實務應用，在引導這個即將出現顛覆式創新的世代之際提供彌足珍貴的指導。」

——安卓雅・布莉蔓（Andrea Brimmer），艾利金融行銷長兼公關長

「丹妮絲・薇拉博士與傑森・多希提供罕見的集大成作品，涵蓋研究成果、深刻洞見、策略與實務知識，任何高階主管都可以現學現賣，進而理解Z世代、解放這個世代的潛能，並形塑自家業務的未來。」

——威廉・康寧漢（William Cunningham）博士，西南航空與保險商林肯金融董事會成員、德州大學系統前任校監

「《Z世代經濟》讓我們看見，每個世代領導者都可以善用的故事、洞見與行動，領導Z世代在全球流行病過後的世界中勇往直前。」

——艾莉森．萊文（Alison Levine），
《紐約時報》暢銷書作者

「《Z世代經濟》理當成為釋放Z世代龐大潛能的首選入門指南。」

——安迪．席格（Andy Sieg），
美林證券總裁

「《Z世代經濟》是必讀之作。對必須與Z世代打交道的經營階層、商業領導者與董事會成員來說，薇拉博士與多希提供我們所缺乏的數據、見解與極度渴望的策略。」

——馬丁．泰勒（Martin Taylor），

投資機構遠景股權合作夥伴董事總經理、旗下子公司全一遠景總裁

「聽聽丹妮絲與傑森怎麼說！我身為娛樂、文化圈的第一線工作者，強烈推薦《Z世代經濟》。每一位創作者、領導者與父母都應該讀讀這本書。」

——基南．湯普遜（Kenan Thompson），

《週六夜現場》最長青班底

推薦序

越早開始採取行動，就能越早適應與做好準備，迎接這一股龐大的趨勢與機會。

——艾兒莎，「放棄 22K 蹦跳新加坡」版主／女力學院共同創辦人／苒苒面膜創辦人

我在著手籌備 woomanpower 女力學院的前期，不斷地找剛畢業兩三年的社會新鮮人聊聊他們對人生、職涯的困惑，才發現現在的Z世代憧憬的人生、他們所理解的世界與期待的，的確跟當年的我們不一樣（而且是非常不一樣）。這其實很嚴重影響我們這世代、甚至整個市場。仔細想想，這世代很多的產品、商業模式、品牌無法像過去的方式，燒些錢、用資本賭上，廣大的群眾就買單。其中一個原因，想當然就是受眾裡面，多了一大群

Z世代的族群，而在商業中，若是不懂目標族群，是無法將產品賣給他們的！像前陣子我剛好又去了一些企業演講，閒聊時也發現許多主管和管理階層的人，對於跟不同世代的人溝通，存在著很大的障礙，所以這在職場上，也有不容小覷的困難點存在。

這些障礙，其實就是世代的視野不同所帶來的思維和慾望差距，這些不一樣是因為成長方式與經歷不同，這差距若在工作與團隊中，會影響到整體的工作效能與成果。所以，我在思考自己過去創立的的保養品牌方向時，就很積極理解不同世代的偏好與需求，並因應趨勢變化去制定與布局行銷策略、設計商業模式，是品牌能否在市場生存的關鍵。

按本書定義的年齡範圍，Z世代是在一九九六到二〇一二年之間出生的這一代，這一組年份數字所代表的，是他們在成長過程中共同經歷的歷史事件、社會文化、經濟、科技趨勢等生活經驗，形塑了這一族群相近的價值觀、生活習慣與行為。

目前Z世代在全球有超過二十億人，占總人口32%，已經成為各世代族群中最大的群體，同時也是全球最大的消費群體。嬰兒潮世代即將退休，他們的消費力減緩，有人估計大約有三十兆美元，會從嬰兒潮世代轉移到比較年輕世代的手中。這群人在今年（二〇二一年）最大的已經二十五歲了，正處於社會新鮮人階段，他們很快就會成為職場中成長最快的世代，隨著他們進入職場並進階成為專業人才，也會賺進比現在更多的收入。從這樣驚人的人口與消費力來看，不管是在各個產業中，品牌行銷、企業管理、商業模式等面向的影響與轉變，我們不得不關注Z世代這個族群。

想要理解未來市場的方向，我們可以藉由觀察這龐大群體的花錢模式，他們願意在哪些領域花更多的錢？我們可以怎麼去理解他們消費背後的觀點與行為模式，怎麼去賣東西給他們？以及怎麼去加強品牌在他們心中的信任度與意識感，甚至去布局好顧客之旅的每一個節點與行銷漏斗。

一九九五年後出生的Z世代是第一個完全生活在數位環境與科技的世代。想要理解他們行為模式背後的關鍵點在於「智慧型手機」與「社群媒體」，他們的生活習慣是完全黏著在智慧型手機的小小螢幕上，習慣從線上獲取資訊、在線上學習知識與進行交流，尤其是透過社群媒體平台。在商業模式環節的設計上，依據這些方向去抓出切入點，設計出環環相扣的顧客體驗，一步步地往漏斗底部靠攏。

不管你是創業家、企業領導者、高階主管、行銷人員、人力資源管理人員，或是來自各行各業的工作者，本書對許多產業都有個別的段落提供分析與獨家洞察，包含銀行業、汽車與交通、租屋和購屋、保險與投資、旅遊待客和觀光業、珠寶和時尚配件等等。

本書兩位來自不同背景的作者融合不同的視角，採用各種專業的研究方式，利用量化與質化萃取出的深刻洞察結合故事，讓領導者可以有具體的策略布局參考方向，去揭開Z世代行為背後的驅動力是什麼，研究與彙整非常紮實、有趣，是一份值得一看的未來趨勢研究報告！

現在，吸引前幾個世代的誘因，不管是行銷或是聘雇管理等方法，已經快要行不通了。如果你不想重蹈覆轍當年千禧世代以員工和顧客身分進入職場和社會時的措手不及，現在就是理解他們，並為世代差距搭建起彼此溝通與理解橋梁的最好時機，越早開始採取行動，就能越早適應與做好準備，迎接這一股龐大的趨勢與機會！

前言　Z世代來了

傑傑克記得很清楚自己是在什麼時候看到鳳梨蛋糕廣告的。

當時他正在滑手機，它就這麼從 Instagram 動態消息中跳了出來。影片中的女士演示如何烘焙「看起來就像一顆鳳梨」的蛋糕。傑克點擊那個廣告，在 YouTube 上看完整支影片。他覺得影片超酷的，馬上狂看這位蛋糕達人的影片。

傑克看完五十多支影片後試圖自己動手烘烤生平第一塊蛋糕。結果搞砸了。然後他試做第二塊，也沒成功。他再試第三塊，還是沒做對。他不斷試了又試，一次又一次失敗。

他花了兩個月不斷試做看起來還不賴的蛋糕，最後烤出一個自己覺得美到足以貼在 Instagram 上炫耀的成品。當他回憶起這一刻，咧嘴露出大大的笑容：「這是我上傳過的照片貼文第一次得到超過一百個讚！」朋友紛紛留言：「我的天啊！」、「你從哪裡學來的？」

傑克鍾愛烘焙手藝的美感層面，會試圖採用創新手法點綴蛋糕。他開始每逢週末就烘烤兩塊蛋糕，隔週貼在照片與影音區。粉絲一個接一個在他的 Instagram 追蹤他，三不五時就會留下評論：「嗨，來自巴西的問候！」、「好美的蛋糕！來自巴塞隆納。」當初他狂看兩百支影片而學會烘焙的蛋糕達人反過來追蹤他，開始拿他的蛋糕做文章。

當傑克被問到為何選擇烘烤蛋糕而不是其他活動當作嗜好時回答：「我試過體育，但沒半樣拿手；更糟的是還有滿場觀眾眼睜睜看著你搞砸。烘烤蛋糕只會在自家廚房搞砸。我一次又一次失敗，但我就是一直堅持下去。」

到目前為止他最熱愛的烘焙經驗是：「我得為老師的婚禮烤一個蛋糕，而且要帶有性別意涵。我覺得這一點很酷，因為你想想，蛋糕本身就是結婚或慶生等許多人生大事的一環，現在我就要成為這些事件的一份子。我是唯一知道胎兒性別的人，所以蛋糕外觀結合藍色與粉紅色，蛋糕體則是全藍。」

現在傑克在 YouTube 上大概已經看過一千支關於如何烘焙與裝飾蛋糕的影片。

他給前幾個世代的建議是：「那些不是與 YouTube 一起成長的大人們都認為想闖出名堂就必須去上課，我爺爺就說想要成為烘焙達人就得去上烘焙課，但他們才真的應該明白，我們這一代的學習方式早就不一樣了。現在，如果想要學數學，只要看 YouTube 就可以了。老一輩的人認定社群媒體是不好的東西，對啦，它是有些壞處，但他們也得搞清楚，它同時也有好處。我們學習的方式正在改變，YouTube、Snapchat 和 Instagram 就是我們學會如何找到自己熱愛事物並發光發熱的新管道。

我可能很會烤蛋糕，但是如果沒有上傳到社群媒體就完全沒搞頭。我該怎麼做？難不成要把照片帶去學校嗎？才不是這樣。我只要上傳照片或影片，全世界的網友馬上就會留言回饋。在 Instagram 上，我看到許多粉絲都來自歐洲。歐洲人看得到我烤的蛋糕。」

傑克烤出第一塊蛋糕的十八個月後，好幾家企業都透過他的社群媒體帳號找上門，想問問他是否願意代言它們的產品。他計劃先上去大學，然後努力在媒體頻道美食台（Food Network）開闢節目。他說現在自己必須稍微放慢腳步，每個週末只烤一塊蛋糕就好。因為就像他說的：「現在我又長大了幾歲，不像小時候有一大堆時間可以用了。」

傑克其實才十五歲。他是在十二歲看到一支 YouTube 影片廣告才開始烤蛋糕的。他的 Instagram@JackedUpCakes 擁有超過一萬一千名粉絲。

傑克是個 Z 世代。

而 Z 世代即將永久改變未來的商業模式。

傑克是數千名協助我們打造本書的 Z 世代成員之一，他們也將協助你用全新的方式去理解他們這個世代。

從聘僱Z世代員工並協助他們在企業裡成長，到發想意料之外的行銷與販售策略，再到推動自己熱愛的顧客體驗，他和全世界Z世代的成員將讓你看見他們如何改變一切。

我們的博士背景研究人員與關注世代的顧問親自或透過網路視訊採訪全球Z世代成員，標註他們個別與成群在門市購物的情形（通常兩種情境都是團體Snapchat的形式），也在Z世代雙眼緊盯自己最愛的網紅對著鏡頭示範化妝技巧、打電玩《要塞英雄》以及在「和我一起讀書」直播頻道上讀書等各種才藝時觀察他們的反應。

我們的研究、諮詢與主題演說公司「世代動力學研究中心」（The Center for Generational Kinetics，簡稱CGK）已經帶頭在美國全境與世界各地完成超過六十五場量化與質化研究，這些田野調查橫跨北美、西歐、印度、菲律賓與澳洲。我們的量化研究通常代表至少一千名個別受試者，往往還遠多於此。雖然書中的數據很大一部分源自美國境內的研究，但我們每年都會前往新加坡、智利、印度和巴黎等地為眾多全球性組織演說與諮詢，因此我們選擇把焦點放在全世界都通用的主題。

我們與Z世代之間的所有互動都導向一個關鍵結論：對Z世代來說，領導者用在前幾個世代身上的典型聘僱、管理與行銷手法快要行不通了。

但是無須驚慌。Z世代願意工作。他們正在尋找自己熱愛的品牌。他們身為員工，會渴望並期待自己貢獻價值，進而分享自己滿懷熱情投入的產品與服務。只不過Z世代對自己如何與品牌及潛在雇主連結的期待看起來與前幾個世代大不相同。溝通的策略與平台改變了，他們對雇主提供之待遇的期待也變了。只要你願意聽他們怎麼說，他們也就願意聽你想說的話。

許多領導者知道自己必須適應Z世代，卻總是覺得哪裡不太對勁。他們不懂如何改變、改變什麼或甚至搞不清楚該從哪裡開始。現在，本書將提供你實現前述目標的工具。在世代動力學研究中心，全球各大企業皆聘請我們回答與Z世代有關的問題，例如：

- Z世代是誰？
- 有沒有方法可以向他們行銷、讓他們買單，並且願意和朋友宣傳？
- 若想招聘並留住Z世代員工，並且與他們互動，該做些什麼？
- Z世代將如何改變未來的商業模式？

我們的團隊持續領導各項研究，以便理解Z世代，並揭示領導者必須知道與著手準備的事項，好迎來這個讓人興奮的新世代。我們帶頭在四大洲完成多國語言研究後便逐一檢視所有內容，包括Z世代如何看待品牌、行銷與顧客忠誠度，到求職、招聘、激勵方案與退休議題，再到他們如何看待這個世界與其他世代。我們帶頭深入探索，揭示有關Z世代的全新真相，包括購物、銀行業務、花費、儲蓄、駕車、投資、溝通、管理、信任、發揮影響力等諸多面向。

近四年來，我們也率先投入一年一度的「Z世代現況研究」（State of Gen Z Study，詳情請造訪StateofGenZ.com）。這項研究深入檢視Z世代與看不見的行為驅動力，也就是他們的觀點、行動、信念、動機、恐懼和夢想等背後的「原因」。

在進行了幾十項Z世代對比其他世代的研究後，我們有某個特別突出的發現：Z世代的期望值之所以如此不同，正是因為他們與其他世代完全不一樣。他們是第一個完全生活在數位環境的世代。再者，撫育他們的雙親曾經受到九一一事件、二〇〇八金融海嘯等重大歷史事件影響，也受到當代的COVID-19流行病、線上遊戲、英國脫歐與總統大選政治事件影響。

他們使用隨時唾手可得的科技跨越各洲、跨越城鎮與全世界及個人相連；他們對學生貸款債務、槍枝管制、平權與氣候變遷等社會議題發出既強烈又響亮的意見。這是史上第一次數位媒體賦予一個如此年輕的世代龐大權力，可以立即支持或棄守全球性品牌、成為活動家並影響企業的經營方式，而且有時候只需要一則推文、貼文或手機影音紀錄。

我們親眼見證了這一幕，很有可能你也看到了：二〇一九年九月在聯合國氣候行動峰會上，全世界都看到了十六歲的氣候活動家葛瑞塔・通貝里（Greta Thunberg）發表演說，敦促各國領導者採取更多行動減少排放二氧化碳。我們也目睹了槍枝管制倡導者艾瑪・岡薩雷斯（Emma González）與大衛・霍格（David Hogg）在二〇一八年偕同他們在瑪喬利・史東曼・道格拉斯高中的同學，籌組「為我們的生命遊行」（March for Our Lives）活動，倡議制定更安全的槍枝法律條文。

正如二十一歲的克莉絲汀娜所說：「我們絕對是一個世代、一場運動。我們高分貝發出聲音，我們發揮自己的能力去談論不正確的事、我們喜歡什麼，以及我們的看法。」

我們傾聽Z世代暢談不再閒逛購物商場，改去慈善機構 Goodwill 開設的二手店；我們看到他們在 YouTube 與遊戲串流平台 Twitch 上全神貫注緊盯著自己最喜愛的電競玩家；我們觀察他們一連好幾個小時沉迷於電玩《要塞英雄》，然後連拍四十六張限量鞋款照片，再將其中最美的一張上傳到自己公開的 Instagram 帳戶，而不是只開給摯友的 Instagram 帳號。我們也專心傾聽Z世代討論受到 COVID-19 影響被隔離在家中不能上學或上班的心情。我們記錄他們置身從不間斷的社群媒體壓力下所感受到的焦慮，還有他們對工作、金錢、環境與未來的不安全感。

十六歲的凱特說：「我想，有很多前幾個世代的長輩都說我們這個年紀的人是玻璃心，還說我們如果沒有拿到參加獎就會崩潰大哭。我覺得他們都說錯了。我老爸特別喜歡取笑參加獎之類的事。但我的想法是：『明明就是你那個世代硬要把獎盃塞給我們的。』」

我們還從Z世代的口中清楚聽到他們大聲撇清自己不是千禧世代進化版。

二十二歲的克里斯說：「我研究老媽和奶奶她們的世代，發現她們根本搞不清楚我們這個世代在幹嘛。我老媽和奶奶都喜歡說：『你們這個世代真是不受控制，實在很瘋。』我們做的事她們都看不懂。我知道每一個世代都不太一樣，而我知道談到自己的世代時我可以這樣說。我們之所以不一樣，全是因為成長方式和經歷都不同。」

克里斯不是唯一這樣想的受訪者，在我們的二〇一九年Z世代現況研究中，有79％的Z世代都告訴我們，他們不覺得其他世代充分理解他們這個世代。

Z世代的年紀其實也大於多數人以為的歲數，截至二〇二〇年，最年長的成員已經滿二十四歲。這個龐大、多元、一出生就彼此相連的世代，很快就會變成職場中成長最快的世代，很可能也包括你的職場。

Z世代已經是最重要的消費者領導流行世代，他們也打定主意要影響你的企業。本書會告訴你如何理解他們、賣東西給他們、聘用他們，以及如何與他們共同成長。

為了撰寫本書，我們針對十三歲至二十四歲的Z世代進行了原創研究，拿他們與千禧及X世代（有時甚至往前推至嬰兒潮世代）對比；我們也訪問個別Z世代成員，最年輕的受訪者只有九歲；我們發現的結果可說是讓人目瞪口呆，由於科技日新月異，九歲與十九歲Z世代之間也存在著巨大差異。

且容我們提出兩則簡短的例子，方便理解他們與千禧世代的世界觀有多大的差異：

一、Z世代不記得九一一事件。這是值得再三重覆的重大差異：Z世代不記得九一一事件。他們是上歷史課、聽父母親話當年或是看YouTube影片時學到這件事的。結果，就算將這起事件攤在Z世代眼前，他們根本也不記得曾經有過恐懼與不確定感。但它堪稱是千禧世代的決定性時刻，美國境內的千禧世代感受尤深。我們採訪美國境外的Z世代時，這點世代差異甚至更加明顯，因為他們不僅是在上歷史課時學到九一一事件，更是透過不同的地理位置視角理解這起事件。

二、COVID-19流行病創造的恐懼感、不確定性、脆弱性與惶惑不安伴隨Z世代成長。這場流行病已經在校園、職場、旅遊、政治和家庭等各個領域引爆大規模破壞。儘管

COVID-19的長期影響尚待觀察，迄今為止它很明顯已經成為這個世代的決定性時刻。

正如十四歲的克蘿依所分享的：「我看到很多我這個年紀的同儕去露營時都穿Lululemon的短褲。看起來真的好酷。所以我就努力存了四十美元買下一件。其實穿起來還好而已，沒那麼厲害。然後我逛亞馬遜時才發現，我只要花十五美元就可以買到幾乎一模一樣的短褲，所以我為了省錢就開始購買那些產品。」

這些小大人到底是何方神聖？我們現在就來解答，後續章節也會有更多的討論。

Z世代商機

透過本書分享深刻見解並說明這對你和你的事業有何意義，是我們的熱情之所寄。我們是世代研究人員、顧問和演說家，堪稱貨真價實的「世代技客」，致力於透過有研究結果支持的深刻見解與策略，深入理解Z世代及每一個世代如何改變商業、社群和我們的世界。我們對研究Z世代充滿熱情，透過雇主、行銷人員、家庭成員或鄰居看待這個世代的眼光，以及隨後採取的反向手法，我們得以更深入理解Z世代的觀點。

《Z世代經濟》是我們理解Z世代的原創研究，也是諮詢過程中淬鍊而成的心血結晶。不過，Z世代還在發展中，我們與全世界的領導者及組織合作並保持密切關注。任何我們撰寫有關世代的專書都只是某個時刻的寫照，因為所有世代都在持續成長與適應，特別是Z世代，因為他們當前的年紀與生命階段都才起步不久。Z世代才正要變成大人，卻已經提供我們彌足珍貴的深刻見解、難以忘懷的故事和出人意表的策略。

Z世代對世界的影響無比巨大，但他們才剛起步而已。我們打算賦予Z世代鮮活的生命力，因此即將踏上一趟旅程，揭示形塑他們的元素、他們如何竭盡所能地重塑商業與未來，以及你該如何好好地善用這個世代的天賦、影響力、能量與潛力。

無論你正在行銷全新的銀行業務應用程式、運動褲、汽車或奶昔，還是正在為自己的餐廳、會計師事務所、科技新創商或《財富》五百大企業物色下一個世代的員工，我們都發現，吸引前幾個世代的誘因套用在Z世代是行不通的。領導者可以將這一點視為障礙，也可以視為商機。你可以選擇傾聽並理解Z世代然後加入他們，或是傾向堅持現狀，暗自希望暴風雨會過去（劇透：這種情況不會過去——這是新常態，而你能夠適應並解放這個世代的驚人潛能）。

你將看見我們直接從全世界Z世代成員訪問到的第一手數據、經驗、故事和觀點，並從Z世代既是員工也是顧客的身分中得到釋放他們潛能的嶄新策略。

Z世代輕而易舉就能取得便宜的行動科技，我們將檢視這一點如何形塑他們與組織這個經常可說是最重要的關係，無論他們是潛能無限的員工或顧客，還是現有的員工或顧客。溝通是每一個世代之間的黏合劑，但是在流行病過後的世界裡，伴隨Z世代而來的技術期望和科技依賴度將大幅改變商業發展方向。

我們也將探討Z世代行為背後的驅動力。這些都是他們看待金錢、教育、支出、工作、職業等諸多領域背後的「原因」。這些驅動力形塑這個世代看待事件的觀點與做決策的過程，影響他們自己的每一個行動與每一次互動。

最後，我們將萃取出對Z世代嶄新、共同的理解，並融入對組織與領導者而言至關重要的兩大關鍵領域：Z世代顧客以及Z世代員工。

我們將闡明Z世代顧客最強大的影響要素是什麼、如何看待購物與花錢，還有零售、數位與行動將在何處匯聚。我們也將檢視Z世代將如何重塑市場，起步是當前的花錢模式，並前瞻他們隨著年齡成長發揮更大影響力的高價商品。我們還會研究如何改進品牌商在Z世代心中的信任度與意識感，以及就算你不打算向他們兜售商品，為何這一點依舊十分重要。

Z世代是市場上一股強大的力量，他們身為顧客的意見往往會轉化成自己想在雇主身上尋找的目標。

談到Z世代員工，我們將檢視研究結果與這個世代，並說明他們想要從雇主、職業與工作經歷中得到什麼。我們將聚焦雇主要求世代動力學研究中心解決的最高價值挑戰：隨著Z世代陸續成為職場新鮮人，究竟要如何招聘、留住、訓練並激勵他們，才能開發他們成為管理階層與領導者的天賦。就算你今天不打算徵才，理解這些與成年Z世代打交道的基本知識，也將為你提供長期策略，讓你跟這個即將大幅影響所有人工作、購物、行銷與溝通模式的世代產生連結。

最重要的是，我們希望本書能為你帶來有關Z世代的啟發、體會以及你的頓悟時刻。如果你敞開心胸擁抱Z世代為世界帶來的事物，他們將能給出更多讓人意想不到的驚喜。

深入探討Z世代

在深入探討Z世代之前，我們想要分享我們的研究工作以及為什麼會有這本書。世代動力學研究中心的總部位於德州奧斯汀市。我們懷抱著「區別世代的迷思與真相，讓領導者獲得可以度量的成果」這項使命創辦了這家研究、諮詢與主題演說公司。

我們打算揭示採用提高點擊率的下標手法而在社群媒體瘋傳的報導是否屬實，好比千禧世代會因為酪梨吐司破產（！）或嬰兒潮世代總是隨身攜帶支票簿（！）還有X世代是被遺忘的世代等，我們將提供闕漏的數據與深刻見解，盡快透析領導者所需的新興趨勢與實務解方。這一步的重要性堪稱史無前例，因為我們已經擁有五個世代的消費者、員工和影響者，這一點更為領導者創造各式各樣的新挑戰與新機會。每一位領導者都日益感受到必須與所有世代合作的壓力，這一點很可能也是評估他們績效的基礎。

所幸，你進入Z世代對話的時機非常完美。

雖然Z世代將繼續成長與演化，但此刻他們置身一個職場、數位化、消費者與其他行為都日益可以度量與解釋的階段，對我們這些研究人員、演說家、行為主義者以及領導者來說，現在正是關鍵時刻。我們不只希望可以研究Z世代正在做什麼，更想揭開他們行動背後的「原因」，然後找出任何一個世代的領導者都可以適應的方法。

在職場，我們終於可以衡量出某一項職缺吸引Z世代的原因，因為這幾年來他們也已經大到可以謀職了。現在，我們可以研究讓他們接受或拒絕職缺，或接受後報到日當天卻搞失蹤，甚或是他們決定待下去並長期投入某個工作的原因。

我們可以看到Z世代如何購買從衣服到信用卡等每樣商品；如何回應不同行銷訊息與管道，管它是YouTube網紅或超級盃廣告；如何看待金錢、花錢甚至財務計畫，例如為退休存錢。

我們身為研究人員並不總是喜歡自己找到的答案，這部分正是導向出色研究的環節，但我們總是努力找出精確答案。我們為客戶完成越多場Z世代研究、為品牌做焦點團體訪談，並分析我們的全球Z世代研究結果，就越受到鼓舞，也越樂觀看待這個世代帶給世界的回饋，以及領導者可以如何好好善用這個世代的能量與創新。這一點為我們的寫書與演說工作增添了許多動力。

坦白說，當我們開始研究Z世代時，對自己將會發掘什麼結果毫無頭緒。我們只知道，全國與全球都缺少探索不同世代需要的數據，特別是被高度炒作但無人理解的年輕世代，他們代表未來，卻是當前領導者的挑戰。

丹妮絲的故事

傑森和我各自帶著截然不同的背景進行研究、諮詢、談論世代議題、解決世代挑戰。我是龐大西班牙裔家族的第一代大學畢業生。我有五十二名旁系兄弟姊妹。

我成長在父母的母語都是西班牙語的家庭，但是他們對老哥和我說英語。我有許多橋接文化的經驗，這部分只是其一，亦即一方面說英語，另一方面則是浸淫在濃厚的西班牙裔傳統和文化中。我們沒有太多「可花用」金錢，但是就我小時候的印象來說，我們也沒有因此就日子難過。雖然我可能是一直錯以為SPAM午餐肉是「真肉」，窗戶上的安全鐵條是一種建築特色，但我從未想過自己的生活和別人有這麼不一樣。我一向深受寵愛，而且安全感超高。家母艾莉達是個花錢精打細算的高手，因此我們的生活都還過得去。她從未抱怨每天工時超長，反而總是在分享她的感激之情，同時諄告我應該如此。

我就讀德州大學奧斯汀分校時意外發現自己的天職：協助年輕人克服挑戰。我永難忘懷自己被分配到一項教一名視障、聽障與瘖啞的年輕人學會打保齡球的任務那一天。他正為即將到來的特殊奧林匹克運動會做準備，我的責任就是教他如何走到保齡球道、瞄準然後擲球。他很興奮可以學習這門我們許多人自然而然就能學會的技巧，這件事改變了我的一生。我從德州大學奧斯汀分校畢業後就成為城內一所中學的科學教師，花了十二年教書，期間待過幾間素以「難搞」聞名的學校，不過其實這些學生的背景基本上和我差不多。我熱愛教學期間的每一分鐘，即使是無可避免的難熬時刻。

我教書八年後拿到碩士學位，改任教一家廣收多元又難搞學生的大型學校，擔任中年級與高年級行政管理階層。這意味著早出晚歸，而且有開不完的教師與家長會議，偶爾還得在校園停車場舉行地方新聞記者會，不過這項職務本身超級鼓舞人心。我對自己的學生有信心。我熱愛協助年輕人。這就是我的熱情之所寄。

我在擔任學校行政管理階層期間繼續攻讀學業，最終拿到博士學位。攻讀博士學位期間又能協助眾多年輕人是結合研究與試圖理解並改變行為的第一線經驗。當時我還不明白這種組合將會引領我發掘出自己的下一份天職。

十年前，傑森和我聊到，談到千禧世代和往後的年輕世代，人們仍然缺乏精確的數據與可用來採取行動的研究。當時他正繞著全球對企業演說，大家都會端出某套信念討論世代的挑戰，不過當他請求對方拿出數據檢視，幾乎都不吻合領導層所講的故事。

傑森不斷從零售、餐廳、汽車、科技、航太、軟體與金融服務等產業聽到同一套對話，這讓他發現自己陷入了瓶頸：領導者、管理階層、行銷人員和決策者缺少符合現況、精確、可信賴的數據、研究結果與見解去理解這些正在蓬勃發展的世代。甚至是父母輩都想看清楚新興世代的真實面貌。

傑森遇到的每一位領導者似乎都各有一則涉及「千禧世代」的有趣故事，諸如他們會在報到一星期後就要求升遷，或是生日當天不上班。不過同一位雇主可能也擁有幾千名認真努力的千禧世代，他們不在前述討論話題內，天天準時上班、勤奮工作，而且對自己的工作（與雇主）很自豪，只是他們不曾登上新聞版面。雖然這些負面報導成為社群媒體的笑哏、管理階層開會時茶餘飯後的玩笑話，卻無法代表整個世代，也無法提供深刻的觀點去理解每一個世代的繁複性。

千禧世代經常被貼上懶惰蟲的標籤，而且被譏諷「沒在工作」，但實際上他們是職場中最龐大的世代。與此同時，X世代至今的討論度依舊有一搭沒一搭，不過我們視他們是勞動梯隊裡的黏合劑。事實上，X世代才是科技達人世代，他們躬逢硬體與軟體百花齊放的時代；他們也熬過一九八〇年代，順勢進入MTV與音樂影音開始大行其道的時代。

我看到世代認知與現實之間一再脫節，因此我向傑森建議，我知道解決這個難題的方法，我們可以開辦一個研究中心，除了聚焦揭示每一個世代採取的行動，也必須更深入理解他們的行動、認知與心態背後的「原因」，這樣我們就可以解答究竟要如何理解並影響未來的行動。我們一起創辦世代動力學研究中心，現在每年服務全球一百多家客戶。我擔綱執行長並肩負所有研究工作。現在我們帶頭進行超過六十五項涵蓋各個面向的研究專案，包括銀行、金融服務、汽車、旅遊、服飾、科技甚至烘焙產品。

傑森的故事

正如丹妮絲所分享，我們來自不同背景，也都聚焦採用截然不同的視角與途徑解決世代挑戰。這種結合背景、種族、教育、世代（她是X世代，我是千禧世代）、學術和地理元素的組合讓我們可以檢視並採取不同手段解決世代問題。這也是我們得以創建超優秀團隊的原因。

我在農村長大，老是覺得自己格格不入，因此早早離開高中去上大專。十八歲時我是專三學生，當時受到啟發寫了一本書，分享我吃了許多苦頭才獲得指導、實習以及創造工作機會的諸多教訓，以便協助與我同期的千禧世代。

我獨力撰寫、出版那本書，結果是落得睡在車庫公寓地板的下場。父母切斷我的金援，朋友也覺得我在放棄生命。我當時背著五萬美元債務，伴著五千本剛印好的新書住進沒有任何家具的車庫公寓。我不知道自己的未來何去何從，只是一心渴望協助我的世代。我睡在地板兩年，就靠著鄰近雜貨店的免費試用品以及許多泡麵過活。

一開始這本書乏人問津，但我鍥而不捨地討論自己吃盡苦頭才學到的訊息與教訓。很快地我受邀演說，因此許多人開始聽說這本書，願意掏錢買，這又為我帶來更多演說與媒體曝光機會。我十八歲時寫的這本書繼續熱賣超過十萬本，因此我開始繞著地球到處演說。我（終於！）搬離車庫公寓了。我完成幾百場演說後繼續寫出更多書，最終登上《今日》、《觀點》、《20/20》與《晨間秀》等電視節目。

二〇〇七年，我在《六十分鐘》節目暢談我自己所屬的千禧新世代，以及他們如何為雇主與企業搞出一大堆挑戰、挫折與看不見的商機後，我的職涯大翻轉。我已經對著三十萬與自己同一世代的成員，以及無數雇主、品牌領導者與影響者演說，所以也算掌握頗為直率的第一線觀點。

然後企業開始要求我談論千禧世代身為員工、顧客和領導流行世代的樣貌，我很快就意識到，這已經不是千禧世代的對話，而是所有世代的對話。我們必須討論每一個世代，而非單一世代。不再是單單隔絕千禧世代並加以檢視，而是解決跨越多元世代的挑戰，以便釋放每一個世代的潛能。我們缺乏精確數據與研究結論，好用以進一步理解、趨近並採取非常務實的方式克服挑戰。

薇拉博士和我一樣特別對與年輕世代有關的通則性研究很感興趣，我記得我們聊過，也一再看到認知與數據驅動的現實之間橫亙一個鴻溝。我知道這是一個可以透過良好的、原創的研究解決的難題。她和我所見略同，不過她是在攻讀博士期間漸漸累積出觀察。我們合力創辦世代動力學研究中心，從此一路就像是搭火箭船一樣刺激。事實上，我們對於橋接世代的議題如此合拍，終至共結連理，還生了一個Z世代女兒！

讓我們別再重蹈覆轍

十五年前千禧世代崛起，如今則是Z世代當道，我們留意到，兩者最大差異在於，現代的領導者不想重覆當年千禧世代以員工或顧客身分進入職場與社會時，那種許多人完全措手不及的狀況。

十年前，許多管理階層總覺得千禧世代會「隨着年齡漸長而改變習慣」，姑且不論這句話究竟是什麼意思，總之就是會變得像其他每一個世代的員工或顧客一樣。然而，這種期待很明顯地落空了，結果嚴重破壞全世界的企業。

Z世代正代表著與千禧世代不相上下的龐大變革、挑戰與商機，不過最大差異是管理階層現在好整以暇地採取行動。他們不想再次猝不及防。大家都體認到Z世代已經二十四歲，他們已經以員工或顧客的身分帶來改變；很快地，管理階層、領導者、創新者和行銷人員會發現關於這個世代的真相，以及這些事對他們與他們的組織來說有何意義，並且採取行動釋放Z世代的潛能。即刻採取這類行動會創造罕見、具防禦力的競爭優勢，這是極難發現的能耐，我們稱呼它為「有防禦力的差異」（defensible difference ™）。

對服飾商而言，這意味著改變與Z世代深度連結的做法，好贏取他們的信賴與忠誠度。對銀行與金融服務業而言，這意味著盡早與Z世代展開對話，這樣他們就會開戶、引薦朋友並在職涯初期就為退休存錢。對全球科技業到低科技含量的建設業雇主來說，適應Z世代意味著在競爭對手無法吸引Z世代求職者時出手爭取，並在其他業主苦惱解決日益高升的流動率時努力留住他們。

與此同時，我們將密切研究COVID-19如何影響Z世代的年幼與年長成員。最年輕的Z世代成員目睹學校拼拼湊湊一套線上學習教材、餐點與其他東西，他們的生活因此改變了；尤有甚者，所有Z世代成員都與家人被隔離在家中，就讀中學的Z世代成員錯過自己提高分數與其他學業成就的最後一次機會，更別提參加畢業舞會及畢業典禮。最年長的Z世代成員則是在剛剛轉大人的關鍵時刻直接遭遇大流行病造成的衝擊，這群人丟了飯碗或是被校方送回家，眼睜睜看著自己的獨立性與日益強大的自治權撞上當前及未來都充滿不確定性的新現實。

我們面臨的挑戰是透過精確的Z世代研究與策略，揭示數據、人性、現實，以及隱藏在這個世代的行為與心態後方看不見的動力。這就是世代動力學研究中心的熱情與研究之所寄，也讓我們寫出這本書以及我們想要與你分享的深刻見解。

第一部分

Z世代養成之道

1 歡迎來到新常態

「我們是有選擇的世代。意思是我們挑選企業就像它們挑選我們一樣。」

——布萊利，二十歲

Z世代正淘汰老字號企業。

請跑一趟大城小鎮，造訪各地的購物中心，看看門可羅雀的商場。雖然千禧世代已經觸發零售業頹勢，但終結者會是Z世代；與此同時，這個世代正在推動許多品牌與企業急遽成長。Z世代對常態的定義不是開車出門去購物，而是連上亞馬遜一指搞定購物流程，或是連手指都不用動，出一張嘴就可以訂貨！而且同一天免運費送貨到府。

Z世代一向可以使用叫車軟體Lyft與其他隨喚隨到的交通運輸選項。隨著新車價格加計保險後呈現上漲趨勢，我們可以看到為何這個世代不急著考取駕駛執照。其他世代都是等不及想要快點拿到駕照，好獲得隨之而來的自由與責任，許多Z世代成員卻是過了報考年齡門檻後幾個月甚至幾年才考取駕照。

同樣現象也發生在使用線上民宿網 Airbnb 之類的服務，現在就連Z世代的父母都覺得這是旅行期間慣常的留宿做法。Z世代已經成年，他們不只捨棄支票簿，甚至不明白為什麼支票存款帳戶要稱為支票帳戶，但慶幸能夠使用小額現金轉帳的應用程式 Venmo 或行動支付應用程式 Cash App，將錢轉給朋友、分攤聚餐的帳單，或是收到兼差做保母或透過 Instagram 訊息預訂自由接案攝影的外快酬勞。

Z世代正在推動自己這個時代的大事：改變。他們正以前所未有的幼齡之姿推動「新常態」。我們特別記得一件Z世代事件，就發生在我們自己家裡。

我們下班後回到家走進廚房，正好聽到當時六歲的女兒瑞雅這麼問：「艾萊莎（Alexa）[1]，十二加十三是多少？艾萊莎，彩虹這個字怎麼拼？」

我們永遠不會忘記那一幕。

我們愣在原地面面相覷，心想：「哇，我們的女兒正在使用艾萊莎寫作業。」瑞雅六

1 亞馬遜推出的語音助理。

歲，在那個定義雙親角色的關鍵時刻，我們知道自己的反應將會有一定的影響。傑森的反應是為此感到非常的驕傲；不過，丹妮絲以前是老師，所以現在傍晚四點到六點艾萊莎的電源插頭必須拔掉。

瑞雅每天都依賴艾萊莎。她問艾萊莎天氣狀況、設定鬧鐘、講笑話給她聽、解決小問題，而且只要我們不在聽力範圍內，她就要艾萊莎幫她完成所有家庭作業。

瑞雅永遠不會記得她可以對著聯網設備說話，還能得到正確答案或行動回覆之前的時代。現在，做這些事全都不用動手學打字、拼字（！）或查閱家庭作業。對瑞雅而言，你將永遠可以和周遭的設備說話、透過智慧監控門鈴 Ring 查看門外的訪客，也可以說「嗨，Siri」和你的手機互動。這些都只是這個世代製造的一丁點小改變，當他們成為員工或顧客時，這些在他們眼中都很正常且合乎預期。

Z 世代出生於一九九六年之後，為科技、資訊與全世界帶來全新定義的常態。他們認為一九九〇年代就已經算是復古了；他們認為在網飛上瘋狂追劇很正常（共享密碼也一樣）；他們也認為社群媒體是新聞、塑造個人品牌、娛樂、社群、教育、約會與其他許多領域的資源，不單只是分享迷因或動圖的地方。

十六歲的薛翰向我們分享他的西語老師如何使用 Snapchat 提醒學生做功課。

「去年我高二時，西語老師申請了Snapchat，每次我們小考、大考或閱讀指定讀物某一章時，她幾乎都會貼圖提醒全班同學，像是『大家，別忘了明天有小考喔』這類小提醒，以至於每當你只是滑一下動態消息，它就會自己跳出來。然後你就會想到『喔，對了，我差點忘了要念書』。我猜這是她可以善盡職責，又可以和所有學生溝通的方式。因為她知道，我們不會真的去確認學校的公告事項，也知道我們總是手機滑不停，點擊Snapchat的次數多到一定會看到她說了什麼。我本來就不會被當掉啦，但要不是她三不五時就在Snapchat上提醒或其他什麼的，我也只會低空飛過。」

Z世代隨時都能連線並且在線上學習、隨時都得處理網路霸凌的嚴峻現實，而且隨時都夢想可能進入「網紅」這一行。我們將在往後章節更深入探討Z世代與科技的複雜關係，以及這件事對你的業務有何意義。

未來掌握在Z世代手中（或他們的數位錢包裡）

Z世代將會大規模影響未來商業，最後徹底重塑商業。任何人研究過趨勢、消費者與員工就知道，最年輕剛冒出頭的成年人世代往往是催生改變的巨大力量，事實上，我們發現Z世代是一個從最年輕到最年長成員都在推動趨勢的世代。你想看看嬰兒潮世代終將會拿科技做些什麼？看看Z世代正在做什麼就對了。

但是我們也在自己的研究結果中看到一件事：對Z世代來說，足以吸引、留住並激勵千禧世代員工與顧客的元素就算能夠發揮作用，也不盡然管用。

對許多領導者來說，再也沒有比現在更具挑戰性的時刻了。你可能會問，為什麼那麼著急？

因為再過兩年Z世代就要成為勞動梯隊中成長最迅速的一代，也將變成最重要的消費者與領導流行者世代。他們的經濟實力與影響力只會隨著時間拉長日益茁壯。

再追加一點急迫性：嬰兒潮世代正陸續退休，心境慢慢轉化成「少即是多」。嬰兒潮世代是Z世代的祖父母，經常被認定是可靠的員工與顧客，也是許多長青企業的支柱。隨著這些嬰兒潮世代轉向新的人生階段，觸目所及只有一個族群可以填補勞工與消費者之間的鴻溝，那就是Z世代。

實際上，Z世代有望成為龐大財富從老一輩手中轉移至最年輕世代手中的受惠者，總計可能超過二十兆美元，接近三十兆美元。如此大規模的世代變化將會如何影響你的產業、業務與社群？或甚至是你自己的家庭？

金融服務商、銀行、機器人顧問以及所有依賴留住嬰兒潮世代與他們手中資產的企業，全都在爭先恐後地留住他們打算轉移給其他世代的金錢，Z世代可能不想要面對面商談儲蓄、管理與投資自有資金的習性只會更加劇複雜性。因為Z世代甚至不像千禧世代，他們已經不需要走進實體銀行就能辦理日常銀行業務了。

Z世代期望中的未來金融可以隨身攜帶、直覺操作、容易上手、超級個人化且符合自身需求，這些與他們期待中的職場與人生一致。這種高度個人化將如何擴展到銀行業之外的其他領域？

現在，品牌商正在努力摸索Z世代，而且這種急切性只會持續增加。

再也不能說為時尚早

你看過電子競技（esports）嗎？

這些大型多人電動遊戲讓許多人同時上線一起玩，與全世界的個人玩家及團隊一較高下。電子競技超受歡迎，頂尖玩家與團隊玩遊戲的影片每個月可以創造幾十億分鐘的串流影片。也就是說，許多人花幾十億分鐘觀看其他人玩一場遊戲，而且往往只是記錄對方玩遊戲的影片而已，還不是看線上直播。

就算你從未聽過電子競技，辦在像是職業美式足球場規模場地的票券還是一開賣就被秒殺。正如一名家長所說：「我不明白這些小孩怎麼可以光看別人上線打電動，為什麼不自己下場打？」但這不是一時熱潮。最大型的電競比賽獎金總額超過三千四百萬美元，全都是鐵粉上線購買「戰鬥通行證」募集而成的。

包括傳統品牌大廠在內的領導者爭先恐後搶著贊助團隊、玩家和競賽，這種行為還只是開始而已，電競團隊的「經銷權」甚至可以賣出超過兩千萬美元。

如果你從未聽過電子競技，你並不孤單。媒體經常指稱它是「最無人問津卻又最有人氣的運動」。雖然電競的發展能力被忽略，卻是Z世代正在採用許多企業看不見的方式改變商業模式的信號。Z世代正從自己關注的焦點出發，大規模顛覆行銷手法，管他是電競、Snapchat、YouTube、《要塞英雄》還是TikTok，他們都將注意力高度集中在平台和個人興趣上，但太多品牌卻無法徹底敞開心胸接受它們，有些管理階層甚至根本不理解。無法橋接世代分歧將是十分危險的事，而及早適應的領導者則可建立起延續數年的龐大優勢。

從青春期、青少年到大學生年紀的Z世代消費者擁抱的所有趨勢都只會一再加速前進。為此，許多董事會成員紛紛追問自己的企業是否已經制定Z世代策略、行銷長是否聘僱Z世代顧問、會議規劃者是否延攬Z世代演說家，以及領導者是否有意識到自己與Z世代家庭成員相處的經驗並不足以呈現整個世代的樣貌。當Z世代成為企業的第一線業務員，以及接下來五年許多企業對企業採購的第一線監管者，企業對企業銷售也將受到影響。

在雇主方面，Z世代正在改變企業必須招募、支付員工薪酬並透過訊息發布平台提供安排時程選項的方式。Z世代相信，雇主應該試圖為促進世界更美好善盡一分心力，迅速且頻繁地徵求並提供反饋，而且要透明化自己的多元化與社會事業倡議舉措。

此時Z世代新來乍到，隨著時間拉長，他們的言行舉止終將成為其他世代的常態，因此現在就適應正是關鍵，這樣你和你的組織就能立足於根基與勢頭之上長達數年。

Z世代帶動的潮流已經開始影響零售、飯店到招聘人才等產業，你檢視一下這些產業很容易就會看到，太早適應Z世代的風險早已是過去式了。

等到Z世代的年紀接近三十大關時再來適應他們恐怕為時已晚，到時你就像當年一大票被千禧世代甩在後頭的零售商、餐廳、品牌和雇主一樣，它們至今都無法重返榮耀或根本是被排擠到邊緣了。你肯定不樂見自己的組織因為做錯事而出現在Z世代的動態消息中。正如十六歲的泰勒所說：「我發現社群媒體通常是葬身之地。他們不是因為社群媒體而死，但我知道，他們都死於社群媒體手下。」

與此同時，當你適應這個新世代，隨著他們每天都發揮更多影響力，從他們的現實生活連結，到他們自己渾然不覺卻產生數位化影響的層面，你馬上就會跟著他們的超高度連結一起成長。事實上，想要透過Z世代所處的人生階段，去理解並回應這個龐大、嶄新又全球化的世代，現在正是最好的時機，你會更有概念，也能採取正確行動，為自己往後數十年的成長增添動能。

你準備好共襄盛舉了嗎？

二〇一七年，十六歲的卡特・威金森（Carter Wilkinson）對連鎖速食店溫蒂漢堡發送了這則推文：

「嘿@溫蒂要轉推幾則推文才能獲得雞塊全年免費？」

他們的答案是多少？一千八百萬則。

卡特全力挑戰門檻。與此同時，溫蒂也開始動腦，它們找到廣告代理商合作，參考卡特的要求發想創意，於是「#把雞塊給卡特」（#NuggsforCarter）系列廣告從此誕生。這場運動很快就躍上國際新聞版面，吸引艾倫・狄珍妮等名人的眼光，她在二〇一四年的奧斯卡頒獎典禮結束後找了一大堆明星玩自拍，那則推文原本穩坐最高轉推數量的世界紀錄。艾倫邀請卡特上她的節目，挑起一場好玩的競賽，打算鞏固自己身為轉推數女王的寶座；與此同時，Google、亞馬遜、蘋果和微軟等品牌也都紛紛加入轉推行列。

卡特的轉推數沒有衝上一千八百萬則，但是在突破艾倫的紀錄時溫蒂就決定為他提供全年免費雞塊了。他總共得到三百四十萬則轉推數。

卡特很快就決定，他的媒體奇襲術不局限於雞塊。卡特和其他三名手足在內華達州雷諾市長大，他抓住這次機會開始販售 #NuggsforCarter 的 T 恤，所有收益都會捐贈給戴夫．湯瑪斯收養基金會（Dave Thomas Foundation for Adoption），這家非營利組織是由溫蒂漢堡創辦人戴夫．湯瑪斯所創建，宗旨是協助美國寄養家庭體系的孩童。這個靈感源自卡特自己的家庭。卡特的小妹是早產兒，他的母親分娩後兩週就被診斷出患有第三期乳癌。他解釋：

「每當我傷心或不知感激時，就會回想童年時期。我記得父母每個月的隔週末就必須開車去加州大學舊金山醫療中心接受治療。我記得有很多家庭都會帶晚餐給我們，盡他們所能的以各種方式支援我們。我記得我看到小妹這麼早提前出生，幾乎是在與死神賽跑。

然後我提醒自己，我其實超幸運。我真的超幸運到現在媽媽還在，我真的超幸運有個健康的小妹，她比一般同齡小孩更強壯。我也真的超幸運生活中遇到這麼多充滿愛心的人。我深受上天眷顧，可以發出自己的聲量支持我信仰的事物。」

卡特說，他是中了「超級家庭大獎」，因此想要協助寄養家庭孩童找到永久安定的家。他也在「皮諾丘的媽媽落跑中」（Pinocchio's Moms on the Run）官方網站開闢募款專頁，這家雷諾市的在地組織為罹患乳癌的婦女與她們的家庭提供支援服務。

這一股熱潮始於一名無聊的青少年決定和他最愛的連鎖速食店玩點有趣的推文遊戲，結果溫蒂漢堡加入了卡特所展開的對話，還是在他所選的社交平台上，並催生了出一股現象。這是溫蒂漢堡的標準做法，它們已經打造出「推特上最聰明、參與度最高的速食品牌」的名聲。與競爭對手相較之下，這就是「有防禦力的差異」。按照廣告代理商艾森伯格集團行銷分析師推算，「#把雞塊給卡特」為溫蒂漢堡賺進了相當於六百七十萬美元的媒體曝光價值。但成本是多少？倘若一整年下來，卡特每天每餐都吃雞塊的話，也不過才一千九百六十・〇五美元，外加它們捐贈戴夫・湯瑪斯收養基金會的十萬美元。

卡特和他的Z世代同儕已經來到一個社群媒體成為他們預設溝通工具的時代。他們非常有效率，而且通常在這些平台上發聲，也比公關團隊收大錢代表品牌回應的平台更自在。Z世代習慣啟動社群媒體對話，並受益於一般來說相對有限的下行風險，反倒是品牌必須持續追蹤社群媒體，一旦回應稍有差錯或怠慢，則得冒著更多下行風險。

Z世代擁有上天恩賜的禮物，懂得利用線上平台的力量向大眾開啟帶來改變的對話。這些對話並總是像「#把雞塊給卡特」那般輕鬆，它們往往是尖銳批評。雖然Z世代反對某間公司並不代表他們的立場正確或可以予取予求，不過他們確實會以青少年之姿（！）公然挑戰投入幾億美元行銷與公關預算的骨灰級品牌，而這也展現出這個世代真的渴望被聽見，而他們才剛起步。

就我們看來，無論好壞，Z世代將繼續對品牌、企業與領導者發揮這種外部與高度公開的影響力。身為領導者，有件事很重要你肯定得知道：往後品牌與品牌領導者聽取Z世代意見的壓力只會有增無減。

現在就做好準備主動聽取意見，這樣可以免去許多品牌不曾花時間洗耳恭聽這個世代，或者認定他們年輕、缺乏經驗和沒有見識，因此把他們的話當成耳邊風，結果搞得灰頭土臉的下場。

諷刺的是，事實證明，Z世代就算不是顧客或員工，光是透過社群媒體對著某家企業發出聲量，就是一股可以影響商業模式與策略的超強大力量。

Odyssey是Z世代內容創作者的平台，他們可以針對購物、食物、學生生活和政治活動等多元主題分享意見。Odyssey每月有一千二百萬名獨立訪客、至今內容創作者有十二萬八千多人，而且原創內容作品超過一百萬則，因此它格外關注Z世代打算與品牌互動的方式。

二〇一九年，Odyssey總裁布倫特·布隆維斯特（Brent Blonkvist）率領團隊針對兩百家品牌與代理廣告採購商做研究，請它們分享自身遇到的最大困境。布隆維斯特說：「87%

受訪者都說知道應該要鎖定這個世代，但它們都不知道怎麼和他們互動。當你認定品牌商擁有臉書、推特與 YouTube 等各式各樣工具可以用來鎖定這個世代時，這個數字聽起來是一個警訊。問題就出在只想著要鎖定這部分人口，卻不與他們為伍。假如你不是真心想與他們為伍，就無法激發他們的忠誠度。假如你無法鼓起他們的忠誠度，就別想培養長期顧客。這個世代伴隨網路一起長大，他們了解如何管理廣告；他們了解如何封鎖或是偷襲它們，而且後者甚至根本不知道他們就是兇手。」

打造Z世代的參與度需要超越單一層面的廣告。品牌商有必要聽取這個世代想說的話，成為他們對話中的一份子。

眼前的現實是，十四歲的九年級學生可以啟動幾乎是任何事情的主題標籤，二十二歲的年輕人可以拍攝一支影片然後發起行動，兩者會彼此碰撞出火花然後在線上無限放大，根本不需要實際明白始末或是碰面商量。（如果說你不太確定怎麼使用主題標籤，這個嘛，那就是另一段完全不同的對話，而且你很快就會想要加入討論了……）

Z世代已經證明，自己年紀輕輕，卻比以前的世代更有能耐對商業與組織發揮前所未有的影響力，而且這種外部的影響並非只有身為員工或顧客的Z世代才能引發，這印證了我們所相信的，這個世代將會推動的連結與影響力才剛剛起步而已。

尋覓答案之路

在世代動力學研究中心，我們很興奮能夠觀察到Z世代正在崛起，而且還能跨越全世界地理藩籬被精確研究。想要真正理解一個世代，質化、原創與量化研究皆有其必要性。Z世代很年輕，因此研究仍然非常有限，但我們每天探索引領這套研究融入這個世代的努力已經揭露許多深刻見解與意想不到的發現。這些發現可以讓人們更有概念並帶來理解、策略和實用的解決方案，有效協助領導者在每一個顧客與員工生命週期的關鍵點與Z世代連結。

Z世代崛起讓人反思工作、生活、消費主義和地球的未來。我們的研究打算解決的某些問題包括：

- 一個看起來更深入理解卻保守看待金錢的世代將如何採取不同視角思考儲蓄、投資和支出？這一點將會對你的業務有何意義？
- 這個世代將如何在一個動動手指就能得到無限資訊的世界找到方向？他們將會找到

一種方式，把自己的優勢融入其中並推動對自己重要的收益，還是說這種方式最終將勢不可擋，因此被視為理所當然而無法充分利用？

- 一個如此沉浸於數位世界的世代將如何調適自己的社交技巧，進入一個必須與他人面對面的職場與社會？還是說他們將會期待這個世界適應他們？這一點將如何形塑你的聘僱、管理或銷售流程？
- 這個世代是被X世代和早他們一代的千禧世代養育成人，這一點將會如何影響他們的價值觀、優先事項、投票行為？他們將會帶著什麼特質進入成人世界？他們將會選擇照顧自己的父母或是走上另一條路？
- 我們也正在探索，這個世代論及工作、金錢、教育與未來想法時，COVID-19與後續餘波對他們的影響。

我們越深入研究Z世代，就越興奮能夠揭示與訴說這個世代的故事，我們不是從觀察單一或一小群Z世代所得出的陳舊觀點，而是利用數據、故事、引述，以及諸多我們發現對領導者很有用的第一線策略，跨越美國全境與全世界檢視Z世代，讓他們栩栩如生地呈現在世人眼前。

Z世代正預示著一個跨產業、跨全球的「新常態」。你準備好要竭盡所能地善用它了嗎？

2 重新定義「世代」一詞

「當然啊，我知道九一一事件是怎麼一回事。我在歷史課學過。」

——Z世代

傑森說……

我一清二楚地記得，二〇〇一年九月十一日我聽到紐約市出事當下置身何處。我在洛杉磯參加一場基於我的書和演說內容發想而成的電視節目錄影。我爸和我坐在飯店的沙發上，我們打開電視，眼前畫面太驚人。有生之年我絕難忘懷當下的恐懼與困惑。

我和紐約市的淵源極深。那是我的老家，我在紐約念了一年大學，許多朋友還住在那裡。撇開個人關聯，看到這類悲劇發生原本就是徹底的大災難。我記得我就坐在沙發上哭了起來。但是我爸一臉木然，絲毫沒有透露出他在想些什麼。

三十分鐘後，爺爺來電。他是我的英雄。他在布魯克林長大。當時他約莫七十九歲，我也絕難忘懷他的話：「小傑，我們會振作起來。我保證。我們會振作起來。這種事以前就發生過，當時我們撐過來了，這次我們也會撐過來。我向你保證。我們一定會振作起來。」

多年後，我終於讓我爸敞開心胸談起二〇〇一年那天上午他在想些什麼。我們的對話讓我可以拼湊出一幅三個世代的拼圖。

當爺爺對我說「這種事以前就發生過」，他是指第二次世界大戰期間的珍珠港事件。我爸生於一九五二年，他說他擔心的是我恐怕很快就會被徵召入伍。九一一事件讓他想起越戰期間自己獲徵召去報到的經驗。

對我來說，九一一事件是剛剛轉大人之後一個決定性的世代時刻。對生長在美國的我們這一代來說，它是個轉折點，也永遠改變許多國家裡和我們年紀相當的這一代。對我們千禧世代來說，這就是「當X X發生時，你在哪裡？」的時刻。

我身為世代研究人員，回顧過去經驗時可以看到，為何我們每個人對一模一樣的事件反應天差地別。我們全都經歷同一件事，卻是透過自己完全不同的世代視角和人生階段加以檢視。

在這個世界，我們成長時期與地區的點點滴滴都影響我們對九一一事件的反應：我們的年齡、過往的戰爭經歷、恐怖主義、政治動盪、我們的居住地，甚至我們如何學會應對未知事件的方式，亦即我們每個人置身的情境形塑我們的應對之道。

這場經歷協助我看清世代概念的程度遠勝於其他任何經歷，在我從事教授領導跨越世代的工作中，它也成為全新手法的關鍵標誌。原因：有充分的理由顯示，每一個經歷過同一事件的不同世代都會創造不同反應。對Z世代來說，我們猜測COVID-19將是決定世代的時刻。

別把所有世代塞進同一只大箱子裡

在世代動力學研究中心我們相信，世代不是一只箱子，人人單憑出生年份就能恰好在其中找到自己的位置。

世代不是這樣演化的。

就我們看來，我們發現，每一個世代都是一套框架與一組深刻見解，為如何開始快速連結、影響各年齡層眾人提供強大的線索，以便協助眾人工作、行銷、建立信任並影響那些比較年長、比較年輕甚至是同輩的其他人。

我們看待一個世代是「地理上互連人口的一部分，他們在差不多的成年時期經歷相似的社會、科技與文化事件，導致場景的可預測性提高」。這一整句咬文嚼字的論述其實是要說，一個世代就是一個成員出生於相近時刻、成長於相近地方的群體。

世代名稱	相近的出生年份
Z 世代（又名 i 世代）	一九九六年至二〇一二年
千禧世代（又名 Y 世代）	一九七七年至一九九五年
X 世代	一九六五年至一九七六年
嬰兒潮世代	一九四六年至一九六四年
傳統者世代（又名無聲的一代）	一九四五年或更早

請留意，卡在世代交替之際出生的人我們稱為「卡世人」(cusper)，他們往往帶有前、後兩個世代的特徵。有時候每一個世代之間有明確界限，好比九一一事件之於美國的 Z 世代，但其他時期就沒有決定世代的時刻，反而更像是過渡時期。舉例來說，從 X 世代到千禧世代的過渡期是指一九七七年至一九八一年任何時候開始或結束的世代，取決於諸如地理、家境和父母的年齡等因素。

每一個世代都有自己強力但定義不嚴格的指標，以彰顯成員們可能經歷並回應某種既定情境，無論是買車或評估職缺內容的方式。那些指標都會受到「相近時刻」與「相近地方」等層面影響，這些層面則是在同一處地理區域連結一個世代。雖然我爸可能不是唯一擔心九一一事件之後我會被徵召入伍的人，許多與他都是在一九五〇年代出生的同輩卻有不同反應。他們無法完全契合同一副框架，但他們確實在成長過程中具備比較廣泛的共享情境，足以提供深入理解他們可能如何反應的深刻見解。

有一個關鍵大家經常視而不見，但我們總是會試圖在與領導者合作的研究過程中再三強調，那就是地理位置扮演形塑世代的重要角色。我們會在同一個世代中看到城鄉成員的差異，我們肯定會看到世界各地Z世代的差異。成長在阿肯色州農村的十七歲青少年可能已經考取駕照兩年了，這樣他才能幫助務農的家人，或是開車去上學或上班；住在紐約市的同齡青少年卻可能覺得沒必要考取駕照，除非他們搬離城區。有趣的是，城市地區具備多元化與高人口密度，趨勢往往源於此地，然後擴散至農村地區，音樂就是好例子。我們在美國境外進行廣泛研究時，總會按照地區劃分每一個世代，以便確保它精確代表我們研究或討論的世界某個地區。

除了形塑每個世代的時機點與地理，還有決定世代的時刻。總會有某些重大事件發生在世代崛起的某個關鍵階段，通常是兒童或青少年時期，從此永遠改變他們的世界觀。事件的範圍可能涵蓋戰爭或恐怖主義，再到政治動盪、自然災害、諸如登月的科技突破或是COVID-19肆虐。

對美國境內的嬰兒潮世代來說，決定世代的時刻可能是美國前總統甘迺迪遇刺、民權運動、蘇聯人造衛星史普尼克一號和核彈演習、彩色電視、披頭四樂團等諸如此類的事件。

對美國境內的X世代來說，那些經歷可能涵蓋越戰結束、水門事件和軍售伊朗醜聞、石油禁運、離婚率大幅上升、愛滋病流行、太空梭挑戰者號爆炸事故、成為鑰匙兒童、隨身聽、第一代遊戲機雅達利，以及一九八一年MTV開台[2]。

千禧世代是在一九八〇年代末期和一九九〇年代崛起，當時個人電腦、網際網路、手機、電子郵件正快速普及，科技界正從「類比過渡到數位」、社群媒體快速廣獲採用、智慧型手機問世、同志婚姻合法化、第一場大規模傷亡的校園槍擊案[3]、亞馬遜成立、電子商務、千禧蟲危機、學生貸款債務、九一一事件和金融海嘯。

體認到這些形塑一個世代的決定性時刻有助我們理解世代的觀點、優先事項、價值觀

---

2 第一支音樂影片是〈影像殺掉了廣播明星〉（Video Killed The Radio Star）。

3 一九九九年科倫拜高中校園槍擊事件。

和行為；留意一項趨勢或事件依據個人的年齡（好比你是五歲或十五歲）、地理、社會經濟狀況、文化、性別等諸如此類元素產生影響，這一點也很重要。

舉例來說，如果你是出生於一九八五年的千禧世代，那麼科倫拜悲劇就是發生在你讀高中的時期。新聞台一再重播這起校園槍擊案，你產生的恐懼、情感與感覺等反應會與出生於一九九〇年的千禧世代大不相同，因為當時後者還在念小學，可能不記得科倫拜悲劇這起當代事件；很不幸地他們將會記得稍後發生的其他校園槍擊事件。倘若你是維吉尼亞州農村在家自學的三年級學生、紐約市的八年級學生或科倫拜附近城鎮的高中生，科倫拜對你的影響也截然不同。

我們越能充分理解這套形塑一個世代的框架，就越能與世代成員建立緊密連結並發揮影響力。這種明確性也讓我們更容易從招聘、激勵到留住員工，再到行銷、販售與顧客體驗等各種情境下為不同年齡的團體搭建起橋梁。

形塑Z世代的重大事件

Z世代約莫出生於一九九六年至大約二〇一〇年、二〇一二年之間。我們身為世代研究人員與演說家，非得事過境遷才會知道一個世代何時結束，就好比認清衰退告終一樣。除非有美國境內九一一事件、英國境內脫歐運動、二〇〇四年禮節日（Boxing Day）東南亞大海嘯或全球COVID-19大爆發等明確、深刻決定世代的時刻，世代終止日期最好是透過回顧分析得出結果，而非事前臆測。這樣一來，在兩個世代交替出生的卡世人才有討論空間，因為他們的成長背景讓他們與前後世代都沾得上邊。

我們確實知道Z世代是一九九六年在美國出現，因為正如我們所說，他們不記得上一個世代最具有決定意義的事件：二〇〇一年九月十一日。隨著我們持續研究這個新興世代，COVID-19似乎肯定是這個世代最具有決定意義的事件，它在Z世代與下一個世代之間劃分出清楚的界線。

我們的Z世代研究始終遵循同一個路線，那就是便宜的行動技術為這個世代帶來的速度與影響。這一現象創造Z世代之間的連結，儘管尚未普及世界各地，但已賦予他們能力，並增強他們對商業的影響力。

關於這個世代與科技的關係，我們的二〇一九年Z世代現況研究揭露以下真相：

- 95％的Z世代至少每週使用或造訪社群媒體。
- 74％的Z世代依賴科技來自娛自樂。

Z世代盯著手機或平板螢幕，目睹世界另一端發生的即時事件直接在眼前上演，不受地域或時區限制。他們與陌生人對話，對方或許根本不會說自己的語言，但他們在玩線上電競時認識彼此。他們與自己的手機幾乎成了共同體，這點讓我們看見，即使世界其他地區的Z世代語言各不相同，風情民俗也各異，但在回應有關科技、音樂、服飾、旅行、體育，金錢和網路未來的調查問卷時答案都大同小異。

Z世代空前依賴科技，而且是從很小的時候就開始：31％的Z世代受不了手機離身三十分鐘！14％說手機離身一下下都不行。更進一步檢視，26％的Z世代男孩與33％的Z世代女孩每天最少花十小時滑手機。65％的Z世代一星期至少有幾次到了半夜還在滑手機。在這些人裡面，29％說每天晚上到了半夜都還在滑手機！

根據常識媒體（Common Sense Media）的研究，二〇一八年，89％的十三歲至十七歲青少年擁有自己的智慧型手機，比二〇一二年大幅成長，當年同一段年齡區間的青少年僅41％擁有自己的智慧型手機。

科技對Z世代產生深遠影響，從新生兒的互動玩具到無所不在的iPad，已經讓Z世代孩童被設定成以為每一張螢幕都是觸控式螢幕，所以他們會試圖點滑父母的電視機。從應用程式到影片，媒體平台現在教育孩童從外國語言、數學技能到美妝風格與訓練大小便等每一件事。

外界經常就Z世代的科技接觸度、適應、常態化與領導流行等層面與千禧世代相提並論，這是重要比較，因為每當論及科技或與科技的整合程度，比較結果會實際彰顯Z世代的真實面貌。

Z世代才是貨真價實的連結優先世代，由於連網設備正好在Z世代幼年期崛起，因此更深入、更原生。Z世代已經來到一個艾萊莎回覆雞毛蒜皮小問題，到Venmo問世後再也不用隨身帶現金等新鮮事的時代，同時他們也是一邊追隨自己最愛的網紅進入大學，一邊在影音串流平台 Spotify 上播放音樂的少年與青少年。

每當談到科技，Z 世代與千禧世代親身經歷的體驗並不相同，他們的數位原生教養和我們（實際或透過 Twitch 平台接觸）在其他世代身上看到的完全不一樣！

與高度連結的世代連結

無疑地，Z 世代走到哪都能使用平價的行動科技，這是這個世代最強大的決定性趨勢。他們打從出生那一刻起就沉浸在科技世界，進而深刻形塑他們的世界觀；他們期待如何與學校、品牌、親朋好友溝通；他們如何逛街購物；他們偏好如何溝通或與個人及團隊合作；以及他們都從何處獲取資訊、答案、約會、醫療保健、工作和新聞。

與此同時，Z 世代有樣學樣自己的父母，無論是在家庭旅遊或晚餐桌上，他們老是盯著自己手上的螢幕，因此讓盯著螢幕成為無論何時何地看起來都很正常的事情，即使他們正置身關係緊密的團體中。

我們的女兒瑞雅七歲大，不記得那個在自己講電話時可以看到對方之前的時代。她更小的時候曾經以為，如果她不能看到對方，就表示電話壞掉了。她曾經試圖在飯店打電話，但是當她把聽筒拿到耳朵旁，聽到一些從來沒聽過的聲音，結果一整個嚇壞了。那個聲音就是……撥號音！比較年長的世代習以為常的科技竟然難倒Z世代。YouTube有些專門揭露這類現象的頻道就超受歡迎。（在YouTube上搜尋「孩子們對舊電腦的反應」肯定會捧腹大笑。）

瑞雅從不曾在週六上午早起，然後馬拉松式地狂看卡通，因為在她眼中的世界，卡通或任何節目永遠都是隨點隨看，甚至在飛機上亦然。事實上她不喜歡電視，只喜歡網飛。

我們記得曾經接到一則手機簡訊，說瑞雅已經變更網飛設定，這樣她就可以隨心所欲看任何節目。這個小屁孩！我們還算幸運的，收到網飛寄發的簡訊，因此我們展開一場面對面的真心大考驗對話。瑞雅七歲時請求觀看十三歲以上少年才能看的節目，真可稱得上是一個出乎預料的障礙。

雖然地理位置扮演形塑世代的重要角色，平價行動技術的一致性引領我們相信，Z世代將是最舉世一致的員工和消費者，不過我們還得再觀察幾年才能下定論。然而，行動科技效應的初期跡象確實點出這個方向。我們從初期研究成果中看到，十歲美國少年和十五歲的倫敦或印度少年擁有的共同點可能比各自國家的五十歲族群更多。

Z世代身為消費者已經對世界產生巨大影響，而他們很快地也會以員工的身分留下自己的印記。和所有比較年長的世代一樣，我們不能把他們塞進同一只大箱子裡。除了科技之外，我們還能辨識出更多最能形塑這個世代的關鍵事件、趨勢與影響。與Z世代連結的線索就在我們與他們身邊。

對我們某些人來說，他們在 TikTok 上熱舞、觀看電競與在 Snapchat 上發送簡訊的方式可能看起來很陌生，我們可以花時間理解Z世代看待世界的視角，進而消弭Z世代與年長世代的鴻溝。我們不一定要同意他們的世界觀，反之亦然；不過花時間理解他們的觀點可以打造有效與他們連結並影響他們的基礎與空間。

在下一章，我們將深入探討，除了Z世代的科技依賴，其餘那些至今仍然在影響並形塑這個世代的重大事件。

3
形塑Z世代的事件

「歐巴馬當選對我意義重大，因為我從來沒看過非裔美籍總統。對任何渴望終有一天也能當上總統的人來說，它代表著，眼前就有個活生生的例子帶給你希望，有一天你可以做到。」

——克里斯，二十二歲

二〇〇八年，歐巴馬當選美國總統那一晚，喬許才十一歲。

「我清楚記得自己看到電視畫面那一刻。『歐巴馬將成為第一位黑人總統。』我轉身看向老爸。老爸不是超級情緒化的人，但我看得到他眼中溢滿情感。我記得我看著他說：『所以他辦到了嗎？』他看著我說：『對，他真的辦到了。』我轉頭回去看新聞，開始輪播各城市中人人歡慶的畫面。我清楚記得那一刻。等我再轉身看向老爸，他正在打電話給奶奶，問她有沒有在看新聞。」

我記得自己當時想起奶奶是成長在《吉姆．克勞法》[4]的年代，因此這對我們來說文化意義重大。雖然不代表偏見已經完全消失，但在那個世代交替的時刻確實有某種強大意涵。它證明我們在這麼短的時間內進步這麼多。」

Z世代全都知道美國選出非裔美籍總統，而且還當選兩次；他們親眼見證同志婚姻從走上街頭抗議與集會遊行到最後成為國家法律；他們也看到學校槍擊事件的第一手鏡頭，以及國內的恐怖主義在各地演唱會、夜店爆發，還有COVID-19迅猛傳布。與此同時，他們還得面對氣候變遷的新聞輪番猛攻以及「假新聞」崛起。

試想自己身為青少年，正透過未經過濾的社群媒體串流將這一切盡收眼底，同時還得保持「Snapstreak」不中斷[5]、打工幫助家計、參加大學先修課程、照顧兄弟姊妹、申請大學並第一次離家。

4 十九世紀美國南方立法機構針對黑人頒布的種族隔離法案。

5 當兩名Snapchat朋友連續三天以上互傳訊息，朋友的名字旁邊會出現火焰圖案。圖案旁邊的數字則代表兩人連續互傳了幾天訊息，要是彼此超過二十四小時沒有傳訊息，圖案就會消失。

再加入金融海嘯重挫Z世代的父母輩、不堪入目的政治談話分裂關係緊密的朋友與家人，以及學生貸款膨脹到失控地步等事件，難怪Z世代覺得自己和過往世代不一樣，根本是成長在一個和其他世代有點脫勾的時代。

Z世代都說自己感到明顯的焦慮與壓力，但都不想多談，這一點也不足為奇。二十二歲的伊索是在美國出生的第一代大學生，他分享：「幾個月前我看到幾名和我一起上高中的同儕現在都成了Instagram與YouTube名人。他們只是拍幾支從事自己熱愛興趣的影片就可以賺錢。我看其他人以前根本什麼咖也不是，只能做朝九晚五的工作，現在卻只是因為擁有一大票鐵粉就能在社群媒體上賺大錢。所以我就開始想：『喔，我的天啊，我得想想未來該做什麼才是。』我看著這些帶來恐懼感的貼文，心想：『我還在上學。我還是按部就班來。這就是你的做法。這就是你的成功之道。』不過看看這傢伙，我和他一起上高中，他決定根本不要念大學了，專心製作影片上傳平台就好。他在社會大眾眼中堪稱成功，因為他『出名』了，而且收入很高。我卻還在這條路上。」

許多Z世代成員提及伊索的壓力與「成功」的新興定義，但是成為「YouTube名人」這個概念，或甚至在社群媒體上討生活這個選項，十年前並不存在。這只是Z世代的世界和一九九〇年代至二〇〇〇年代初千禧世代的世界看起來大不相同的千奇百怪方式之一。

雖然我們全都正在體驗隨傳隨到的各種事物、平價的行動科技與四分五裂的政治氣候（此外尚有許多其他事件）帶來的巨大文化變革，但這是Z世代認識的唯一世界。儘管Z世代壓力重重，仍竭盡所能善用它。他們不需要時間讓自己適應，他們已經嫻熟先前世代還在努力理解或持續抨擊的科技。Z世代樂於接受眾多議題的發展，例如把多元化與包容性視為他們世代的支柱。

本章深入探討形塑Z世代的決定性時刻。雖然這些經歷將Z世代團結成一個世代，個別成員的反應卻很可能大不相同。不過，還是有許多線索會告訴我們這些其他世代的成員如何與這個世代連結。

養兒育女：金融海嘯與學貸債務

「我們在申請大學時，學貸就被視為既定前提。人人都填寫自己的聯邦助學金免費申請，就好像它只是一項家庭作業。我的先生和我都已經畢業二十年了，卻還在付我們的貸款；同時還要存退休金與小孩上大學的教育基金。我們應該優先考慮哪一項？」

——Z世代成員的父母

在世代動力學研究中心舉辦焦點團體期間，我們詢問一群青少女團體，她們的父母是否會對她們聊起金錢相關議題，好幾個聲音馬上異口同聲說：「會！動不動就提！」房間裡的每一名少女都堅稱，她們的父母三不五時就會和她們聊起從債務到編列預算等各種財務話題。

> 根據我們的二〇一九年Z世代現況研究，66%的Z世代擔心負債累累或無法付清學貸債務；79%則憂慮整體而言他們的未來將會如何。

一名參與者分享：「我們念高中時都被要求選修個人理財課，這樣他們才能真正教會我們。我們的父母也會談到儲蓄，所以我對這個議題了解很深。我們還進行了視覺化的活動，你可以實際看到自己存的錢正以複利方式增加等每一件事。這讓我想要早點開始存錢。我寧可現在就開始。」

Z世代進入職場時並未遭逢金融海嘯，但他們的父母親嘗盡苦頭，因此他們眼睜睜看著許多父母輩面臨痛苦、情緒化和血淋淋的掙扎，進而影響他們看待工作、金錢、自力更生的觀點，因此奮力地想要在經濟上幫助家計。

在Z世代的養成關鍵時期，金融海嘯期間工作幹活或試圖謀職的艱難現實就這樣直接被定型並帶起討論，他們目睹許多自己的父母為了養家活口高築債台、挫折連連。無論是刻意且明確地在餐桌上與家人分享壓力，或是無意間講電話或成人彼此談話時被兒女聽見，這種感覺都歷歷可見。

即使是金融海嘯期間沒有養兒育女的X世代和千禧世代，特別是許多千禧世代將婚姻、養兒育女的大事往後延，金融海嘯帶來的教訓餘悸猶存，終究會傳給他們的下一代。薪資停滯、租金與自有屋舍成本上漲，加上日益擴大的貧富差距感再真實不過，在在加劇這種體驗。

對許多千禧世代父母來說，創紀錄的學貸債務讓他們的財務狀況變得更加艱難。截至二〇一九年九月為止，一千五百萬名千禧世代（約莫二十五歲至三十四歲）集體積欠的學貸債務加總起來超過五千億美元。許多Z世代的父母至今都還背著債務，這件事形塑出他們的養兒育女之道，以及他們與子女談論工作、消費與金錢的方式。

實際上，我們的研究結果顯示，金融海嘯帶來的後果與不斷攀升的學貸很有可能幫助Z世代免於掉入相同陷阱。我們的研究結果顯示，實情的確如此。我們發現，86％的高中生Z世代都說想要上大學，但是其中一半僅願意承擔一萬美元或更低額度的學貸。事實上，27％說他們完全不想承擔任何債務。Z世代觀察到自己的父母與千禧世代咬牙苦撐，因此產生了理財意識與務實性格，這可能是受到金融海嘯影響的幾個世代在同樣年齡時期尚且不普遍的現象。

新價值觀與社會行動主義

「你們讓我們失望。但是年輕人正要開始理解你們的背叛。未來世代的雙眼都落在你們身上。此時此地就是我們劃清界線之處。不管你們喜歡與否，全世界正在覺醒，改變即將來臨。」

——環保活動家葛瑞塔．通貝里二〇一九年於聯合國氣候行動峰會上發表之演說

Z世代已經進入一個無可避免日益激烈的時代，在此公眾發聲的社會價值觀正衝撞各個世代、新聞管道、街頭遊行與社群媒體。

這類社會價值觀衝撞部分源於比較年輕的世代期待或渴望的事物與前幾個世代不同，這種激烈、訴諸情感的對話一天二十四小時、一週七天、一年三百六十五天都在Z世代的社群媒體、數不清的新聞畫面以及橫掃網路的聳動標題輪番播放。

Z世代崛起的時機非常剛好，現在許多團體已經公開表明，在面對多元化、包容性、性別薪酬差距、槍枝立法、環境責任等諸如此類的問題時，絕不再樂意接受現況。雖然不是整個Z世代，但有些成員為了在轉大人後替自己的世代打造新常規並帶來希望，所以願意支持這些運動。

這些公眾聲量已經催生出好幾場高度緊張的運動，從#黑人的命也是命（Black Lives

Matter）與#我也是（#me too）到支持同志婚姻、爭取性多元社群（LGBTIQA+）平權。不過其他世代必須體認最讓人驚訝且最重要的一點是，Z世代活動家充滿熱情地推動他們所定義的新現況，而這是他們已知的唯一現況。

許多年輕的Z世代成員從未見識過，美國國家美式足球聯盟（NFL）球員在演奏國歌期間下跪、美國女子國家足球隊公開要求加薪，或是女性揭示她們遭遇的性騷擾、虐待與整體性別歧視黑暗史等事件爆發之前的光景；許多Z世代成員都不記得，氣候變遷被視為他們這個世代一大重要議題之前的光景。

每當論及多元化與包容性，Z世代的支持看似格外強大。其他世代也意識到很重要的一點，那就是在現代美國歷史中，Z世代是最重視種族與民族多樣化的世代，而且他們期待所到之處都看得見多元化與包容性。根據智庫皮尤研究中心，美國境內Z世代中有48％是非白人，而千禧世代有39％、X世代有30％、嬰兒潮世代有18％。

我們的研究顯示，每當論及雇主的多元化與包容性，Z世代期望更多。他們期待看到女性與少數族裔可以躋身企業的最高階層，而且有機會「全力以赴地付出」。雖然這一點與某些領導者習慣的現況不同，但和千禧世代帶進職場並持續發酵至今的社會變革與透明度相比，兩者並非完全不同；或甚至和X世代與嬰兒潮世代在當年崛起時帶來的變革相比也差不多。

或許這種多元化的某些表現形式是思想多元化。我們的二〇一六年Z世代現況研究發現，雖然美國人應該容忍觀點或價值觀與自己殊異的對象，但Z世代並不相信美國人真的有做到。原本的問題是：你覺得美國人應該容忍其他美國人在諸如政治、同性戀權利、宗教和家庭價值觀等領域抱持與他們自己相反的信念嗎？65％的受試者回答「是」；但他們若是被問到：你覺得美國人確實容忍其他美國人在諸如政治、同性戀權利、宗教和家庭價值觀等領域抱持與他們自己相反的信念嗎？只有26％受試者回答「是」。

千禧世代和Z世代之間的最大差異在於，Z世代有了社群媒體，因此可以在小小年紀就主動參與各種他們相信的倡議與行動。這種親身參與卻不一定要實際現身街頭抗議或領導遊行的能力，已經導致一場運動可以創下更高線上參與度卻不必離家出門（好比按讚、分享與評論等）的結果。與此同時，這種強度已經導致大學試圖協助這個世代學習如何採取文明、有建設性的方式表達反對意見。包括華盛頓特區的美國大學、明尼蘇達州的卡爾頓學院與北卡羅萊納州的維克森林大學等大專院校都已經在它們的課程中加入公民對話，好協助Z世代學習如何與那些背景、價值觀及見解殊異的對象辯論、反駁與對話。

校園槍擊事件與國內恐怖主義

「在短短六分鐘多一點的時間裡，我們總共有十七名朋友被帶走，另外有十五名受傷，其他所有人，特別是道格拉斯社區的每一個人，都永遠被改變了。」

——艾瑪．岡薩雷斯，二〇一八年三月於「為我們的生命遊行」活動的發言

雖然Z世代是以「科技代表一切」聞名的世代，他們很不幸地也以進入可怕的大規模傷亡校園槍擊事件時代聞名。第一起大規模傷亡的校園槍擊事件是一九九九年發生在科倫拜高中，那是千禧世代的經歷，不過Z世代現在已經來到面對更多大規模傷亡的槍擊事件時代，好比康乃狄克州的桑迪胡克小學、佛羅里達州的瑪喬利．史東曼．道格拉斯高中與德州的聖塔菲高中，其他不及備載。這些校園槍擊事件將會對Z世代造成長期影響，往後數十年結果將依舊歷歷可見。對Z世代來說，教室裡與其他公共場所的槍枝暴力與恐怖行動已經變得太普遍。

然而，針對瑪喬利．史東曼．道格拉斯高中發起的回應卻鼓舞許多Z世代變得更主動，或至少針對校園安全之類的議題發出更大聲量。Z世代與生俱來就安於社群媒體的習性正是一種即時、激烈又有放大作用的管道，可以分享他們的恐懼、悲傷、憤怒、沮喪和觀點。這些激烈的社群媒體參與現況，加上大衛．霍格這些活生生的Z世代校園倖存者號召行動，便帶來龐大的線上報導篇幅和社群媒體參與度。

到頭來，Z世代的政治參與度可能會也可能不會變得比前幾個世代更高，不過那些想要主動參與政治的人善用社群媒體就能獲得機會，它讓他們成為校園裡、公車上、地鐵中，甚至是自己家鄉的活動家。他們不必現身活動場合中就能被聽見也看得到回應。

Z世代也進入一個九一一事件過後換成國內恐怖主義崛起的時代，從波士頓馬拉松比賽的炸彈引爆事件，到奧蘭多的夜店槍擊案，再到拉斯維加斯音樂節槍擊案，更別提那些不用出門也能與世界同步看見、來自全球各地令人不安的事件。

教育與學習

Z世代視科技為他們終身學習路線，但他們善用各種數位裝置的方式卻與前幾個世代截然不同。

正如一名Z世代告訴我們：「我只用電腦做家庭作業；我的手機只用來和朋友聊天，順便看看有什麼大事。如果老師要我準備上課內容，那我就會用電腦搜尋資訊或答案，否則我真的不太會去碰電腦。」

Z世代已經來到學習管道比史上任何世代更充裕的時代。知識被束之高閣而且只能從每幾年更新一次的教科書讀到的日子一去不復返；唯有富裕的私立學校或都市教育中心可以為學生提供繁複學習選項的日子也已經一去不復返。現在，幾乎所有Z世代成員都可以在手機上同步讀著正在上演的歷史，無論是SpaceX發射助推器並成功降落、位於地球另一端的青少年發送推文探討社會變革，或是詢問Google Home地理問題，資訊都遠比以往任何時候更大眾化、更容易取得。

這是否意味著擷取通道平等、所有資訊都精確？當然不是。不過在世界各地，許多廉價手機為個人、家庭和社群帶來資訊、連結、創新和學習機會，這是二十年前不可能發生的事。

我們格外關注一個學習趨勢：語音搜尋。現在，最年輕的Z世代成員已經來到依賴語音搜尋的年紀，時間通常遠早於他們學會打字！Z世代連一個字母都不用打，只要開口問艾萊莎或Siri問題就能馬上獲得所需資訊。我們相信，論及職場與Z世代消費者，語音搜尋將會成為學習、參與和擷取資訊的主要趨勢。

結合行動、語音搜尋，平板電腦與適應性軟體，並將它們整合融入校園中，將無可避免地也在Z世代加入勞動梯隊時創造職場新需求，以便提供繁複的學習與協作工具。稍後我們將在本書深入探索這一點。

YouTube、內容創作與網飛

論及最重要的內容消費時，Z世代主要希望可以從手機螢幕上得到娛樂、學習和參與機會。這股趨勢很快就脫離傳統線性播放的電視（或甚至完全跳過），改成聚焦 YouTube、網飛與 TikTok。

Z 世代耗在 YouTube 上的時間很多，他們多半在我們的 Z 世代討論圓桌會議上稱它為「Google-Tube」。Z 世代採用 YouTube 搜尋資訊、答案和娛樂的方式就和其他世代採用 Google 搜尋一樣。Z 世代直接在 YouTube 上打出自己尋求學習或解答的字眼。對許多 Z 世代來說，YouTube 實質上是他們連上網找到各種資訊的起始畫面。根據二〇一八年創意傳播諮詢商我們是打火石（We are Flint）發布的研究，十八歲至二十四歲的網路用戶中，96％會造訪 YouTube，一般的觀看時間為四十分鐘，平均每年增加50％。YouTube 現在是全世界第二大搜尋引擎。

我們的二〇一九年全國研究顯示，97％的 Z 世代每星期至少使用一次影音串流服務，其中85％是造訪 YouTube。Z 世代觀看 YouTube 學習諸如如何化妝、新潮舞步或是在一場電視遊戲中制勝的新穎策略。不過他們不只是為了好玩與偷學密技才觀看網紅的影片，他們也購買 YouTube 網紅推薦的事物。我們將會在第二部分論及品牌與 Z 世代時分享更多觀察。

YouTube 娛樂 Z 世代的方式就像電視娛樂以前的世代一樣。他們欣賞各種影音作品，包括觀看網紅玩惡搞把戲、玩線上遊戲，或者只是影音部落客分享自己的日常想法和搞笑動作。Z世代想要觀看那些和他們一樣或是他們想要模仿的其他人如何生活，有點像是實境電視節目，但是帶有比較濃厚的自製感，讓他們觀看的內容看似更逼真。

Z世代如何、何時、為何以及在何處消費內容，特別是他們在何處創作自己的內容，在在顯示許多有關這個世代的資訊，以及品牌將如何吸引他們、企業將如何培訓他們，以及內容供應商將如何適應他們。

Z世代很少看完兩分鐘不重要的廣告才接著收看他們最喜歡的娛樂節目（但超討厭的地方是YouTube不允許他們跳過廣告！）他們也總是可以快轉、暫停、跳過和評價每一段影音作品。這個世代不必趕在傍晚六點前回家收看他們最愛的電視節目，或是希望廣播電台隨機播放他們最愛的單曲。都不用。Z世代已經從依照廣告客戶、網路或程式作業員安排的消費性內容節目表中解放出來；相反地，他們隨心所欲地取得內容。許多Z世代根本不記得以前人們必須等待網飛寄送實體DVD到府那個年代。對Z世代來說，幾乎每件事都是想要就能得到、免費或低價、能依使用紀錄與評分來「推薦」。

聊聊嬰兒潮世代以來的一個改變，古早時期電視只有三個頻道，而且一到半夜就收播。或是X世代目睹優質（也就是昂貴）有線網路崛起。當嬰兒潮父母輩要X世代「站起來去幫忙轉台」時，他們也是那個只要窩在沙發上就能「無線遙控」的世代。千禧世代則是來到收看選項驚人暴增的年代，他們也看到內容從有線過渡到無線。千禧世代更是站在電影隨點隨看、YouTube 崛起的最前線世代。

所有這些免費或低價串流內容都讓 Z 世代順理成章的成為內容消費者，同時卻期望這些內容是個別推薦給他們，而且能夠在自己選擇的任何裝置上瀏覽，最好不要或是有限度地開放廣告，特別是如果他們付費使用任何型態的訂閱服務。

另一方面，和其他世代的多數成員不同，Z 世代現在也是內容創作者。許多 Z 世代，特別是那些正值青少年時期的成員，對於順手拿起手機就可以拍電影之前的時代完全沒印象，Z 世代已經從數位觀眾成員轉換成隨時隨地都可以產出數位內容的創作者。這導致 YouTuber 被拱上明星地位，他們比許多傳統名人吸引更多觀眾，也讓小賈斯汀等許多後起之秀在 YouTube 上被發掘。二〇一八年，有個名為萊恩的 YouTuber 光是靠上傳開箱、把玩玩具的影片到自己的 YouTube 頻道《萊恩的世界》（Ryan's World）就賺進二千二百萬美元。這個小夥子才七歲。

雖然有些身為內容創作者的 YouTuber 可以賺到錢，但 Z 世代期待他們消費的內容至少應該要免費。即使傳統有線電視與電視供應商為 Z 世代創造深入參與各種線上內容主題的新機會，這一點仍為它們帶來挑戰。Z世代渴望多元化、內行人才懂的主題以及個人化，這些都將為勞動梯隊與希望吸引他們的品牌帶來顯著變化。

心理健康與身體健全

伴隨著影響Z世代崛起的科技漩渦而來的現象是圍繞著心理健康與身體健全的高度公開對話。我們的研究顯示，隨著Z世代走過青少年期、青春期並進入成年期等困難的人生階段，心理健康議題在他們許多人心中名列前茅；其他同齡的朋友與同學等人沒完沒了地發送照片、影片與貼文，炫耀他們的生活有多好玩，更加惡化這些困難。在我們的社群媒體研究中，我們不斷看到，社群媒體可能貶抑許多Z世代的自我價值感，在原本就已經難熬的青少年歲月中徒增焦慮、不安感與情緒壓力。

根據我們的研究，42%的Z世代認為，社群媒體影響他們的自我感覺，另外42%也說，社群媒體影響他人怎麼看待他們。整體而言，39%說它會影響他們的自尊、37%則說會影響他們的幸福感，還有55％的Z世代老是為了某人在網路上發布某則與他們有關的貼文感到不安或有壓力。整體而言，46％的Z世代認為科技有害他們的心理健康。

另外，某些外部研究也支持我們的發現。一份二〇一九年發布在《異常心理學期刊》（Journal of Abnormal Psychology）的報告留意到，二〇一〇年代末期，青春期與剛成年的大人承受嚴重心理壓力的比率比十年前的同齡族群高出50％以上。這項研究引述數位媒體使用現況，包括社群媒體與網路霸凌程度，高居這些年齡團體的頭號壓力來源。

正如我們總想要和前幾個世代說明某些事情，Z世代告訴我們，社群媒體就像置身八年級學生餐廳的超人氣玻璃魚缸一樣充滿壓力，一天二十四小時、一週七天任人觀賞，而且觀眾甚至更惡劣，因為他們可以隱身在鍵盤與匿名個人簡介後方。每當論及網路霸凌，這一點格外真切，這正是許多Z世代打從小小年紀就遭遇的問題。社群媒體上永遠都有人專搞一些微妙但不算細緻入微的排擠形式，照片沒有被加註標籤就會被視為冷落，好似某人不喜歡某一則貼文或影片。對某些Z世代來說，你很有可能透過觀察某人喜不喜歡或是會不會在你的社群網站上評論，就知道對方算不算真朋友。Z世代老是擔心自己如何隨著年紀漸長好好因應社群媒體與它所帶來的影響。在我們的二〇一九年全國研究中，61％的Z世代與我們分享，他們認為學校或大學應該教會他們如何更妥善管理自己的線上名聲。

每當論及探討心理健康議題時，打熱線電話、親身拜訪專家等傳統干預做法都無法吸引Z世代。有些組織據此調整，提供發送簡訊等更契合Z世代偏好的支持性做法。我們相信這個趨勢將會隨著Z世代的崛起持續下去，尤其是在職場中。

與此同時，Z世代狂熱追求健身追蹤器、監測器和身心健康相關的設備，包括智慧腕表Fitbit、Apple Watch到手機上的健身追蹤器，甚至連網的健身設備。Z世代已經來到對過去不能追蹤每一步、計算每一卡路里、記錄每一餐，並直接在手機上標示出每一個進步或退步的日子毫無印象的時代。對許多Z世代成員來說，這可能是強力優點，正如一名青少年告訴我們：「我戴Fitbit是因為我總是動個不停，而且我喜歡和老哥、老媽比賽看誰走的步數最多。」不過對其他Z世代來說，計算步數與卡路里可能帶來身材體態與飲食失調等方面的壓力。毫不意外，這個世代被推崇抵制廣告中不切實際、過分修飾的女性形象。生產各種身形、尺寸的女性內衣品牌Aerie就在官網上如此回應Z世代：「每一個女孩都能穿。」

千變萬化的世界

我們在本章探索的趨勢都是Z世代龐大故事的其中一環，未來幾十年將會繼續輪番登場。每一種趨勢都在他們特定的養成時期發生，有時候是青少年時期，有時候是孩童時期，他們早已不再需要等待撥接上網或購買整張音樂唱片就能立即下載音樂。Z世代可能會永遠記得，COVID-19破壞他們的學校與日常生活的這段時期自己正置身何處。

在下一章，我們將深入探討Z世代的科技體驗，看看它如何設定Z世代的期望、行為驅動力，以及他們身為員工、顧客和領導流行者的常規。

4 生活盡在六・一吋螢幕中

「我不管走到哪裡都在用手機，如果不是握在手上就是放在口袋裡。我的學校作業在手機上、我的社群媒體在手機上、我的筆記在手機上。生活中的各種層面我都得用它。」

——克莉絲汀娜，二十一歲

星期一早晨。二十歲的伊莎貝拉是天普大學大三生。她被設定在八點半的 iPhone 鬧鐘喚醒，離當天第一堂課還有一小時。

她關掉鬧鐘，點擊應用程式 Google 雲端教室（Google Classroom），確認作業。好消息：教授貼出上星期她錯過的演說影片。伊莎貝拉告訴自己等等搭校車時要點開來看。

她點回手機的主畫面，然後打開 Snapchat，查看她與高中死黨群、夏季露營的朋友、貓咪咖啡館的同事，以及住在波士頓、沙加緬度與瑞典斯德哥爾摩的堂表兄弟姊妹們的 Snapstreak；接著，她用 Snapchat 自拍了一張套上貓臉濾鏡的照片發送給每一個人；她的 Snapchat 分數跳升至二十三萬三千六百十七分。

接下來，伊莎貝拉想起中午就上完課，所以轉去檢查兼差平台 TaskRabbit 看看有沒有做得來的差事。組裝宜家家居的家具是她的超級強項，去年夏天她發現，這門差事是平台上的熱門類別。她輕輕點擊幾下，預定下午四點組裝一張桌子與儲物櫃的任務，她可以賺進四十美元。星期五出去玩的費用有著落了。

說到出去玩，伊莎貝拉一直想要研究煙燻眼妝的技巧。於是她在 YouTube 搜尋欄鍵入「煙燻眼」，連續看了四支影片，然後跳轉去亞馬遜訂購其中兩名彩妝師推薦的眼線筆。

糟糕，又多下了一筆亞馬遜訂單。她開始緊張自己這個月的開銷是不是超出預算，於是點開銀行的應用程式，跳轉去檢查帳戶餘額，然後鬆了一大口氣。她忘了自己在臉書市集賣掉舊 iPad 賺進一百美元。Venmo 昨晚把這筆錢存入她的戶頭了。現金流看起來很不錯。

一想到錢就讓伊莎貝拉開始思考，確實該想想今年夏天要去哪裡實習了。她點開領英，在職缺搜尋欄鍵入「平面設計實習」。幾十項結果跳出來，但是她不知所措，擔心自己的代表作品不夠厲害，不足以勝任其中任何一項。所以她又跳去自由接案者的線上市集Fiverr搜尋設計職缺。時間點真是太完美了：一群華頓商學院的企研所學生正在找人為他們的活動策劃初創企業設計商標。她加入競標行列，設計十樣商標索價二十美元。雖然換算下來她的時薪才沒多少錢，但這對她的作品集有加分作用。伊莎貝拉寄出報價，祈求老天保佑。

她還來不及關掉應用程式，就收到了一則簡訊：

「嗨，親愛的！讓我知道，這個週末妳會返家為爺爺慶生嗎？」是老媽。她晚點再回覆。

伊莎貝拉看了看螢幕上方角落的時間：九點十三分。下床時間到。該準備去上課了。

停不下來、不願停下來

我們都和手機黏緊緊，為此心中充滿罪惡感。即使你不是Z世代，也沒有想學彩妝技巧，但伊莎貝拉習以為常的星期一早晨可能聽起來和你的狀況相差無幾。你的大腦和大拇指飛快地搞定待辦事項清單、各種應用程式與對話討論串（或是我們那個世代慣用的電郵）。你很可能會在早晨雙腳踏上地板之前處理銀行業務、訂購雜貨、制定健身播放清單，還有瞄幾眼新聞。

對許多生活在現代社會中的人來說這是現況，但如果你是Z世代之前的世代就會記得，以前的生活不是這樣過的。你可能會想起，有一段時間我們發送附加履歷檔案的電郵（甚至是傳真！）、薪資條是實體單據，還會向朋友討救兵彌補沒交的家庭作業。但是全都交由應用程式代勞的生活才是Z世代知道的生活。

Z世代的智慧型手機依賴度如此普遍，以至於它正在形塑這個世代的世界觀、影響他們對職場溝通與協作的期待，也推動他們的教育觀；它同時也形塑Z世代希望與品牌、服務供應商、潛在雇主甚至顧客服務的互動方式。

雖然其他世代認為，這些科技期待跟自己的簡直是天差地遠（「Z世代有這麼高的期待！」）但實際上並非如此。Z世代只不過是依據自己一向熟悉並習慣體驗的事物產生不同的期待。體認這個世代的心態所具備的力量將有助你適應並釋放Z世代員工、客戶和領導流行者的潛力，或甚至是更充分理解你自己的兒女。

當我們談論Z世代生活在數位世界時，他們花多少時間在智慧型手機上可說是關鍵要素，答案是超多時間。事實上，55%的Z世代每天把玩智慧型手機至少五小時。整個世代中半數以上成員花費多數休閒時間與一些本人不在身邊的對象在一起；尤有甚者，我們的二〇一九年全國研究顯示，84%的Z世代每週至少使用一次即時通訊應用程式，其中有45%會在多數或全部簡訊中加入表情符號。Z世代發現，和朋友溝通時，使用表情符號、迷因、動圖、網路個人圖像、濾鏡與影片這類數位互動往往感覺比打字自在得多，即使是討論敏感議題亦然。就世代研究人員的角度來看，這一點很有趣，因為不同世代有時會賦予不同的表情符號不同意涵（不然就是滿頭霧水）。當Z世代成員發送的訊息只貼上一連串表情符號卻沒有隻字片語，搞得父母還得上網找出每一個表情符號代表什麼意思時，這一點顯得格外真實。

丹尼爾是我們其中一組焦點團體的父親，當他檢視家庭手機計畫的活躍使用程度時，簡直嚇壞了。在為期四週的時段裡，他的太太發出七十六則簡訊，他是二百四十三則，但十六歲的兒子卻高達一萬零一百八十四則。「讓我們減去一天八小時的睡眠時間，」他說，「我覺得他可能睡更多，但是我們姑且說是八小時好了……那意味著，在這四週裡他醒著的每小時都必須發送超過二十二則簡訊。怎麼可能這樣？我的意思是，那你是要怎樣做好其他事情？」

每次學年開始總是洋溢著活力和興奮之情，對前幾個世代來說，這股狂熱非得到了開學第一天才會真的引爆，對Z世代來說卻是截然不同的體驗。舉例來說，十二歲的凱特琳花很多時間和朋友聯絡，即使真實感絕對比不上她將手機放入包包裡去上一小時舞蹈課。她與朋友群組來回傳送超過七百則簡訊，都在聊課堂作業與開學日。

克蘿依的經驗也指出，每當論及他們花費多少時間生活在數位世界裡，也會因Z世代的性別有所不同。我們的研究顯示，65％女性每天花至少五小時把玩手機，但只有50％的男性花這麼多時間。就整體智慧型手機使用量而言，Z世代女性採用數位方式互動遠比Z世代男性多，不過後者花在電玩設備與平台上的時間反倒縮短了兩者之間的差距。

智慧型手機使用量	Z 世代
每天超過十小時	26%
每天五至九小時	29%
每天一至四小時	35%
每天少於一小時	3%
沒有或沒用過	7%

※ 二〇一八年Z世代現況研究

關於Z世代與智慧型手機還有個耐人尋味的現象，那就是他們有多頻繁在午夜過後繼續使用手機。我們在二〇一八年Z世代現況研究中發現，44%的Z世代每週一次至數次會在午夜過後繼續使用手機；更令人驚訝的是，有29%說他們每天午夜過後都還在滑手機。

這是我們帶領的Z世代焦點團體某一場交流：

喬丹：我一滑手機就忘了時間。我以為只滑了十分鐘，但實際上是三十分鐘。

凱蒂：或以為才過一小時。或是「再五分鐘就好」。結果就過了兩小時。

傑克森：最糟的是，晚上你試著要睡覺，你知道自己很累，但就是得找人聊天。

凱蒂：昨晚我想著「十一點半就要去睡」，結果我直到……凌晨十二點半還清醒地滑手機。我根本沒什麼事好做，但我就是掛在上面浪費時間。

這個世代總是掛在手機上、總是不斷線。對多數Z世代來說，手機離身的時刻少之又少，對他們許多人來說，每隔幾分鐘就至少會瞄一眼，看看有沒有新訊息或提醒。

雖然這種常保連線的長期影響尚待幾十年研究，但顯而易見的是，Z世代的世界遠比以往緊密連結。舉例來說：住在澳洲的彩妝網紅白天在臉書或 YouTube 直播全新的彩妝技巧，住在美國的Z世代就會熬夜觀看；或是和朋友玩線上遊戲，遊戲中的網友住在南韓與杜拜。

讓我們把目光放遠一點，這種一天二十四小時、一週七天的行動連結的全新現實會帶來許多問題，例如大量使用科技如何影響Z世代的睡眠、心理健康、學習、工作與人際關係等？這些都是未來幾年我們持續研究Z世代時必須深入檢視的廣泛領域。不過在我們揭曉答案之前，對企業來說，把維持Z世代的手機依賴度置於自家所有業務事項的第一順位，以便連結並影響這個世代，這一點至關重要。無論是想要聘僱Z世代員工或希望吸引並留住Z世代顧客，企業必須讓Z世代能夠透過手機輕鬆找到與互動，否則是無法獲得青睞的。

社群媒體是媒介

「我覺得這很讓人難過。說真的，在我們這一代真的很普遍。許多工作都和你得到多少『讚』有關。這和得到按讚數會釋放腦內多巴胺這項事實有直接關聯。我正積極試著擺脫這種做法，因為按讚數也與生理吸引力密切相關。舉例來說，要是我放一張愛犬照，沒有人會按讚，但我如果上傳沒穿上衣的照片，則會得到一百四十個讚。所以，我試著不要陷入這種情況。」

——Z世代男性，二十歲

Z世代將智慧型手機當作自己的附屬品，因此只要觀察他們愛用的應用程式與使用方式，就能夠理解他們對於資訊與溝通有什麼期待；另外，社群媒體應用程式高居榜首也帶來大量可記錄的資訊，領導者可以善用這點進一步認識這個世代。

Z世代已經來到將社群媒體當成他們與同儕、家人、新聞、世界大事、娛樂等連結脈動的時代。社群媒體基本上是連結Z世代與其他人及周遭世界的數位黏著劑。這一切全都透過他們握在手中的小螢幕一一上演。

雖然這讓Z世代很容易就跟上五百名Snapchat好友的最新動態，但社群媒體也有明顯弊端。我們的全國研究顯示，社群媒體對Z世代的自我價值感、自尊、體態、自信都有負面影響。此外，我們的二〇一六年全國研究指出，42%的Z世代覺得社群媒體強烈影響他人如何看待他們，另有42%也說社群媒體強烈影響他人如何看待自己，而幾乎有四成受訪者說社群媒體強烈影響他們的自尊。

儘管社群媒體具備潛在的惡意與黑暗面，Z世代卻高度依賴它。社群平台是驅動他們的期望與行動的龐大力量，從需要立即回饋（我貼在Instagram上的故事得到多少筆回應？！）到大範圍融入社會常規中，好比其他人會不會喜歡你的髮型、穿搭、新刺青或度假照片。Z世代會連拍好多張照片然後只取最棒的那張（有時甚至會為了Instagram貼文拍超過五十張照片），然後打開濾鏡修圖，再選擇平台、擇定發送的朋友群，最後就是等待當天最完美的分享時機。Z世代實際採取的手法讓他們彷彿置身媒體圈，而他們也的確活在社群媒體圈。

對Z世代來說，「黃金時段」與看電視無關，黃金時段是指上傳貼文和限動到Instagram，或是發布影片到TikTok可以博取最多按讚數與評論的最佳時間點。有位Z世代成員如此說道：「就在兩天前，我的朋友沒有選在最多人連上Instagram的黃金時段貼出照片，所以她就乾脆刪除照片。當她知道大概兩個小時後可以博取更多按讚數，她才重貼。」

我們也在二〇一八年Z世代研究中發現，社群媒體對Z世代女性實質上的重要程度遠勝於男性。女性一致表示社群媒體非常重要，使用頻率也比男性更活躍。這點形塑出女性的消費行為，不論是在何處、在何時、和誰一起購物，還是最後購入何物，每件事的每個環節都可以分享到社群媒體。

特定任務的專屬平台

我們的研究顯示，目前Z世代使用哪一種溝通平台與技術很大程度取決於情境，無論是問朋友學校方面的問題、擬定派對邀請函或是處理金錢相關事宜。Z世代期望迅速、到位、直接在螢幕上解決，而且可以的話最好是用圖像顯示的溝通方法。

在社群媒體世界中，某些平台很明顯最能影響Z世代，而對於想知道何時與這個世代互動的領導者而言也最重要。以下是介紹幾個平台與它們的重要性。

Snapchat

Z世代熱愛Snapchat。如果想知道某人有多常使用，看看他的Snapchat分數（根據寄發與接收訊息次數而定）就知道了。

世代動力學研究中心研究人員：你的Snapchat分數是多少？

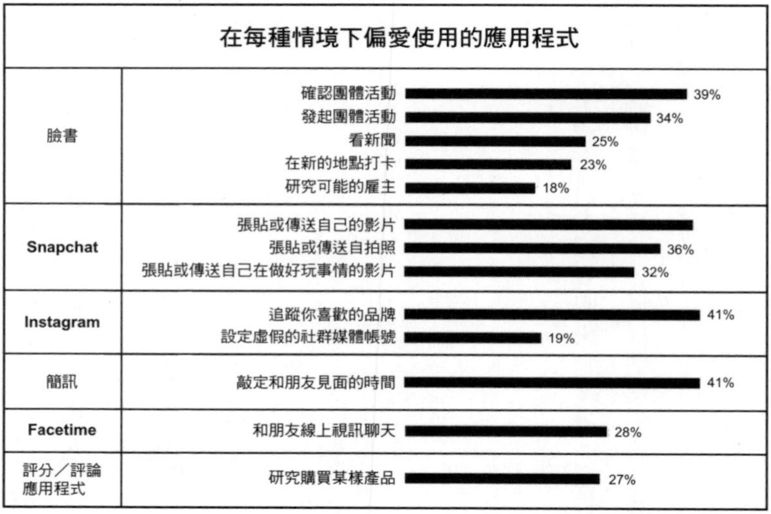

1號Z世代：哦，真的很高喔。
世代動力學研究中心研究人員：例如七萬多分嗎？
1號Z世代：哦，我想大概超過二十萬。
世代動力學研究中心研究人員：二十萬？
1號Z世代：總分是二十八萬三千分。
2號Z世代：我的是三十萬一千分。
世代動力學研究中心研究人員：那你們呢？
3號Z世代：十九萬分。
4號Z世代：三十八萬八千分。
5號Z世代：我是五十九萬四千分。
6號Z世代：我只有十四萬七千分。

五十九萬四千分。這麼密集且不間斷的使用量，對許多Z世代成員來說，特別是在美國境內，Snapchat就是高信任度、高參與度的平台（在其他國家，WhatsApp、微信或微博可能占有最常使用、最可信任也最具參與感的地位。為何Snapchat在Z世代小圈圈這麼盛行？原因很多，好比在Z世代年輕人圈子裡占據正確的平台、正確的位置與正確的時間，不過主要的行為驅動力之一是Snapchat貼文被視為更「當下」、真實並坦誠的照片和故事。

「Snapchat訊息沒那麼正式，我可以發送只有臉的照片給朋友，他們也會回傳他們的照片，」我們焦點團體的一名Z世代解釋，「我們都沒有討論過，但感覺上有點像是這樣。你傳送簡訊時實際上是想要討論某件事。畢竟你得花時間打簡訊。我不知道啦，我只是覺得這樣比較輕鬆，因為就只是一張照片而已。」

Snapchat照片刻意不像Instagram一樣設置打光或美化功能，但「Snapchat訊息」比較好玩、有趣、有生活感。Snapchat濾鏡與客製化網路個人圖像讓Z世代可以自製獨家圖像，只要輕鬆點幾下或滑幾下就能在螢幕上搞定，幾乎不會花很多時間。

這種快速創造獨特、個人化影像的玩法非常適合Z世代與他們高度視覺化的世代常規；與此同時，對Z世代來說，在一個許多影像都已經被高度編輯，尤其是宣傳照，以至於結果看起來裝模作樣、完美無瑕的世界裡，期待照片與訊息不完美反倒是一種解脫。「Snapchat很不正式，」另一名焦點團體參與者解釋，「我爸爸是軍人，所以我們搬過很多次家。我的Snapchat上有很多住在全國各地的朋友，我們天天聯絡，保持Snapstreak連續天數。所以在我朋友的名字前面有個表情符號，每天早上我都會隨意拍張照片，甚至可能只是我的床單，然後我會輸入『早安，連續天數＋1。』並滑過聯絡人清單一次傳給幾百人。我每天都這麼做。」

在Snapstreak裡，你可以寄照片給一群最親密或是刻意挑選的朋友，然後他們就要在二十四小時內回你一張照片。許多Z世代保持Snapstreak往返超過一百天。對某些人來說，不寄送照片回應Snapstreak請求超級沒禮貌，可能因此馬上將你從好友名單刪除。無論當天你置身何處，快速回應都是龐大的社交壓力。

正如一名母親告訴我們有關Snapstreak的重要性：

「今年春假，我們全家計劃去德州大彎國家公園旅遊。我提醒十三歲的兒子伊思當我們進入那片乾枯、嶙峋的山區就沒有無線網路了。我們看得到的唯一光線就是月光與星辰。他立即雙眼圓睜對著我說：『媽，我們不能這樣玩。我會失去所有的Snapstreak！』我猶豫著要不要為了這個即將發生的悲劇取消這趟旅遊，結果他回答我：『媽，沒關係啦，我可以把帳密傳給葛里芬（他最好的朋友），他可以幫我保持紀錄。』」

Snapchat只寄發照片給你精挑細選的朋友圈，這種做法消除一些貼出照片讓全世界都看到的風險、焦慮與不自在感，好比你在Instagram上的貼文，所有追蹤者都看得到，他們可能是但也可能不是你真實世界裡的朋友。

Snapchat之所以吸引Z世代，是因為它已成為臉書之後廣泛被使用的應用程式，它才是Z世代的社群平台；也就是說，父母們用臉書，Z世代用Snapchat。對青少年與少年族群來說，這種隱私意識很重要，他們往往正在經歷尷尬的青春期，一邊尋找自己可以對著摯友表現坦率與脆弱的管道。未來某天，其他世代可能也會用Snapchat，尤其是千禧世代，但就目前而言它向年輕世代靠攏的程度遠勝過其他世代，特別是在美國境內，這讓它更明顯成為Z世代和比較年輕的千禧世代數位聚集的場域和平台。

Instagram

雖然Snapchat的設計初衷更適合摯友、更有當下感與「幕後感」，Instagram卻是背負Z世代的期望，亦即潤飾過後的照片能對著全世界彰顯自己的生活風格、體驗、身分、價值或個人品牌。正如Z世代經常對我們說的：「Instagram代表你想要全世界如何看你，而Snapchat代表你的真實世界。」

兩者的差異在於產出一則貼文的準備工作。根據我們採訪過的許多Z世代，他們大概只會拍攝三、四張照片，然後挑一張發Snapchat；換成Instagram的話，他們可能會連拍五十張照片，就只為找出上得了Instagram的那一張，然後他們會使用各種照片編輯工具編輯它，最後才上傳到Instagram。

Instagram也是催生社群媒體網紅現象的平台。隨著名人只要在Instagram上貼文就能造成瘋傳並賺進天價報酬（據說金．卡戴珊的妹妹凱莉．詹娜每發一則貼文就能賺進高達一百萬美元），Z世代上傳自己的貼文到Instagram的門檻也提高了。就連追隨者很少的奈米網紅[6]也可以單靠生出一則貼文就賺到報酬、禮物或像是造訪現場活動的機會。

現在，這些網紅成為成熟與新興品牌知名的行銷管道，在形塑Z世代對品牌、產品、服務和優惠方案的品味方面扮演關鍵角色。社群媒體網紅是新型態名人代言，不像電視、廣告和其他單向頻道的傳統代言，這些人的鐵粉可以就實際貼文直接回應本人，有時候甚至會收到網紅本人或團隊的回覆，然後他們再和其他鐵粉一起參與貼文所帶來的回覆。這種做法創造一種循環，評論與其他人針對評論的回應讓這則貼文出現在更多人的動態消息中，所以會有更多人看到，然後又導致更熱烈的參與程度。傳統廣告根本不可能辦到，但

6 指粉絲數約一千人的網紅。

這就是 Instagram 的常態，也是品牌找上知名網紅的原因。他們可以推動意識感與興奮感，但更重要的是直接銷售，而且貼文上線後還能好好地與它們的顧客不斷線對話。

臉書

「臉書是給老一輩的人使用，你知道啊，就是千禧世代。」

——Z 世代

「我有臉書帳號是因為我爸媽，因為他們要貼照片。我奶奶才剛去歐洲旅遊，然後她就這樣說：『快按讚我的貼文！』所以，我就得按讚她的貼文，這樣才不會顯得沒禮貌。」

——Z 世代

在Z世代的清單上，臉書被放在什麼位置？這是引發熱議的主題。我（傑森）是千禧世代，我對自己初次聽到Z世代對臉書做出諸如此類評論的時刻仍記憶猶新。我出生在臉書成為連結與分享資訊、照片、影片、故事和生活大小事的年代。現在它看起來也成為分享嬰兒照片、同校聯誼會與任何更新平凡生活點滴的中心。不過對Z世代來說，臉書「很老，就和你一樣」。

雖然臉書和推特肯定都在Z世代的社群媒體清單上占有一席之地，但我們發現，論及重要性、信任度和影響力，Z世代看待臉書的評價不如其他社群媒體。臉書是Z世代的父母與祖父母經常使用的平台，這讓臉書顯得更跟不上流行。Z世代也告訴我們，他們的父母與祖父母會在某則貼文留言並聊起天來，彷彿那是他們的私人對話，但是每個人都會看到。事實上，我們的二〇一九年全國研究顯示，有41％的Z世代不上臉書，是因為父母或年長的親戚都在上面。隨著臉書持續自我演化並精進它的產品與體驗，這點有可能會改變，不過Z世代突然背離他們偏好的社群媒體平台，轉向前幾個世代喜歡的平台，這種可能性大概是蠻低的。臉書收購Instagram就是試圖解決這個問題，不過在這個社群媒體選項遠多於前幾個世代（當時如果有的話）的時代，臉書往後將繼續發布什麼功能吸引這個世代仍有待觀察。

在我們與Z世代討論的過程中發現，他們喜歡用臉書跟進當地活動，並打造他們自己的團隊活動。有幾名念大專院校的Z世代提到，他們為自己的社團開設臉書頁面，這樣他們的團員就可以跟上各種活動與事件。

有一名Z世代分享：「我會說臉書在大學校園比較普遍，在高中我從來沒用過臉書。等我進了大學，這就是你融入團體的方式。靈修社有一個召募社員的臉書頁面，而且二〇二一年新生那一頁做得超大。我就是這樣找到室友的。」

推特

許多Z世代前段班都依賴推特接收新聞快報，特別是那些積極參與政治或熱中社會議題的成員，都將推特當成新聞來源及資訊連結中心，以便參與特定議題的行動。這讓他們忽略傳統新聞媒體，他們視推特為事件發生時現場的目擊者提供即時消息的來源（至少認知上是這樣的）。

這是我們的一名Z世代圓桌會議參與者對推特新聞的評價：

「這就是我喜歡推特的地方。無論是在世界何處，人們都在現場直播，甚至搶在整點新聞知道事件爆發之前就貼出影片，然後超快被瘋傳。我覺得這樣很棒，因為大家都搶在整點新聞之前就先知道了。」

Z 世代覺得，他們從推特接收到的資訊沒有被大型媒體集團根據自己的議程篩選，也沒有被廣告商試圖推動的特定論述過濾。但這不代表 Z 世代同意推特上的每件事都正確，他們理解消息來源可能被誤導或是刻意胡攪瞎搞。不過整體來說，他們仍然將推特視為最直接的新聞連結，不僅更貼近真實行動，而且沒有被傳統新聞來源過濾。隨著「深偽」（deepfake，這種技術能製造出好比政客之類的某人發表言論的畫面，看起來很像真的，但全都是假的）有可能滲入高人氣內容，這一點套用在影片時格外真切，並且很可能會為我們帶來耐人尋味的未來。你快速搜一下深偽影片，就會找到領導者有必要查看並了解的例子，隨著 Z 世代漸趨成熟，這種現象將會凝聚成真實的當代挑戰。

隨著 Z 世代善用推特敦促品牌商與企業改變政策或者放大社會事業格局，他們也認定推特是行動主義平台。他們加入千禧世代和 X 世代，然後將 # 女性大遊行（#WomensMarch）、# 我也是、# 黑人的命也是命與 # 愛將獲勝（#LoveWins）這類標籤轉變成大規模的社會和政治運動。如果你是一位很想了解 Z 世代要什麼的領導者，你應該上推特發問或看看，然後挑選討論度最高的標籤。他們的答案將會浮出水面，要是他們情緒高昂，那就可以期待看到更多的答案與評論。

即時通、文字簡訊、影音簡訊與「來群聊」（Live Chilling）

每當論及溝通，Z世代與其他世代最大的一處差異在於，他們總是可以發送與接收即時訊息，而且幾乎完全在手機上操作。這一點改變他們的溝通標準和偏好。他們一般選擇不實際撥打智慧型手機通話或收發電郵，改採手機上的即時通訊應用程式（從即時通到WhatsApp與臉書即時通）、文字簡訊、影音訊息與現在當紅的「來群聊」（稍後我們會多加著墨）。

Z世代正將這股對即時、個人化溝通的高度期待帶入他們做的每一件事，從團隊合作到購物、客服、購車、旅遊等許多領域。因此，管理階層、核心團隊、行銷人員、業務專員與父母輩如果想與這個世代連結並影響他們，都必須適應全新的溝通模式。Z世代即將進入一個無須再拿起飯店客房電話或親自臨櫃才能得到解答的時代，他們只要發送簡訊給飯店就能得到答案或是客房服務！（如果他們還願意住進飯店裡的話。他們可能比較想要住在Airbnb，而且只要靠簡訊或WhatsApp就能找到屋主。）

數位訊息與點對點時即連結領域的幾大應用程式龍頭包括WhatsApp（它在美國境外特別受歡迎；對了，他是臉書旗下的品牌）、臉書即時通、微信，以及家庭派對（Houseparty）之類屬於來群聊的應用程式。其中，「家庭派對」能夠進行群組視訊，這在Z世代眼中很稀鬆平常，並將影響他們對職場溝通的期待值。這個應用程式容許高達八名Z世代成員現身某一支手機螢幕即時視訊，就像在開派對一樣，大家都能和彼此聊天，也都看得到其他人。無論這個應用程式能不能長期成功下去，視訊聊天的概念將被視為Z世代溝通的標準做法。如今，多虧Slack與微軟的Teams等小組協作平台，傳訊功能已經從社群媒體與各種通訊平台全面打入了職場。我們預期隨著Z世代進入傳統職場，數位協作空間的重要性會持續成長，他們將不只是想在Slack這種比較像是社群媒體的平台上即時收發訊息，也想要看到與他們共事的團隊或全球專案夥伴可以現身在視訊聊天的應用程式裡。

智慧型手機無所不在

Z 世代的智慧型手機依賴程度只會隨著比較年幼的後段班漸漸長大而加劇。雖然各個年齡層的青少年和成人都和其他人共享乘車服務、應徵工作，也透過小小的螢幕訂購食物並由陌生人送達，電話早在孩童進入小學後就日益與他們的生活密切交織。從他們的學習到放鬆之道的每一件事都在智慧型手機上發生。

吉吉十三歲，是八年級學生，她接受教育的方式和你可能截然相反。她在 Google 支援的虛擬教室上課、寫作業；她可能還是在書包裡放了鉛筆，但主要的學習工具則是 iPhone、網路、YouTube 和 Google 雲端教室。事實上，她常常收到老師透過 Snapchat 提醒她交作業。

沒錯，她還是會走進實體中學校園、聽到鐘聲並穿梭在不同教室，但她的學習與連結數位體驗正是一場 Google 雲端教室之類的新科技工具大規模發動教育變革的開端。Google 雲端教室涵蓋文件、簡報與線上學生社群功能。雖然校方也採用其他線上教室管理系統，但 Google 雲端教室經常被視為大大改變教育體驗方式的先鋒。

吉吉解釋：「Google 雲端教室是線上網站，連結亞利桑納州的學區，並且條列出你所有的課程名稱。你上線點擊它們就會聽到語音助理說：『有了，你的第一項、第二項和第三項作業是這些。』如果你必須寫功課，就是打成文字，你就點開文件打字，然後上傳。我通常用手機檢查並繳交作業。」

吉吉上代數課時或許會體驗所謂的「翻轉教室」（flipped classroom），指的是所有課程都採用影片方式呈現，她可以拿起智慧型手機在家裡、公車上或任何地方觀看。影片中的老師會解答每一個習題，接著再列出一連串習題。她可以在智慧型手機裡鍵入答案然後繳交。當她走進教室，真人代數老師可能會協助她解答卡關很久的習題，不過主要的教學與實務作業都是發生在校園這個實體建物之外。

她的學校提供有限的無線網路信號（舉例來說，它會阻斷社群媒體），但是她沒有使用。她很同情那些沒有手機方案，迫不得已只能用學校網路的學生：「使用學校的無線網路壞處在於收訊真的有夠爛。」

除了老師自製的影片，吉吉的正式與非正式教育則是發生在 YouTube 上。「我是 YouTube 鐵粉。」每逢週末，她說自己狂看超過五十支影片，主要取決於父母限制她使用手機的程度。她說自己「非常挑剔」放鬆時觀看的影片。她最愛的主題是什麼？遊戲理論與電影理論。

「基本上，就是有人誇張分析遊戲與電影的影片。很好玩。內容和名稱完全相符，就像分析有關遊戲、遊戲結局的理論，或分析有關電影、電影結局的理論。」

吉吉對長輩認為手機與新的科技產品總是危害孩童的觀念頗有意見，但她也承認他們的擔憂是可以理解的：「他們總是說我們一天到晚掛在手機上，不過他們不懂，我們有些人真的是在蒐集將來會在真實生活中派上用場的資訊，因為學校沒有真的教我們應該使用什麼工具應付現實生活，也沒教我們現實生活中大家都在做些什麼。雖然其他時間我們就只是坐在那邊讓大腦爛掉。」思想前瞻的領導者正張臂擁抱Z世代對所有行動設備的偏好，而非一味出言批評。布雷克．蓋瑞特（Blake Garrett）是提供駕駛員培訓課程的線上平台與行動應用程式Aceable的創辦人兼執行長。蓋瑞特向我們分享，最初想到這個點子時，他就是想要結合「行動技術是未來學習設備」以及「教育幫助人們改變生活」這兩個理念。

「我問自己一個問題，那就是『誰會想要在手機上學習？』」這讓他把目標鎖定在青少年。然後他更深入挖掘並猜想：「除了幼兒園到十二年級這段不怎麼有趣的基礎教育之外，青少年還需要學些什麼？」答案是：駕駛員教育。

蓋瑞特解釋：「這個想法是要提供一場引人入勝的行動體驗，讓青少年無論置身何處，都可以在自己喜歡用來消費內容的設備上擷取所需，並與他們建立關係。然後，隨著他們完成義務教育，我們可以繼續在其他方面協助他們。」

蓋瑞特和他的團隊套用青少年的思維，花費大把時間開發並升級Aceable。他們聘僱高中與大專院校實習生協助他們制定Aceable用心連結青少年的教學方式，因為正如蓋瑞特坦承：「他們遠比我這個三十五歲的大叔更能理解青少年的心聲。」

Aceable的每一個細節都經過青少年測試，從授課的機器網路個人圖像Ace，到內嵌在應用程式裡的遊戲化細節，主要是刻意讓每一堂課好玩又帶有競爭性。

蓋瑞特分享，自從二〇一三年推出Aceable以來，就一直對Z世代學習新技能的強烈決心以及自主決定學習方式印象深刻。他觀察到Aceable有超過一半的Z世代顧客採用掛在自己名下的支付方式購買課程，此外還有同樣比率的青少年會自己致電客服中心解決問題，而非請父母幫忙。

他最難忘的一場顧客互動是與名為漢娜的少年女互動。蓋瑞特回憶：「她發信給客服中心要求退款，因為她用來上課的iPad壞了，而且她無法得到新iPad。當時是二〇一四年，我們每天大約吸收五百名新顧客，所以退還一百美元不是我們渴望看到的情況。我回信給漢娜，提議寄一台iPad給她。我們辦公室有一台不太常用，所以我覺得值得試試看。

當時我們是七人團隊（現在已經是二百二十五人了），全都圍坐在一張辦公桌前工作。我們投票打賭漢娜上完課後會不會將 iPad 寄回來。投票結果大概是一半一半。那些認為會寄回來的同事被歸類為生存組，反之則是死亡組。」

最終結果是什麼？

「漢娜寄回 iPad，還附上一封親筆信函，感謝我們信任她這名青少年，這是彌足珍貴的情操。她分享自己為這台 iPad 取名為小藍（因為外殼是藍色的），而且永遠都會對這段 Aceable 的經歷充滿感謝。這台 iPad 至今還擺在我們的辦公室。」

這是在Z世代愛用的平台上提供他們學習工具，以及信任這個世代會完成學習歷程的完美融合。

對Z世代來說，「教育」究竟是什麼，此時正待各方辯論。考慮到他們造訪全世界的知識，或至少是可以在 Google、YouTube 和更多平台上搜尋到的知識，學習越來越趨於自我導向。不過Z世代很肯定一件事：現在學習已經與他們的手機深度整合。坦白說，其他所有事情也都是如此。

隨著Z世代後段班日益成長，毫無疑問他們將會期待所有溝通都可以透過小螢幕完成。簡單來說，他們將不會知道其他的生活方式。

5 金錢、儲蓄與花費

「在手機裡內建信用卡感覺很正常，我覺得錢包已經是老派做法了。」

——Z世代

時尚設計師泰勒・蘭伯特（Tyler Lambert）十九歲時，凱莉・詹娜與模特兒蘇菲亞・李奇（Sofia Richie）就已經穿上他的作品了。泰勒成長在威斯康辛州小鎮迪培爾，但這並未阻擋他找出進入時尚界的門路。他養成在二手店買衣服，然後再改造成自己風格的習慣。

泰勒的時尚天賦源自他的祖母以及母親，她祖母經常帶他到遷戶拍賣會[7]購物，而他母親則是深深沉迷於縫紉愛好中。泰勒的美術老師和另一位當地藝術家指導他藝術史。他在自家餐廳工作賺錢買布料。當他不在學校也不在餐廳時，就坐在自己的縫紉機前，重新用窗簾、花邊桌布、牛仔布、法蘭絨和其他二手店挖來的寶，打造自己的時尚路線，然後善用社群媒體吸引各界注意到他的創作成果。

泰勒從迪培爾高中畢業時，已經擁有一家正在賺錢的服飾公司。

泰勒離開家鄉，短暫進入芝加哥藝術學院就學，之後輟學專心管理自家企業。現在他住在洛杉磯，一邊服務名人穿搭，一邊擔任自創時尚品牌 LAMBERT 的創意總監。

泰勒聽起來不是主流的Z世代，在某種程度上，他確實不是。多數青少年不會在遷戶拍賣會找貨，也不會打造時尚公司。不過助長泰勒成功的諸多特質在他的世代中卻普遍存在。許多Z世代都很節儉。他們想要財務獨立。他們珍視非常規的學習機會，猶勝進入昂貴私校就學，這一點讓父母輩超驚訝，他們還是偏好或勸誘兒女進入厲害的學校。

即使是那些生活方式看起來和泰勒截然不同的Z世代也和他共享一樣的金錢價值觀。

7 大開門戶讓人自行選購家具或用品，通常是搬家前的出清活動。

十六歲的亞力山卓和我們分享：「在我看來，賺錢真的很重要，這樣我就可以為未來儲蓄。我花很多時間學習金融知識。我想要有錢，這樣將來我就可以做很多事，不會被綁手綁腳。現在我把80％自己賺來的錢存起來，20％投資。我第一次嘗試找出賺錢方法時才十四歲。我幫大人幹活，像是耙掃樹葉或鋸砍樹叢。我以前還教小孩下西洋棋賺錢。」

亞力山卓十五歲那年騎著腳踏車去當地的護理之家，詢問對方他可不可以當志工。他們同意讓他每週選兩個時段當志工；他十六歲時獲聘成為遞送餐酒的兼差員工。

當亞力山卓被問到為何要在護理之家工作時，他說：「大致上來說，我覺得和老人家有一股強烈的連結感。我喜歡和他們聊天。他們有說不完的經歷與故事，所以向他們學習很酷。我真的覺得他們需要有人聽他們說話。我在那裡當志工時，曾經和一名絲多恩女士玩一種名為『拉密』的遊戲。她九十三歲，家人把她丟在那裡，一住就是六年。她找不到人說話，所以每到我的志工時段，她都會等我一起玩好幾個小時的拉密。而且我們邊玩邊聊天。我開始在那裡工作後老是去找她、幫她服務跑腿，也會在送餐期間抽空去找她聊個幾句。我們就是聊個不停。」

亞力山卓認為絲多恩女士教會他很多生活與金錢的道理。

「她要我享受當下的時光，不要想太多遙遠的未來。要真正享受當下，因為時間稍縱即逝。那是我的一部分金錢觀，也就是來得快、去得快，你可能眨眼之間就失去或得到它。真的很難永遠不考慮未來，只享受當下。我得為未來儲蓄。」

亞力山卓現在十年級，已經從他在護理之家賺來的薪水中存下了五千多美元。他最愛的品牌是蘋果，「我喜歡它們的持久力，我覺得它們打造的品質滿堅固的，很簡單又好操作」。

由於他太年輕，還不被允許開設自己的投資帳戶，因此拿自己的錢透過父母以他們的名義在應用程式裡開設的帳戶投資。

泰勒和亞力山卓的生活可說是天差地遠，但都是Z世代掌控財務未來方式的主要實例。根據我們的二〇一九年全國研究顯示，在超過十八歲的Z世代中，有70%至少自己償付部分帳單，其中23%完全自給自足、21%償付大部分帳單。有些Z世代強烈渴望避免遭遇X世代與千禧世代父母輩所面臨的財務困難。Z世代目睹金融海嘯期間他們的父母輩失業後謀職困難、深陷學貸債務癱瘓人生的現實，因此很想為自己創造不一樣的財務未來。

那最棒的部分是什麼呢？他們成長於行動科技讓人們比以往任何時候更容易獲得、儲蓄、投資並消費金錢的年代，他們可以透過應用程式打理財務生活的幾乎每一個面向，無論是處理銀行帳戶或是購物，或者就像泰勒一樣，利用社群媒體來為自己的企業打造品牌意識。

Z世代對花費、儲蓄和賺錢擁有強烈的看法，任何試圖把他們當作潛在顧客或員工並對他們行銷的人，都得先理解他們的財務價值觀與期望落在何處，這一點至關重要。

Z世代的金錢來源

「就算父母給我零用錢，我也不覺得是好事。我不想成為那種『嗯，我需要錢。』的伸手牌。我寧可忙一點，找一份工作自力更生，也不要他們養我。我的家庭對財務等每一件事真的都很開放，這就是我學會儲蓄的起點，因為他們都會和我們聊起這件事以及相關的每一件事。我的感覺是，實在太糟了。我寧可要有自己的東西。沒錯，因為生活事事都要花錢。」

——Z世代

那麼實際上Z世代的錢從哪裡來呢？如果最前段班的成員已經二十多歲，他們是工作賺錢、向父母拿錢還是自己創業？這些問題都是觀察Z世代連結金錢來源的關鍵要素。金錢是工作、勞力或成就所得？還是說它就只是家庭成員或其他人提供的金援？

我們在針對全國十四歲到二十二歲的Z世代成員研究中檢視這個問題，答案相當令人意外。下表是我們的發現。

當然，隨著Z世代成長，越來越多成員應該自己從工作中賺錢。不過，當前最讓我們感興趣之處在於，有這麼多小成員已經在靠自己賺錢了。看到這麼多小成員以某種形式或方式自己賺錢，而非只是等著領零用錢，真是讓人大開眼界；隨著他們進入勞動梯隊，往後必須更自力更

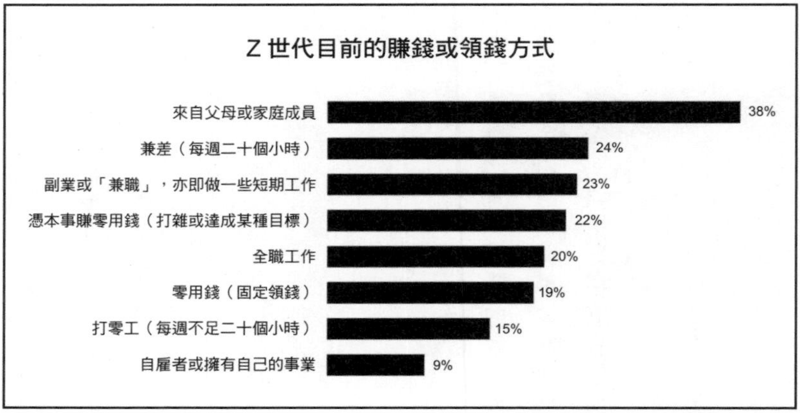

生，這對Z世代來說是個好現象。

Z世代自己賺取收入的急切渴望普見於整個世代，雖然有時候他們會被自己習慣的固有溝通方式打敗。一名家庭友人與我們分享，他的十三歲兒子威爾在鄰里張貼傳單，說自己創辦了一家草坪服務公司。他在文宣上印出電郵以利聯絡，但整整一個月都沒半個人與他聯絡。當他父親問威爾有沒有檢查電郵時，他才說沒有。他已經很少用電郵，所以根本沒想到要檢查信箱。當他打開信箱看才發現詢問信函塞爆收件匣，但那已經是一個月前的事了。

看著Z世代隨著年紀成長變得多麼富有創業性格將是一件很有趣的事。現在，已經有少部分青少年與少年正以YouTube網紅的身分賺進收入，不過實情並不如表面炒作得那麼誇張。德國奧芬堡應用科技大學的研究結果就顯示，光是位居前3%的YouTube頻道就占據了85%的瀏覽次數，這代表普通創作者想要賺進可觀收入難如登天。我們的研究持續指出，Z世代目睹自己的千禧世代和X世代父母經歷財務痛苦，因此想要擁有穩定工作、財務獨立並避免淪於背負債務。預測他們將如何實現這一目標的研究結果一分為二。根據線上教學中心（Online Schools Center）的數據，還在接受中等教育的Z世代中，有41%說他們計劃開展自己的事業。當然，這是讓人印象深刻的數字，不過也有超過一半的Z世代打算進入傳統職場。無論他們選擇哪一條路，Z世代都將找出實現財務穩定之道，這是他們最大的目標之一。

誰還需要錢包？

「你能Venmo五美元給我嗎？」

我記得對方臉上的表情寫著：Venmo。究竟。是。什麼。鬼東西？

Venmo與競爭對手Cash App正是Z世代的貨幣。

如果你不熟悉Venmo或Cash App，那你可能沒有或是不需要提供Z世代兒女或孫兒輩金錢。Venmo與Cash App都是行動應用程式，讓你可以立即從你的戶頭匯款到其他人的戶頭，包括一美元這麼小額的款項，完全免手續費。你在匯款時還可以加上一則訊息（也可以是表情符號！）說明自己的匯款原因，或是任何你選擇寫來自娛或博君一笑的訊息。

Venmo有多受歡迎？二〇一九年單單一季，Venmo就轉匯超過二百四十億美元。若想成無意間塞在骨灰級運動褲口袋裡皺巴巴的一美元，這數字可謂天量！事實上，Venmo現在已經擁有超過四千萬名用戶了。

Venmo身為領域先驅，已經在制約Z世代不再需要現金的情況下取得初期的領先地位。這個世代再也不必拿出信用卡平分晚餐費用，每個人只要「Venmo」自己的餐費支付帳單就好。像是墨西哥捲餅連鎖店奇波雷之類的餐廳、外送平台Grubhub之類的應用程式甚至提供直接從Venmo扣款的選項，許多零售商可能也會如法炮製。

Venmo迅速崛起並廣獲採納後，其他諸如傳統銀行大力推廣的Zelle、急速竄紅的Cash App等點對點支付服務也有如雨後春筍般冒出來，讓Z世代覺得再也不必帶現金出門是很正常的事情。這個狀況不只在美國蔚為流行，各式各樣高度在地化、超高人氣的支付應用程式在全世界也很受歡迎。

在世代動力學研究中心，我們已經從主要的金融客戶研究結果中發現，Z世代比前幾個世代更不喜歡攜帶現金。Z世代是第一個進入成年階段後認為現金很大程度上幾乎是可有可無的世代。內建的支付應用程式也在這個轉移至無現金未來的過程中扮演重要角色。一支內建的支付應用程式提供你有感的便利性，讓你用星巴克專屬應用程式點一杯星冰樂時可以省略排隊時間，一到店就直接開喝。

另外，Apple Pay、PayPal、Facebook Pay等無數行動支付崛起，也意味著Z世代將更少依賴現金、錢幣還有支票簿（有些Z世代將完全沒有機會用到）。我們的二〇一九年全國研究顯示，有59％的Z世代每星期至少使用一次金錢轉帳應用程式，而在十八歲至二十三歲族群中這個數字跳至69％。

所有這一切都在Z世代和他們的金錢觀之間闢出一段全新、有趣的距離，就好像金錢是一種「螢幕數字」的存在，而非「錢包裡的現金」。Z世代不帶現金正影響著各種服務業，好比Z世代無法給服務生小費和行李搬運費，餐廳老闆也因為掏出現金結帳或支付小費的客人太少，服務生輪完班後拿不到足夠小費。事實上，有些餐廳必須備妥現金，這樣他們在服務生交班時才發得出小費。

Z世代的數位消費習慣也打開新科技平台的機會，以便更充分滿足這個世代的需求。Kard執行長兼共同創辦人史考特・高登（Scott Gordon）聽說歐洲70％的Z世代是透過數位管道花錢，但其中僅10％的交易是透過購物者本人的名義付款，因此他創辦Kard這家挑戰者銀行[8]，讓法國境內滿十二歲的購物者就可以開立帳戶並在全世界購物，但會發送同意

8 指純網銀。

連結給十八歲以下客戶的父母，資金也會從父母的銀行或信用卡帳戶轉入這些客戶的帳戶。

高登與我們分享：「這是賦予Z世代掌控自己金錢的能力，結果是進而掌控自己的人生。」他採用兩種方式專門為Z世代設計Kard。第一，他與他的團隊都知道，他們對效率低下的數位平台超級不耐煩，所以拿起手機開立帳戶只要花兩分鐘（不包括等待父母點擊批准所花費的時間）；它也設計成Z世代最愛的社群媒體共享形式：他們購買後，可以選擇是否要在自己的線上網絡分享品項。與此同時，賴瑞．泰利（Larry Talley）與他的團隊正協助企業融入Z世代，亦即提供企業主一種透過Z世代最愛的溝通方式完成支付：簡訊。他的公司Everyware與信用卡企業以及其他支付處理商合作，內嵌一種顧客隨時可以在購物或必要時發送簡訊付費的選項。他們甚至可以採取發送簡訊搞定顧客服務的問題。

泰利也是在看到Z世代偏好處理金錢的方式與可用的支付選項存在差距，才動念創辦了Everyware，「我們發現，」泰利告訴我們，「不是Z世代不想付錢，而是對他們來說，登錄網站、寄出支票或撥打企業專線很不方便。他們不想檢查傳統郵件帳單。他們不想閱讀帳單。這個世代想要超快速搞定每件事，所以這是一種提供他們便利性並透過手機與他們保持連結的方式。」

Everyware最大的服務範圍之一是教堂與非營利組織。泰利說：「Z世代沒有在口袋裡放現金，但如果他們置身教堂，牧師在簡訊裡提到『贈予』一定數額，他們就很可能會捐錢。」

雖然邁向無現金的好處似乎超越壞處，但就像科技推動的所有改變一樣，總是有挑戰與意料之外的副作用，而且每天都會冒出因應這些挑戰的新解方。不過，Z世代將會成為希望永遠都可以不用打開錢包，甚至最好連錢包都不再需要，滑個手機或點點智慧型手錶就能花錢購物，或是觸擊他們最愛的訂貨應用程式或Apple Pay就能付款的世代。

大學與債務

「我就是不想像千禧世代那樣負債累累。」

——Z世代焦點團體參與者

那麼整體而言，Z世代對金錢有何看法？

在美國，這是一個永遠被幾樁橫掃全國的重大金融事件形塑的世代：金融海嘯、學貸債務與薪資停滯。

金融海嘯期間，許多Z世代目睹他們的父母或父母的朋友、鄰居咬牙苦撐。這個世代讀到許多人丟了飯碗與房產的新聞標題，也眼睜睜看到許多父母與成年人懷憂喪志。他們聽聞謀職大不易，也看到有關「生活工資」（Living Wage）與十五美元最低工資的抗議行動。與此同時，他們持續討論大學學貸債務壓垮千禧世代，這是許多千禧世代可能永遠無法掙脫的財務制約。

Z世代打從小小年紀的青少年時期就目睹前述各種金錢相關的挑戰與事件，結果是，這個世代看待金錢、債務、工作及未來的觀點與過去世代大不同。

這種現象不僅限於美國，不論是希臘、日本或拉丁美洲國家，整個世代的年輕人都經常說自己可能再也無法像父母或祖父母一樣成功。此外，不僅是美國，許多國家都感受到整體性的全球經濟衰退，這也形塑Z世代與他們看待金錢、工作及退休等議題的觀點。我們從英國脫歐帶來的連續重挫就能深刻感受這種影響力。

最前段班的Z世代成員已經建立起一段可以被追蹤與分析的工作、儲蓄與消費歷程，幾個趨勢也因此開始萌芽。我們的研究團隊除了追蹤數據之外，也發起許多特別深入探討Z世代金錢、債務、花費與其他方面的研究。我們得出的結果相當讓人驚訝，也彰顯出這個世代與前幾個世代明顯不同的嶄新軌跡與心態，領導者有必要深入理解。

Z世代看待大學

「你如何挑選自己想就讀的大學？」

「很簡單。我選接受我而且願意給我全額獎學金的最佳大學。」

「所以你拒絕另外四家比你選的這家名氣更大、地位更高的大學？」

「對。無債畢業比背了一堆債從知名大學畢業更重要。」

——Z世代

「我寧可進一所比較便宜的學校。假如我有兩個選擇，其中一間比較好但比較貴，那我寧願去次等的那間，我會在班上名列前茅，還能少付點學費。我知道如果自己去比較好的學校，可能或多或少只是表現中等而已。我覺得這攸關學業成績平均點數（GPA），所以我寧可少貸一點錢，保持功課名列前茅，而非多貸一點錢，但成績平均點數偏低。」

——Z世代

每當論及大學，我們的研究一再顯示，Z世代想上大學。事實上，我們的二〇一八年全國研究揭露，十三歲至十七歲還在念中學的Z世代中，有86％計畫上大學；然而，他們對於申請學生貸款感到非常緊張。他們不孤單，因為他們的父母非常有同感。另一方面，超過50％私立大專院校現在都被迫減免學費，二〇一九年，89％大學新鮮人從他們念的私立大學獲得財務援助，支付幾近60％學費。

「如果我將來會上大學，畢業時我要盡可能少背點債」的心態在Z世代中越來越普遍，而且不只是那些來自中等背景的族群，甚至連富裕家庭都很在乎不斷高漲的大學學費與他們的教育投資報酬率。正如我們稍早所述，我們的研究顯示，十三歲至十七歲還不到念大學年齡的Z世代中，僅一半願意承擔最多一萬美元的學貸、27%完全不願意承擔任何學貸。Z世代與他們的父母已經看到大學學費瘋漲，也看到年輕人的債務負擔一背就是幾十年。Z世代很清楚這種困境，因此在許多情況下他們都努力在財務上盡可能務實，以便進入大學拿到他們渴望的學位。

長期來看，這意味著什麼？背負較輕的學貸畢業讓Z世代比較容易遷移到另一座城市，追求一份工作或職涯、為緊急事件與退休養老存錢，並透過有跡可尋的完善金融決策紀錄及負債所得比率建立起信用。如果Z世代繼續採用這種更務實的心態看待債務，結合大學學位與更鬆散的財務制約，長期來看將會是個好預兆。與此同時，如果付清他們背負的大學債務是首要之務，對企業來說，這便創造一種理想情境，亦即將學生債務還款計畫視為珍貴、有效的徵才與慰留工具。

在我們的二〇一七年Z世代現況研究中，我們問Z世代他們覺得自己會從哪裡獲得支付大學費用的資金。以下是高居前幾名的答案（請留意，他們可以複選）：

・獎學金：54%

・在校期間打工：38％
・家人或父母會出錢：32％
・學生貸款：30％
・個人儲蓄：24％

絕大多數的Z世代都計劃申請獎學金或半工半讀，再來才是學貸或父母出錢。

消費者債務

我們已經聽過X世代和千禧世代經歷的恐怖遭遇，他們被信用卡廣告手冊迷得團團轉，盲目申請信用卡，然後狂刷、狂刷再狂刷，直到他們明白滯納金、總費用年百分率會造成的後果時，往往已經太遲了。

Z世代深知這一點，因此不會以身試法。畢竟，那些債台高築的X世代和千禧世代就是他們的父母。就算他們沒有目睹消費者債務為他們的家庭帶來壓力，肯定也聽過相關故事。他們可不想重蹈覆轍。我們的研究顯示，有23%Z世代相信他們應該不惜一切代價避免背負債務，29%則相信自己應該只背負某些特定項目的債務；同時，有18%相信非得到不得已的地步才舉債。

但是Z世代並未完全迴避使用信用卡。信用報告公司環聯（TransUnion）的早期數據顯示，二〇一九年，在符合信用卡申請資格的Z世代中，有七百七十萬名持有信用卡。在我們可以從這個趨勢中歸納出結論之前，我們將會希望檢視更多使用年數，以便更充分理解他們如何管理這種信用，特別是在經濟衰退期間。看看這些符合信用卡申請資格的Z世代成員如何在有能力立即比較費率和費用後才擇定一張信用卡，以及他們最終如何花錢購買高額產品，也將是耐人尋味的事。除非我們有更多發現，否則可以合理地說，比較前段班的Z世代正小心謹慎地處理信用。在我們的二〇一九年Z世代現況研究期間，十八歲至二十歲的Z世代中，有36%告訴我們，他們每個月都會煩惱自己的信用分數。

有個肯定會衝擊消費者債務世界的重大變化，那就是Z世代將會要求更多付清高額產品的選項，以及每當論及保障個人信用時要有更高透明度。他們正一步步實現改變。支付服務供應商Sezzle之類的企業允許顧客將單筆購物項目分成四期付款，免任何費用、免利息。這種做法具有信用卡的便利性，卻不帶收取費用的風險，或是具有信用卡提供你在任何接受信用卡的據點購物的完全自由。其他像是分期付款服務平台 Affirm 之類的企業則是允許顧客預先選擇一種公開顯示利息的付款方案。僅再次重申，先買、後付，並確實知道自己會面臨什麼結果。

金融科技（Fintech）是指適用於銀行與其他金融服務的應用程式，正在協助 Z 世代從教育領域下手處理債務，舉例來說，SoFi 是一家賦能學貸借款人再融資手上債務的公司，已經為超過二十五萬名學生提供超過一百八十億美元學貸再融資服務；Vault 則是一家賦能雇主為員工償還學貸債務的公司。討論一套可以為這個世代擺脫債務的強力招聘策略吧。

現在，Z 世代已經進入個人貸款與再融資選項的廣大市場；另一方面，他們也在努力避免負債。

加密貨幣和區塊鏈

我們在討論Z世代與金錢的章節裡不能略過加密貨幣和區塊鏈。雖然二〇一八年比特幣價值先瘋漲、後內爆，引起全球關注度急升，非主流貨幣這個宏大理念肯定會引起Z世代關注。不過加密貨幣的投機炒作風並未發生在Z世代身上；事實上，Z世代多半還太年輕沒資格談投資、沒有多餘的錢投資，或是出於各種原因被禁止投資（真是多虧妳了，老媽）。最常一頭熱跳進加密貨幣的世代是千禧世代，他們往往視它為熱錢，意思是它總是會升值，或者至少具有比實際更低的下行風險。Z世代是這場加密貨幣泡沫一無所知的旁觀者，很可能以新的方式與金錢、投資和風險互動。他們可能欣賞區塊鏈技術當作傳統金融工具的替代品功效，卻不會被捲入那種吸引前幾個世代的淘金熱心理狀態。

退休

「得不到社會安全福利的威脅真把我嚇壞了。它讓我必須投注更多心力做好分內工作，再也別去想我爸媽得到的社會安全福利與一切好處。」

——Z世代

一個讓人驚訝的統計數據：12%的Z世代已經在為退休存錢。

沒錯，在我們的二〇一七年Z世代現況研究中，有12%十四歲至二十二歲的Z世代已經在為退休存錢。考慮到他們還如此年輕，這是讓人驚訝的數字。為什麼他們已經在為退休存錢？和我們在本章稍早討論的同一個主題一樣：金融海嘯、父母的忠告、千禧世代的債務，以及萬一發生意外情況時必須有財務安全的強烈渴望。在美國，他們也知道自己可能再也得不到社會安全福利，因此寧願靠自籌資金實現他們盼望中的退休生活。就算多數Z世代還沒開始為退休存錢，他們當中有69%相信，這麼做應該是自己有能力就會採取行動的首要之務。

除了為退休存錢，我們還看到Z世代正在進入財務諮詢、投資和退休領域產生巨大改變與創新的時代。Z世代將會記得永遠都有WealthFront或Betterment之類的機器人財務顧問、永遠都可以造訪健康儲蓄帳戶（Health Savings Accounts，HSAs），也永遠都必須為退休計畫自籌資金，因為年金現在已經是過去式了。

對Z世代來說，機器人財務顧問尤其可能是非常好的預兆，因為它們賦能Z世代只用少少的資本開立帳戶，一次只存進少少的錢，但可以看著他們的投資隨著時間變化。機器人財務顧問通常感覺起來比較像是具備使用者體驗的消費者應用程式，所以常常讓人覺得易於使用、不那麼讓人恐懼，而且視覺效果更吸引人。Z世代很自在地就把錢當成螢幕上的數字或視覺資料，而且渴望設定自動執行計畫，這樣它就會不動聲色地「自然發生」，前述元素中每一種都適切契合他們的習性。

Z世代清楚意識到，政府為退休打造的安全網，好比美國的社會安全制度，他們可能再也無緣使用了。

因此，如果Z世代真的想退休，那將取決於他們自己是否有能力讓它發生。他們對退休很感興趣，包括將近九分之一的Z世代正在採取行動，但讓人著迷之處，在於他們其實還非常年輕。如果你想在年紀輕輕時就開始為退休投資，特別是你才二十多歲的話，達成退休目標的可能性巨大無比。

超過三分之一（35%）的Z世代期望，個人在二十多歲就開始為退休存錢；還有待觀察之處則是，Z世代實際上是不是真的會為了退休開始參與投資，而不是把錢存在銀行帳戶裡，然後以為這就是投資。這是貨真價實的風險。最近我們帶頭完成的千禧世代研究就發現，這個世代為退休存錢的首要行動就是把錢存入儲蓄帳戶，然而這種作法無法讓他們賺到足夠的報酬並在未來從容退休。

現實是，Z世代具備現在就有能力限制自己開銷、持續存錢的心態與時間。如果他們可以從存錢邁向投資，特別是採用雇主提供的自動定向退休計畫，他們將在建立足以負擔自身渴望之生活方式的理財基礎時取得領先地位。

第二部分

認識全世界最有影響力的顧客群

6 Z世代希望品牌做些什麼？

「我是運動員，也是超級足球迷，所以我追蹤 Nike、愛迪達和大咖運動品牌。我喜歡這些品牌，因為它們都在社群媒體上行銷，也因為它們都會張貼吸引粉絲群的圖片，無論正在滑 Instagram 的這些人是八十歲還是像我一樣十六歲。」

——薛翰，Z 世代

你看過一張特寫前舊金山四九人隊四分衛兼社會正義運動家柯林·卡佩尼克（Colin Kaepernick）[9]的 Nike 廣告嗎？該廣告不僅到處瘋傳，還引起各界熱議，而在那張黑白照

9 曾在 NFL 比賽開始時在國歌中跪下，以抗議美國的警察暴力和種族不平等。

裡，廣告文宣寫著：「堅持信念，即使意味著犧牲一切。」

這個備受爭議的廣告引爆各方媒體交火，導致Nike股價立即下跌。許多人燒毀他們的Nike運動鞋，並剪下襪子上的勾勾商標。不過僅僅幾週內，Nike公布第二季財報後股價飆升高達9.2％。根據峰頂行銷集團（Apex Marketing Group），這個廣告大幅刺激消費者的參與度，總共為Nike帶來一億六千三百五十萬美元媒體曝光效益。

為什麼Nike會挑起這樣的爭議？幾天之內答案就呼之欲出：Z世代對這個廣告有壓倒性的正面反應。

Nike正在投入未來消費者的喜好，它意識到Z世代做出購買決定時會優先考慮多元化、包容性和社會理念。我們也已經在Z世代與品牌信任度的研究中一再看到這一點。Nike是經典品牌，但不瞄準早已認定它的品牌形象代表意義的年長世代，而是新世代買家，他們熱衷參與各種社會理念與行動主義。業界專刊《廣告時代》（Ad Age）說：「行銷人員經常討論要成為文化對話的的遠大目標，但往往因為拒絕針對任何事情採取特定立場而未能實現。在這種背景的時代中它是一項創舉。」

Nike最早是在社群媒體上發布廣告，因為它就是要鎖定未來的顧客，而不是現在或過去的顧客，這一招確實引爆Z世代的強大參與度。

十八歲的諾蘭分享：「我覺得大家真的愛死這個廣告帶來的強大影響，而且從行銷策略的角度來看，它不是你以前真正看過的廣告。和我同年紀的人真的都很喜歡它，因為它就是這麼強的論述。甚至不管內容如何，光是它很有種，就道盡Nike所做的一切。」

美國青年行銷調查公司YPulse針對Z世代和千禧世代進行民意調查時發現，Nike的得分在四大競爭品牌中高居首位（差距往往是20％到30％之多），受試者認為Nike是支持理念的超人氣品牌，不僅常常是他們的話題核心，他們也很樂意購買。

Nike決定要讓卡佩尼克擔任全新系列的廣告代言人時，很清楚自己正在走的那一條路。它們知道自己會失去一些忠誠、珍貴的長期客戶，但更重要的是，它們將把自己定位成具有重要文化意涵的品牌，願意挑戰極限，證明自己與人口結構中地位日益重要且天天都被全新品牌轟炸的顧客，也就是Z世代，站在同一陣線。

聚焦Z世代的線上平台Odyssey總裁布倫特．布隆維斯特與我們分享了他們的研究成果：在平台的受眾裡，有79％相信他們應該透過自己的購買力，支持那些關心他們所在意之觀點的品牌，相互凝聚出真正一致的意識形態。

Nike深知Z世代具備龐大的消費力，而且隨著Z世代一路向前邁進，超越只花父母給的錢，以自己賺錢自己花的專業人士之姿進入勞動梯隊，他們的消費力也將每年急劇成長。Nike深知，要是它們想賺Z世代的錢，往後還能圈粉幾十年，就有必要成為不只是賣運動鞋的公司，它有必要變成圍繞Z世代之文化對話的關鍵部分。

現在與消費

Z世代是新的「流行」世代，將持續至少十年。這個世代組成多元化、高度連結、注意力短暫的影響力群體，他們正在快速成為跨產業、品牌和數位平台的潮流創造者。

Z世代是第一個進入權力已經明顯從那些創造並販售商品或服務那一方轉向實際購買（還有推薦！）這一方的世代，這一切全歸功於行動購物、社群媒體和電子商務崛起。Z世代可以輕鬆地在社群媒體上打造具有影響力的高分貝聲量，進而直接影響品牌，也能在幾秒內滑一滑、點一點就買下任何物品。

Z世代每年花費幾十億美元換取數位和傳統的購買體驗，他們正在影響產品與服務必須自我定位以便和社會理念同步的方式。Z世代的花費習慣也影響其他世代對購買哪些產品才叫酷炫、時髦或聰明的認知，特別是服裝和個人化科技等趨勢類別。我們都知道，剛出社會的年輕消費者被視為不可或缺的趨勢推手，特別是服裝、彩妝和音樂領域，這就是廣告商垂涎他們的原因，不過這一現象在Z世代身上已經達到白熱化，因為他們可以透過社群媒體在小圈子裡自行醞釀出影響力。我們能夠在女性除毛刀等多元領域看到這一點，其中像是Billie這類的品牌正藉由影音這個在Z世代間很有力的工具，向他們提倡愛自己的身體，另外像是UNiDAYS[10]這類的互動平台，則是將目光放在為Z世代大學生與眾多品牌建立連結。

隨著Z世代逐漸步入二十歲中期與後期，這股趨勢將會增強，這也是他們對汽車、保險、房地產、科技和旅遊等開銷較大的產業而言，變得如此重要的原因。Z世代正處於他們的消費海嘯初期，這些人永遠不知道以前那個無法點擊按鍵購買產品或服務的時代。

對品牌領導者和企業高層來說，Z世代消費者迅速崛起並領導流行的力量是一記警鐘，因為他們當中已經有太多人直到為時已晚才意識到，千禧世代是異於X世代的購物者、影響者和忠誠顧客。千禧世代對於傳統行銷、廣告和銷售技巧並沒有太大的共鳴，但

10 學生專屬的折扣平台，用學校核發的E-mail註冊後，就可以在上面得到眾多品牌的折扣兌換碼。

是許多品牌從未做出調整，也從未將千禧世代視為長期顧客並與之互動，結果就是業績下滑、股價下跌，甚至整批品牌被市場淘汰。打從心底嘗到千禧世代帶來之教訓的品牌領導者，目前正在更主動地去理解與適應Z世代——即使他們開始有所作為的速度不夠快。

Z世代為推動新顧客意識、新品牌論述、新銷售體驗、品牌忠誠度、客戶推薦等方面提供了全新的起點。Z世代在溝通、購物、購買、共享、返還、推薦、評價與反應的同時，就是在創造大量的消費者數據，而這些數據被儲存在付費交易、忠誠會員計畫、社群媒體參與度、造訪網站與其他平台中。這些貴重的數據分析經過一般研究人員檢視分析後便可提供預測線索，以協助行銷人員、品牌和企業家贏取這個世代的忠誠度。Z世代透過自己的行動與態度明確告訴我們他們想得到什麼，我們只需要聽他們說就好。

身為消費者的期望

那麼，當談論到品牌意識、初步試用、付款、推薦和忠誠度，Z世代想要什麼？

我們在與從執行長、行銷長到企業董事和創業家等品牌領導者的合作中發現，將Z世代視為消費者世代，透過他們的眼光檢視全世界是最佳的起點。我們的研究一致點出吸引Z世代購物者的三大關鍵特質：價值、個性化的內容與廣告，以及社會責任。

讓他們覺得花錢值得

正如我們所提及，Z世代已經進入金融海嘯過後的餘震時代。這個決定世代的時刻已經讓Z世代打起算盤時比他們的外表看起來更保守、更務實。無論是從定價、實用性還是耐用性而言，Z世代確實都希望物超所值，例如講求經得起時間考驗（就連牛仔褲也要耐穿）、在亞馬遜或實體店中得到超優惠折扣，或是在二手店買到〇．五折的名牌服裝。

事實上，Z世代一再告訴我們的研究小組，他們喜愛在二手店購物。他們分享能夠以超低價格買到衣服的重要性、不知道自己將會挖到什麼寶的興奮感、在二手店購物比起在購商場少了壓力，而且單單一家二手店就會有豐富多元的選項。

一名Z世代成員分享：「我朋友很常在二手店購物。我有朋友喜歡玩角色扮演，所以他們喜歡去二手店花小錢買道具。兩週前我們花了一整個週末在二手店購物，我們找到不太正式的福爾摩斯角色扮演道具。我們常常為了這種理由去二手店，他們也會穿上這些道具去學校。」

買二手貨可能聽起來是X世代或千禧世代的典型愛好，不過Z世代讓我們看見，這個趨勢並非如此。近幾年來，Z世代購買二手衣物的數量遠多過前幾個世代。二〇一九年他們購買二手衣物比二〇一七年增加46％；相較之下，同一時期千禧世代購買的二手衣物數量成長了37％，X世代與嬰兒潮世代則各自成長了18％與15％。所以，雖然所有世代購買二手衣物的數量都在上升，但Z世代正在引領潮流。

這種現象一定是發生在那些沒錢在當地購物商場或亞馬遜購物的人，對吧？不對。我們的研究結果最讓人意外的其中一點，就是看到超多家裡有錢的Z世代喜歡上二手店購物。他們都說衣服定價已經變得超荒謬，二手店反而可以讓他們挖到又酷又便宜的衣服；他們都說自己花錢買到的東西很超值。簡單來說，他們幾乎都是一字不差地說出社經地位比較低的Z世代成員所說的話：價值、價值、價值。

然而，Z世代渴望價值並不意味著他們會容忍劣質。他們會寧可選擇作工精細的二手貨或省錢買一雙高質感鞋子，也不願花小錢買粗製濫造的產品。二〇一九年底，全世界都看到專門鎖定青少年的快時尚零售商 Forever 21 宣告破產，因為它們再也無法吸引Z世代了。這個世代是如何回應這件事呢？網路上充斥各種迷因與笑話，全是衝著這家公司過時的設計（包括一系列美國郵政總局品牌的衣服）、粗陋品質與短版上衣而來。

當Z世代決定花大錢時，他們支持那些力挺自身價值觀的品牌，好比 Nike、愛迪達、Glossier 與 Aerie。

永遠都要講究個性化

Z世代已經進入一個儘管年紀尚輕，卻已經看到遠比史上任何世代所見更多產品、服務和品牌廣告及內容的時代，這是由於這個世代投入數不清的時間滑手機、平板與更大的螢幕，以及無所不在的廣告與促銷活動，它們不僅出沒在高中校園的牆面上、大學的學生餐廳裡，甚至在 Waze 找路時也會跳出來。

但請試想這一點：多數Z世代從來沒有被週日報紙上的廣告或投入郵箱的優惠券所吸引。根據我們的研究顯示，年齡介於十三至十七歲的Z世代中，有24％甚至從未讀過實體報紙；相反地，他們被專門為他們個別設計的高度客製化廣告所淹沒，就混夾在朋友與家人的照片以及社群媒體新聞動態的回憶之間。還記得幾年前你什麼時候第一次看到定向廣告嗎？我們大多數人都發現，在網站或社群媒體新聞動態中看到我們稍早才搜尋過的事物有點讓人毛骨悚然，然後就是鞋子、旅遊或攪拌機的廣告透過重新定位在網路上緊跟著我們。現在高度個體化的廣告與內容已經落在Z世代的期望中，這使得非定向的一般性廣告對他們來說完全就是令人倒胃口。

瑪莉．艾倫．杜根（Mary Ellen Dugan）是WP引擎的行銷長，它是架設商業網站工具WordPress的數位體驗平台，專為各種規模的品牌和代理商推進業務。WP引擎總共服務下轄六十萬座網站的十二萬名客戶，定期舉辦思想領導力研究並分析顧客數據，以便更充分理解現代人的偏好如何與品牌商互動。WP引擎的研究交由世代動力學研究中心領導，結果有44%的Z世代都說，如果他們造訪企業網站後發現對方根本不知道他們在找些什麼，他們就會離開網站。杜根分享：「這個世代已經完成從『恐懼』過渡到『無懼』的轉變。前幾個世代害怕在線上分享他們的個人資訊，但談到分享個人數據時Z世代卻毫無所懼，只不過他們反過來對個人化體驗抱持難以置信的高度期待。」

此外，品牌也需要注意並確保他們的高度定向廣告是在正確的脈絡下呈現。麗莎．烏琪奈德（Lisa Utzschneider）是整合廣告科學（Integral Ad Science）的執行長，這家企業追蹤與分析數位廣告投放，以確保它連結到正確的受眾。烏琪奈德加入整合廣告科學之前曾在Yahoo!、亞馬遜與微軟擔任領導職位，也是協助品牌避免淪於整合廣告科學所稱「品牌風險」的專家。

「當今的網路遠比以往無遠弗屆，」烏琪奈德解釋，「雖然這意味著眼前有龐大機會可以接觸到廣泛受眾，但其中也涉及諸多風險。你在旅遊網站上投放郵輪廣告是絕佳做法，直到媒體開始撰寫旅遊業造成加勒比海汙染加劇的文章。廣告是讓你的名號曝光的最佳方式，不過將公司名號置於潛在的不良內容旁邊就是存在著與生俱來的風險。」

烏琪奈德指出，由於Z世代是在定向廣告的時代中長大，在不合適的地方置入廣告將會比以往更容易被發現。

Z世代在小小年紀就上 YouTube 搜尋，他們已經習慣看到最新的樂高玩具組或迪士尼公主裝的廣告，或是其他相關競爭對手依據他們在網路上的搜尋紀錄推出的廣告緊黏著他們。Z世代不曾經歷過以前那種沒有行銷廣告如影隨形，或是亞馬遜還沒推薦顧客將其他產品加入購物車的年代。

除此之外，Z世代習慣在購物時持續創造有關自己的數據，包括任何從他們自己創造的歷史購買紀錄（包括依照品牌區分的服裝尺寸）、基於他們最近在星巴克應用程式中下單訂購的推薦飲品，以及你可以免費退回任何你不喜歡的品項，並告訴對方為何不喜歡它的訂閱服務。結果是：下個月在他們定期訂閱的產品箱當中，無論是 Stitch Fix 衣物箱中配好的衣服、BarkBox 寵物食品箱中家人購買的飼料，或是 Birchbox 美妝箱中的試用品，都會依據個人偏好更加客製化。

現在，購物與退貨的風險也已經大幅消失，企業從衣服到車子都會直接寄給你一件襯衫，或是將車子運送到你家車道上。以美國線上二手車商 Carvana 為例：它們讓你試駕一部車，要是你不喜歡，可以直接免費送回或要求它們將車取回。事實上，如果你不喜歡床墊公司 Casper 與 Tuft & Needle 郵寄到府的床墊，只要能出示你已經捐給某一家慈善機構或非營利組織，而且它們也已經到府搬走的證明就可以退款了！

Z 世代期望從廣告、結帳到退貨這一整套客戶體驗都可以完全依據他們的個別偏好客製化。要是辦不到，他們會掉頭就走。

讓它具有代表性

Z世代相信，品牌除了獲利也應該具備某種代表性，更應該對全世界展現正面影響力。隨著企業圓桌會議（Business Roundtable）這個集結近兩百位美國最強勢執行長的組織在二〇一九年八月簽署一項承諾，重新定義企業的宗旨，這股期待已經快速邁向一種新常態。他們的承諾聲明，企業應該不再只是服務股東，而是應該照顧所有利益相關人。誰是那些「其他」的利益相關人，執行長又該如何計劃服務他們？他們的承諾包括提供顧客價值、投資員工、與供應商交易應講求公平且合乎道德，並支持我們工作所在的社區。至於股東價值，只有在聚焦於長期發展的結尾處才被提及。

對企業而言，這種新常態來得正是時候，因為Z世代已經進入總是會看到品牌宣傳社會地位的廣告，以及企業捐贈鞋子（TOMS）、眼鏡（Warby Parker）、食物、水資源等各種物資給所需之人的時代。雖然這種結合社會價值的公共陣線很新穎，而且從許多方面來看是在大聲召喚千禧世代，但許多Z世代也抱持著相當大的期待。他們在花錢購買某個品牌之前，會想知道它確實代表某種超越產品的理念。

整合廣告科學的麗莎．烏琪奈德將這一點視為她協助消費者品牌、潛在雇主企業吸引目標受眾過程中的推力。「Z世代在乎你的使命，他們想看到你也在乎，」她與我們分享，「他們想看到你重視他們，也想看到你願意為了更好的世界而捍衛自身的價值觀。他們不怕點名企業。」

Nike採取大膽行動與柯林．卡佩尼克站在同一陣線時就明白這一點。雖然前幾個世代並不認同Nike是力挺社會議題的品牌，但Z世代正好來到只認識Nike這個進化形象的時代。與此同時，其他原本就以力挺廣泛議題聞名的經典企業，好比戶外服飾品牌Patagonia，也持續找出支持自己理念的新方式。二〇一八年，Patagonia捐贈一整筆企業減稅額一千萬美元給幾家承諾保護空氣、土地、水資源及解決氣候危機的組織，因而躍上國際新聞版面。自一九八五年它首次倡議「1％捐地球」（1% for the Planet）的贈予行動以來，這是最大的一筆款項。這家企業也賦能員工勇於做出改變。二〇一八年的選舉日它關閉所有門市，好讓員工可以去投票。

這並不是說所有品牌都可以或都必須成為全職的社會正義鬥士或環保勇士，才能向顧客證明自己具有某種代表性。但如果你還沒準備好，請務必想想自己該如何在日常工作之外產生正面影響。如果你是小型服飾零售商，能否捐贈衣物到當地婦女庇護所，或是在你的社區裡舉辦募捐衣物活動，好幫助其他無力購買新衣的族群？假設你是寵物美容師，可以贊助當地的認養活動嗎？如果你是中等規模的行銷經紀商，可以奉獻幾個小時協助當地非營利機構發起下一場募捐活動嗎？有時你想改變世界的渴望早已融入公司的使命；若非如此，那就代表你有機會支持任何理念。從Z世代的角度來看，你能做出最糟糕的事情，就是像往常一樣只擔心生意好不好。

請將你的品牌視為平台

我們在與執行長、企業家、企業董事的合作中，花了許多時間探索他們的品牌怎樣才能成為吸引Z世代的平台。成為平台——而不只是品牌——涉及許多我們至今持續討論的許多內容：具有代表性，無論是一項使命或有待解決的問題。或是你的品牌呈現某種生活風格，可以藉由多元管道付諸實踐。它還包括超越實體產品或令人難忘的名稱，昇華成內容、協作、目標、信任的管道，可以更深入與消費者的日常生活互動。這意味著不只是要架設行動優先的網站，更要在正確的社群媒體管道中保持活躍，並提供擴大對話、實體轉向數位連結的體驗與事件。

視品牌為平台，可以保持公司的製造、營運、行銷和公共關係等所有部門的願景一致。舉例來說，現在製造的重要性已經提升，因為Z世代想知道某一樣產品的生產地、製造方式，以及是否以負責任的方式採購；他們也想看見食品成分、企業對同工同酬與包容性的承諾，以及環境責任等方面的透明度。營運必須與行銷及外部溝通同步，因為一支病毒式瘋傳的影片可能創造塞爆供應鏈的需求；而揭露企業實際作為與它傳遞的訊息相反的影片（例如汙染小溪的畫面），則可能讓多年精心打造的品牌形象一夕崩壞。

在此，數位隱私的透明度也扮演著重要角色。如我們稍早所述，Z世代願意與企業分享個人數據，但交換條件是他們想知道自己可以信賴企業為他們保護資訊安全。

亞洛．吉伯特（Arlo Gilbert）是Osano的執行長，這家公司協助企業提高數位隱私透明度。Osano的消費者終端產品是隱私監控員，它清除所有企業合約條款上沒完沒了的限制性附屬細則，淬鍊出消費者可以理解的要點。

吉伯特解釋：「每一個人每一天都撒一樣的謊。這樣做是要付出代價的。那個謊言就是『我已閱讀並同意合約條款』。我們都這樣做。」

我們在點擊「是，我同意」之前，幾乎沒有任何人會真的讀完公司的合約條款。不過諸如臉書執行長馬克．祖克柏、亞馬遜執行長傑夫．貝佐斯等企業領導者越常因為可能不負責任地使用我們的數據，因而被置於顯微鏡下放大檢視，消費者關心的程度就會越高，Z世代更是如此，因為他們在成長期間都根據數據來做決策。如果他們知道可以信任某家企業保護他們的數據私密性，就越可能與這家企業平台站在同一陣線。

「這是軟體與服務的供應鏈，」吉伯特說，「就像Z世代在乎產品製造地、是否聘用童工或者是否內含化學物質，他們也想知道自己的數據出了什麼事。他們想知道誰是好人、誰是壞人。如果你將自己如何使用他們的數據公諸於眾，而且你很謹慎處理，那它就會成為銷售良機。因為現在你大可說：『你可以信賴我們處理你的信用卡或蒐集你的電郵或某些健康資訊，因為我們會妥善處理。』」

想要成為平台，最終有賴於「信任」。顧客，特別是明辨是非的Z世代，能否信賴你言出必行且公開透明？他們能否充分信賴你，所以願意分享你的訊息與產品給他們的朋友，或是分享他們自己的個資給你？他們將會想要與你站在同一陣線，力挺你所代表的價值嗎？

出色的Z世代品牌平台具備三大關鍵要素：與最有效觸及受眾的管道保持一致（好比溫蒂漢堡吸睛的推特人物角色與店內的產品展示保持一致）、回應數據驅動的追蹤能力（好比衡量所有事情，要是可能的話就試圖套用在個別顧客身上），並與Z世代消費者建立適合他們生活階段與優先順序的有意義連結。

更快適應

隨著Z世代在消費者世界中的重要性日益提高，他們正置身許多重要採購決定的前線，例如買或租人生第一輛車、承租第一間公寓；為工作所需購買比較高價的服飾；為了在交友軟體 Bumble 上約定的晚餐約會搜尋又酷又潮的餐廳。不過，無論是哪種情況，有一件事是肯定的：Z世代為消費者體驗帶來全新定義的「常態」，品牌與業務主管都必須立即採取行動。有時候領導者告訴我們，Z世代的期望真的是太高了。請容許我們不同意這點。Z世代只是抱持著和其他世代不同的期待值，也就是他們自己定義的常態，而且他們將這一點融入自身消費者旅程的每一步。

Z世代已經進入一個品牌與消費者透明度、連結度與快潮流大肆炒作並內爆的時代，想想指尖陀螺與懸浮滑板就知道了。Z世代從來就不需要等待實體門市換季，因為他們幾乎每個月都可以連上American Eagle Studio、ZARA或H&M官網瀏覽新款服飾。然而，他們不覺得排隊買最新款手機很奇怪，特別是如果iPhone上市時店家還請他們吃冰棒的話；不過，排隊等著上館子點餐、入住飯店卻似乎是沒效率又落伍的過程。

這個世代也知道他們可以走進任何一家零售門市、找到產品、拿出自己的手機然後開始閱讀相關評論，即使人都還在店裡也敢貨比三家，最後可能是回家前先在手機上下單訂購送貨到府。雖然這種「先逛店後網購」的方式對千禧世代來說很新穎（而且還是毀了許多零售門市的禍首），對Z世代來說卻是再正常不過的事。事實上，如果他們真的很感興趣，就會連上YouTube，從幾百萬支素人「開箱」自己訂購從玩具到最新款智慧型手機等產品的影片中挑出一段來看。這些「開箱」影片非常受歡迎，甚至能夠為那些以打開新遊戲或科技產品等熱門商品糊口的YouTuber創造幾百萬美元收入。

最重要的是，Z世代已經進入消費者訊息混雜甚至矛盾的時代。一方面，他們成長期間被耳提面命錢要省著用，而且要花在刀口上，因為經濟可能重蹈前幾個世代所遭遇的艱困時期；另一方面，多虧社群媒體與打從出生以來就比其他任何世代在相同年紀時看到更多高度個體化的廣告，Z世代肯定對購物感到既興奮又期待。

現在，Z世代所帶來的購買力正逐年戲劇化地成長，他們透過數位管道在幾乎所有領域中為其他世代帶來的網紅力量也在倍數增加；任何規模及產業的品牌如果想受益於上述各點，就必須對這種新常態有所覺察並做出調整。

7　Z世代都在買什麼？

「我搞不好買化妝品就已經花了一百五十美元，就因為我在Snapchat上看到它們。」

——泰勒，十六歲

二〇二〇年，最前段班的Z世代已經二十四歲。因教育與職涯規劃而異，這意味著當中有許多人已經完成大學學業，進入社會從事全職工作；有些人則是高中畢業就直接加入全職的勞動梯隊，至今已有好幾年了；也有人是結合上述兩種選擇（例如一邊念書一邊當共享乘車服務商Lyft的駕駛，或是在TaskRabbit兼差接案）。

比較後段班的Z世代也涵蓋前青少年期和兒童期，他們會在附設跳跳床的公園舉行生日派對、在晚餐桌上玩《當個創世神》、穿著少女網紅喬喬・希瓦（JoJo Siwa）自創品牌的各種服飾、在亞馬遜網站看節目，而且可能上中學之前就擁有手機或無線連網的平板電腦。他們正處於發展自己的消費支出模式與優先順序的階段，這也影響著他們的花錢方式，以及他們選擇發揮影響力的產品與服務。

現在，我們已經看得出來Z世代在哪些領域花最多錢，以及他們的購物習慣如何破壞許多零售商數十年來做生意的方式。不過這並不是引起企業恐慌的主因。雖然許多企業光是想到要改造順利營運多年的做法就驚慌失措，但實際上Z世代的購物偏好能夠釋放龐大潛力，讓品牌商連結下一個世代的消費者。我們稍後在本章將貼近觀察某些企業如何在Z世代身上下足功夫並取得大幅成效，以及它們的手法又如何為渴望與這群年輕的顧客連結的其他同業激發新的靈感。

服飾

Z世代相信，他們穿上身的服飾正為自己發聲，甚至可以代表他們力挺從社會團體到社會理念等對象。雖然許多Z世代的年紀未滿心心念念的「二十多歲」，可以多花一點錢追求時尚，但他們很快就會跨入二十大關。Z世代和他們的購衣行為影響傳統購物中心與服飾製造商甚鉅，包括許多傳統服飾門市客流量減少、追求快時尚的渴望冷卻，但是售價更實惠、更小量生產的產品取而代之，而且二手店購物趨勢崛起。

正如我們所述，買二手貨是我們密切關注的趨勢，因為這個世代表現出喜歡省錢買名牌、自己挖寶新事物以及和一群朋友來往的傾向。買二手貨已經存在幾十年了，但是關注它在各種社經地位的Z世代之間崛起卻是很重要的事。品牌將必須透過耐用、定價或其他好處，好比利用Dosh這類即時現金回饋的應用程式，參透如何橋接這種「打算盤」的心態，一邊還得保持「夠潮」。這需要截然不同的做法與一套全新的經營技巧。

服飾製造商也將必須重新思考自己的來店體驗。舉例來說，試衣間必須精心設計，燈光要夠明亮，而且背景要夠吸睛，這樣Z世代才能在試穿不同衣物時玩自拍，然後直接上傳張貼在社群媒體上。他們也想要可以立即與銷售專員互動，好比發送簡訊要求提供不同的尺寸或顏色，不再是每次走進試衣間後還要試圖呼求店員協助。

產業領導者也應該在巡視門市（或者是不涉及考察實體門市）時檢視它們的數位溝通，它們如何連結社會理念、它們如何在Z世代與一家企業互動的每一個環節都個人化他們的消費體驗，從客製化廣告與購物車建議，再到個別購物者的穿搭建議。

諸如Aerie這類品牌正一步步先馳得點。它們迴避過時的傳統美感，每一次與前青少年期到大學年紀的女性受眾連結時，都會張臂擁抱積極愛自己的理念，成就自己有防禦力的差異。它們的承諾「#真實Aerie」（#AerieREAL）包括不修飾任何模特兒的照片。絕對不這樣做。斑點、成長紋、線條與其他真實感的表現形式都原汁原味地反映在Aerie的照片上；它們的模特兒身形、尺寸與膚色也都是完全比照真人原形。在社群媒體上，它們標註的貼文會寫上「#真實Aerie就是……」以鼓勵超過百萬名鐵粉分享自己的真實宣言。

Z世代注意到Aerie的努力並深感認同。正如一名大學生回應Aerie某則Instagram貼文說的：「打造出更多元化、更讓人接受的服飾品牌。我會好好等待。」

Z世代回應Aerie這類品牌的反應如此顯而易見，等於是將維多利亞的祕密推向危機。二〇一八年，這個女性內衣領導品牌全年營收重跌45%，於是二〇一九年全年都用來試圖翻修品牌。在這個自我接受、真實性和包容性主導文化對話的時代，特別是在Z世代這個全世界最強大的購物者族群中，維多利亞的祕密一貫採用的紙片人、零瑕疵超模正一天天變得越來越沒共鳴。

化妝品和美容產品

論及美妝趨勢的影響力與被影響力，Z世代正置身一段黃金時期。對Z世代而言，最激動人心的時刻就是今天的美妝名人也是Z世代成員，好比凱莉．詹娜和她超成功的美妝帝國Kylie Cosmetics。她一向有能耐透過自己的社群媒體管道激推幾億美元的化妝品營收。她顯然正確引起Z世代全面共鳴，因為她就是做自己。

總的來說，考慮到多數化妝品產業龍頭都是卡在老式行銷手段的經典品牌，這波顛覆式創新行動在美妝產業已經逐漸成熟。要是它們不適應Z世代渴望連結的所有方式，好比品牌透明度、社會責任和打造可在社群媒體分享的購物體驗，Z世代很快就會將目光轉向能夠與他們及他們的價值互動的新品牌。

內容驅動的行銷手法將是朝這個方向努力的關鍵要素。這個世代熱愛學著做的影片，隨著後段班的Z世代開始學化妝，他們通常毫無概念怎麼做或去哪買。猜猜他們會去哪裡？YouTube和TikTok。別再提購物中心專櫃的免費化妝服務了。直接化給Z世代看，什麼膚色應該配哪一種粉底、怎樣畫好眼線、怎樣塗口紅才能突顯完美唇形又不會沾到門牙、怎樣使用柔膚水才能正確護理粉刺等，所有這一切都可以從YouTube、TikTok和社群媒體管道習得，然後再從這些平台連結到你的產品。

Glossier這類的美妝品牌遠遠不只是賣產品，因此深受Z世代喜愛。Glossier提供大量Z世代受眾有用的內容，並且打造出自己的帝國。部落格「光澤之境」（Into The Gloss）是Glossier的誕生地，自稱是「美容體驗」聖地。這個部落格以「極品」（Top Shelf）與「夜間極品」（Top Shelf After Dark）人物專訪系列而出名。在那裡，每位受邀賓客，無論是金卡戴珊、模特兒、餐廳老闆、醫師或DJ都坐在浴室地板上「暢談產品、職涯，以及美麗對今日女性的意義」。這個部落格也提供產品評論、教學指導以及各種好玩或與美麗相關的建議，像是「外面熱死了，該怎麼為肌膚做好準備？」還有使用亮膚化妝品、擁抱雀斑並照護粉刺的最佳方法。

光澤之境與Glossier深度與它們的讀者連結。Glossier在調製化妝品配方時會將社群媒體上的評論納入參考，部落格本身則是迎合Z世代特定的美妝考量，並同時給予這個世代力量去接受自己對美麗的定義。

與此同時，另一個Z世代認可的美容品牌Lush也不只在賣產品，更將氣候變遷倡議納入自家業務的每一個環節。你或許甚至可以稱呼它是「化妝品界的Patagonia」：在二〇一九年九月二十日，Lush關閉所有門市，好讓員工可以加入由青年帶頭的「全球氣候罷課」（Global Climate Strike），為呼籲全球制定嶄新的氣候變遷政策上街遊行；當天Lush甚至也暫停電商業務。

Lush描述自己正在「掀起一場化妝品革命，只為拯救地球」。它的產品是純植物性、零殘忍[11]而且保證手作；它們社群媒體上的貼文則充滿了如何使用它們家產品、改造化妝品容器小靈感，以及拍攝自家產品生產過程的幕後花絮畫面。

---

11 指產品沒有進行動物實驗。

電玩與消費性電子科技

「我總是和朋友一起玩《要塞英雄》，要是沒有半個朋友上線，那我就會登出遊戲，因為我覺得要和朋友玩才好玩。我們會討論人生、學校和所有大小事。我可以和他們討論我們見面聊天時會提到的話題。我可能透過遊戲在學校交了六、七個朋友，其他朋友則是來自全世界，因為要不是我殺死他們，就是他們殺死我。然後你會對他們說：『嘿，幹得好！』接著繼續問他們『要不要一起玩？』然後你們就這樣玩在一起了。以後只要你們想要一起玩就隨時可以一起上線。我交了芬蘭和澳洲的朋友，也交了芝加哥、康乃狄克州、加州和紐約的新朋友。」

——威爾，十三歲

Z世代往往是非常早期的重度科技使用者，從智慧型手機到艾萊莎與電競，這個世代生活中的各個層面都依賴消費者性電子科技。

根據消費者研究機構哨笛（Whistle）的研究結果，個人電玩遊戲在Z世代族群中格外受歡迎，68%的Z世代男性說電玩是他們個人認同的重要部分。

我們自己的研究則發現，88%的Z世代男性、65%的Z世代女性各有自己的電玩系統，他們每天在這些遊戲系統花掉三點二個小時（這還不包含他們在手機上玩遊戲的時間，這部分每天花費的時數為六點六個小時）；而在全體Z世代遊戲玩家中，70%同意電玩會讓人上癮。

雖然電玩遊戲一直以來都被視為反社交活動，但Z世代的遊戲體驗具有高度的連結性與社交性。在遊戲機裡插入卡匣（要是沒反應，對著它吹口氣再試一次就好）、和朋友一起在電腦前打電動，或是最多再找一個朋友坐在旁邊對戰的時代已經一去不復返。Z世代是和其他城鎮、其他洲或其他國家的朋友一起打電動，因為他們的遊戲全都連結線上社群，無論是PlayStation網絡、Xbox Live或是其他的線上平台。哨笛發現，74%的Z世代視電玩遊戲為一種與朋友連結的方式。

那麼Z世代在電玩遊戲上買些什麼呢？根據市調機構尼爾森（Nielsen）的研究，他們平均每個月花費九十二美元訂閱服務、購買遊戲與遊戲本身的額外付費內容。考慮到這個世代的多數成員都還沒開始賺取全職收入，這是讓人印象深刻的數字。

無論領導者置身什麼產業，對他們來說，Z世代熱愛遊戲都是亟待開發的天價商機。艾利金融行銷長兼公關長安卓雅・布莉蔓就與她的團隊合作開發了一個圍繞二〇一八年超級盃賽事的虛擬實境遊戲。她告訴我們：「我覺得對我們來說，一邊和顧客討論妥善管理自己的金錢，另一邊卻買進超級盃廣告，有點像是在玩雙面手法，不過我們想跟上超級盃熱潮，所以我們就打造了名為『超級省』（Big Save）的遊戲。」

這個應用程式讓艾利金融可以不帶說教口吻地鼓勵用戶存錢。用戶若想下載遊戲，首先必須告訴艾利金融他們最想為了什麼目的省錢。這招聰明的手段有兩重意義：艾利金融可以採取好玩的方式與客戶及潛在客戶互動，還可以蒐集人們最想為什麼目的存錢的數據資料；而在三萬一千二百二十四名玩家當中，位居前兩名的動機分別是購屋（九千三百六十二人）與急用金（八千九百零九人）。

這個遊戲只限在超級盃賽事的廣告時段玩，玩家的挑戰是抓住從手機螢幕上方灑落的錢，然後放進虛擬存錢筒裡面。遊戲結束後，艾利金融送出二十五萬美元獎勵實現儲蓄目標的用戶。你沒看錯：艾利金融沒有花幾百萬美元在超級盃賽事期間播放廣告，而是決定送錢給參與它們遊戲的用戶。

遊戲玩家來自各個世代，但是艾利金融絕對是在迎合年輕客群，因為其中49％就是Z

世代和千禧世代。

除了遊戲之外，消費性電子科技幾乎整合在Z世代生活的每一部分，從他們如何學習到在家如何放鬆，再到如何連結朋友與家人。另一個特別針對Z世代後段班成員的商機就是，他們連結家用設備的程度將如何影響他們的溝通與購物。許多Z世代將不記得那個艾萊莎問世之前的時代。Z世代認為電郵與臉書都已經過時，面對面開會也不是最佳的協作方式。其實，這是從千禧世代就開始出現的趨勢，即使他們的雇主並未正式認同這種做法，他們仍相當自在地在職場中採用溝通與協作工具。根據平台管理商整合廣場與奧斯特曼研究（Unify Square and Osterman Research）的研究，28%的千禧世代每星期使用未經公司獲准的協作應用程式Slack二至四次，還有71%每年使用未經公司獲准的應用程式至少好幾次。

唯有Z世代加入勞動梯隊，這個數位協作的推動力才會加劇。Z世代也被稱為協作世代（Generation Collaboration），因為他們強烈渴望在團體中運用科技溝通與工作。我們帶頭的其他研究也顯示，年輕世代考慮是否接受某個職位或留在原職時，會主動思考工作場域的科技應用程度。

無論你從事什麼產業都得知道，Z世代依賴科技是他們做任何事的首要考量。請將這一點當成你的優勢。在他們與你連結的經驗中，你如何將新科技整合在每一個環節？

娛樂

Z世代引在引領一股趨勢，即他們幾乎可以串流任何事。他們總是可以點開YouTube尋找新的音樂，並切換到Spotify播放，最後做出一張徹底符合期望的播放清單。網飛與YouTube制約這個世代觀看推薦、評價娛樂，然後幾乎在任何設備上隨時可以觀看娛樂節目。你可以在自己的iPad上看節目，然後切換到你媽媽的手機看，要是節目真的超精彩，最後你會改在自己的智慧電視上看完。所有相同的節目全都在每一樣設備上完全相同的位置繼續播放，而且你的下一支影片會依據你對前一支的評分做出推薦。如今，Z世代可以在網飛、亞馬遜或YouTube Premium上看到多到數不清的電影、電視節目與紀錄片選項，或是連上YouTube學習如何烤蛋糕、衝浪、跳舞或觀看以「搞砸」為主題的影片。TikTok更是將短片提升到一個全新層次。與此同時，演唱會與現場活動意識到，無論是售票、活動更新、與現場觀眾的螢幕互動，甚至是在《要塞英雄》遊戲中現場直播虛擬演唱會，Z世代都想要更身臨其境的互動式現場體驗。

Z世代渴望與表演藝人互動，因而賦予那些藝術家一股能力，可以號召大批鐵粉「愛心」或「讚」他們的每一篇貼文，從泰勒絲、Lady Gaga、防彈少年團等音樂家，到賽琳娜．戈梅茲與巨石強森等名人皆然。這些有影響力的人藉由他們的社群媒體追蹤行為，打造出一個完整的Z世代廣告平台；尤有甚者，品牌也轉向這些由名人推動的社群平台，以便替代傳統廣告與Z世代連結。舉電影業為例，像巨石強森這樣的名人除了領取拍攝酬勞，還可以得到宣傳跑片的獨立合約。巨石強森坐擁超過一億七千萬名Instagram鐵粉，可以蒐集拍片期間的幕後花絮照片與自拍影片，然後直接貼在Instagram上。這樣將能激發出更強烈想要看電影的興奮感，遠超越所有廣告看板或黃金時段的電視廣告所能比擬。

另外，聰明的企業也體認到無論是舉世聞名或小眾市場的藝術家都可以擔綱自家品牌的強力擁護者，還可以透過不同平台直接從社群媒體貼文、影片或活動宣傳帶動營收。關鍵就在於找出與品牌的市場定位一致的藝人或有影響力的人，這些人必須擁有能夠評估參與度的正確追蹤軌跡，並且有能力可以在一段時期內延續雙方關係，以便獲取最大化的Z世代影響力。現在，大量專門提供這些產品的廣告經紀商有如雨後春筍般冒出來；另一方面，有些企業已經培育出內部專家，主要聚焦連結正確的表演藝人與正確的品牌攜手促銷。現在這些連結甚至大打名人牌已成為企業本身的投資者或協作者，例如小賈斯汀（Spotify）、女星潔西卡・艾芭（The Honest Company）、男星艾希頓・庫奇（Uber）、超模泰拉・班克斯（The Muse），還有知名初創家蓋瑞・范納洽（Snapchat），這種現象已經成為高瞻遠矚的名人圈和品牌圈的常規。

為了進一步打入娛樂圈，品牌正在聚焦如何直接整合融入電玩遊戲中。舉例來說，漫威在《要塞英雄》中提供服裝升級，讓玩家可以披上鋼鐵人的造型。流行音樂歌手 Marshmello 突破遊戲與表演藝人融合的限制，在二〇一九年二月二日舉辦了「遊戲現場演唱會」，當天超過一千萬人次登入《要塞英雄》電玩遊戲參加這場演唱會！

對多數Z世代來說，娛樂本身就是參與度的媒介。所謂參與應該是一天二十四小時、一週七天，而且一年三百六十五天都在自己最愛的連線裝置上與自己最愛的藝人同樂。舉例來說，當我們與籃球隊之類的職業球隊合作，盡早讓鐵粉抵達球場就會帶來龐大的投資報酬率，所以提供娛樂活動、名人互動這些強力誘因很有效，讓一個沒有想過或甚至根本不想提早到場的世代願意早到。然後我們會在比賽與球季之間發送幕後花絮以及運動員相關的內容來維持連結，讓Z世代鐵粉持續感興趣並黏著在像是 Instagram 等平台上。

食物、飲料與餐廳

我們在食物、飲料與餐廳領域進行大量研究，特別聚焦在比較Z世代與其他世代的差異。Z世代已經進入一個食物訊息戰的時代，現在企業會砸大錢宣傳諸如非基因改造食品、有機、在地小農、少於五種成分、食物過敏標示與無數飲食風潮的特色與語句。他們也可以收看專門為兒童和青少年設計的烹飪節目（有些甚至是他們自己主持），不僅在傳統有線電視上大受好評，在YouTube上更是超級受歡迎。Z世代已經顯現出他們喜歡下廚，在我們看來，有部分Z世代是所謂「懷舊」世代，不過其中許多成員不知道以前店家不曾將卡路里計算結果直接貼在漢堡菜單上（也沒有Beyond Meat漢堡），而且他們最愛的餐廳或訂餐應用程式中也看不到星冰樂或霜凍優格這些產品。

在我們研究的所有類別中，食物、餐廳和雜貨業經歷最巨大變化，因為這個世代崛起之時剛好與這個領域的科技創新擦出火花。如今，Z世代已經進入可以請自己的愛店遞送任何他們下訂餐點的時代，往往還附上製作與遞送流程通知！無論是外送應用程式

DoorDash、Uber Eats或GuruHub都提供許多餐廳與價位，而且多半是二十四小時無休。雖然這看起來似乎是餐館的福音，實際上卻有損許多餐廳的毛利。為什麼？因為大家在線上訂餐時經常跳過特製開胃菜、當日甜點和酒精飲料這些更有賺頭的部分。此外，餐廳往往必須自行吸收加入這些外送應用程式的部分成本。許多餐廳都是靠著賣你披薩或水牛城雞翅時兜售啤酒、紅酒或葡萄酒賺錢，但他們無法從外送應用程式點餐賺到這部分的利潤。結果，雖然有些餐廳整體而言透過外送應用程式賣出更多餐點，利潤卻在縮水。

現在也有業者加入混搭選項的行列，好比「超市餐廳」（groceraunt），這是在超市裡的餐廳，好比全食超市的餐廳就大受歡迎，也把人們帶離傳統餐廳；還有「幽靈廚房」，指的是沒有實體店面，只存在應用程式或網站為你送餐的虛擬餐廳，它們正在創造更多選擇，並一再測試所謂餐廳意義（或是由大廚主導這種概念）的底線。對Z世代來說，所有這些與其他更多選項都為他們提供超多食物與外送食物的選擇。或者正如我們喜歡的說法，Z世代仍然享受美食，但他們想上哪裡吃、如何訂購餐點與飲料、如何付錢以及如何推薦他人，全都與其他世代不同，這些都即將在未來引爆更多改變！

美食餐車熱潮則是再將用餐選擇與體驗改變向前推進一步，眾所周知，這是千禧世代推動的熱潮，如今Z世代也開始期待。對Z世代來說，支持在地廚師，坐在戶外光線充足的地方或真正具有代表性的地區，最好還帶上家裡的毛小孩，當然也別忘記社群媒體貼文，這個理念或概念吸引力超強。有些開發商正企圖做到將美食餐車納入它們開發計畫的整體願景中，這樣就能同時服務附近辦公大樓的企業員工，也能夠以非常低的資本投資為附近社區提供多元美食選擇。

我們還看到某個基本趨勢影響著Z世代的購物選擇：門市購物總次數減少。無論是為了覓食、小酌、買衣服或消費性科技用品，Z世代多半比較少開車或搭車去購物，在逛零售門市時也比較少見到搶貨與排隊結帳的狀況。

那麼，食物、飲料與餐廳品牌該怎麼做才能和Z世代一起蓬勃發展？我們看到許多測試個案的早期發現都指出，無論是初次嘗鮮還是重覆造訪，一舉擊中Z世代關注的敏感帶至關重要，其中包括提供滿足多種飲食需求、支持在地社區或更宏大目的的食物；實體空間將受益於優美的音樂和完美的燈光；諸如在地熱點的圖像或在地藝術家的壁畫等吸睛的視覺效果，這樣人們就會將牆壁當作背景拍照，不只是單拍食物或飲料而已；搭車、步行或停車力求簡便；以及其他顯示店家真正理解顧客需求的細節。此外，溫蒂漢堡、福來雞這類精於此道的食品品牌定期透過社群媒體與Z世代連結（例如「誰家的雞肉三明治比較好吃」這樣的「社媒吐槽」），以便在他們心中保持領先地位。

另一方面，新的購物中心和門市開發商體認到，如果它們想要贏得Z世代的心，就必須將實體環境設計得更具體驗感，包括戶外與娛樂空間、門市內部與整體建案數位整合、精心安排並確保門市間的距離相近，以便吸引正確客流量，並在整體園區架設無線網路。本質上，Z世代想要一個可以自在購物、吃吃喝喝、打發時間、盡情探索，而且不會感到自己還在一九九〇年代（他們眼中的「復古」！）的地方。

未來的消費領域

Z世代已經在更多領域推動消費趨勢，從學校用品到寵物照護產品（這一點和前幾個全都熱愛自家寵物的世代沒有不同，但是根據研究機構打包事實〔Packaged Facts〕所發表的調查結果顯示，他們比以前的世代更依賴獸醫以取得廣泛的資訊與忠告）。到目前為止，我們提到的產業都顯示出Z世代正在展現一種正向的初期消費方式。

但是在不久的未來，Z世代將會在哪些領域消費，而且花更多錢？

這就是Z世代年歲漸增之際開始對經濟產生更大影響之處。我們的研究已經找出幾個Z世代很快就會開始產生重大影響的產業，而且會在未來十年重塑企業權力的平衡態勢。由於嬰兒潮即將在同一段時間範圍退休，他們的消費力會相應平緩或減少，因此這股影響力在許多產業內將會被放大。還有即將到來的財富轉移：有人估計，大約有三十兆美元會從嬰兒潮世代轉到比較年輕世代的手中。隨著Z世代加入職場並進階成為專業人才，應該也會賺進比現在更多的收入。

以下是我們認為商機就在眼前或即將出現，現在就該採取行動準備迎接Z世代崛起的產業。

銀行業

Z世代的理財手法偏向保守，他們拿自己存的錢做什麼？他們存入手機本身的支付功能或銀行業務應用程式。他們很有可能（也很期待）未來不用走進銀行就處理好從申請車貸到退休儲蓄的所有銀行業務。

Z世代已經來到一個永遠都可以藉由各種金融科技選項存錢的時代，從傳統銀行提供的銀行業務應用程式到自動掃視你的帳戶之後就為你開設急用金的存款專用應用程式，也有些Z世代單純就把大部分的錢存在 Cash App 或 Venmo 帳戶裡。所有存款最終都會導向信用卡，車貸則會附帶提供各種其他金融產品。銀行與金融科技有望從Z世代的科技需求與儲蓄模式的結合中獲益良多，但前提是銀行業領導者聚焦在世界級的純行動體驗，包括開立帳戶；轉錢給朋友與支付帳單；提供數據可視化與分析讓，Z世代知道自己花了或省下了什麼錢，甚至可以比較同年齡其他人的開銷；以及最終整合他們的個人財務目標。

千禧世代已經快手快腳地改用微投資平台 Acorns、Betterment 與線上股票交易商 Robinhood 這些方式，進一步昭告銀行與投資界，改變隨時可能發生。雖然千禧世代接觸到這些金融科技的階段遠比Z世代還要晚，但是這在他們當中也很受歡迎，他們永遠會將這些方式納入選項。

二〇〇九年，思想前瞻的艾利金融緊隨著金融海嘯爆發問世，是全球第一家純數位線上金融服務商。安卓雅．布莉蔓回憶，當時每個人都告訴他們，這個世界根本不需要再多一家銀行：「我們同意，這個世界根本不需要再多設銀行，但是這個世界需要一間更好的銀行。我們大膽地打賭人們不需要實體銀行。」

艾利將重點設定在真實性，以便打造有防禦力的差異，指的是協助銀行與它們的客戶建立關係。「我們致力於透過有趣與互動的方式教授金融知識，」布莉蔓分享，「我們創造許多驚奇與歡樂。」像是二〇一八年超級盃期間的虛擬遊戲『超級省』，還有二〇一六年讓客戶愉快不已的『吉利金』（Lucky Penny）活動。」

「我們圍繞著『省一分就是賺一分』的概念打造一場尋寶遊戲，」布莉蔓說，「美國人再也不把一、兩角錢看在眼裡，所以我們發布關於小錢的各種趣事，如果你找到一枚我們的艾利吉利金，價值相當於一千美元。」

艾利與顧客互動的其他方式包括「告白書」（confession grams），它們在Instagram上挑戰用戶與自己的伴侶來一場「錢的對話」（money talk）；並發動感謝顧客的「感恩錢」（Banksgiving）活動，只要有人在感恩節期間致電客服中心熱線，就贈送他們小禮物（包括個人特休至最多五萬美元現金）。

艾利所有這些非典型銀行的舉措成果如何？它們每年迎來超過二十萬名新的千禧世代和Z世代客戶，幾乎占每年新顧客總數的65％。

我們問布莉蔓，為何其他銀行都傷透腦筋的時候，艾利可以和Z世代一起共榮成長，她歸因為三大關鍵重點：

一、你必須展現勇氣追求一個目標，就算今天沒有多少進帳，但你知道不久的未來將會迎進龐大財富轉移的受惠者。許多企業承受董事會或執行長施壓，必須聚焦短期發展，無法長遠盤算。

二、這個世代很快就能抓出裝模作樣的人。我們的品牌具有真實性，因為我們言出必行而且童叟無欺。

三、我們為自己吸引到正確的客層。我的兒女都是Z世代，我們的經紀商夥伴都很年輕。我們傾聽顧客心聲。你一定要洗耳恭聽，然後嘗試你認為會與他們產生共鳴的事物，再看看有沒有效果。

布莉蔓和她的團隊發現某個嚴重的誤解，那就是眾人以為Z世代對儲蓄沒有興趣。艾利知道他們其實是存錢高手，幾乎占所有收入一半，他們對學習更多財務知識也具備強烈求知慾。

無論是傳統品牌或初創銀行，都擁有和Z世代做生意的巨大商機。它們可以押注這個世代的未來，給予對方容易上手的數位工具與有價內容，但也可以反其道而行，後果就是錯過龐大財富很快就會轉移到Z世代手上的趨勢。

在技術方面，銀行將會面臨必須打造無縫數位銀行業務的挑戰，包括將自家平台設計得更視覺化、只要觸點幾下就能取得資訊、回應語音提問、快速轉匯，而且有能力分析儲蓄與花費。

另外，整合全新的儲蓄與投資選項將成為優先事項，無論是不涉及信用卡的全新支付型態或支付選項，好比 Sezzle 或 Affirm，或是協助帳戶持有人在實際上收到錢之前就能事先管理自有資金的工具。更優質的顧客服務選項包括人工智慧機器人、回答改善信用評分的相關問題，都將成為司空見慣的安排，而且是競爭並搶贏Z世代銀行顧客的最低門檻。

汽車與交通

每當論及汽車，Z世代可能是顛覆全體產業的「新常態」起點。在我們發起的某項全國研究中，我們發現Z世代是最樂意搭乘自駕車的世代。在本書寫作期間，隨著車商前仆後繼投入打造自家版本的自駕車款，加上 Lyft 與發展駕駛輔助系統的 Aptiv 結盟，讓真人在美國拉斯維加斯測試自駕車，現在正是絕佳時機。

確實，我們看到Z世代選擇不急著馬上考取駕照。根據《華爾街日報》報導，一九八○年代以來，考取駕照的青少年比率下降近20%。這是因為在許多地區買車與開車的成本高昂、在校園與都會地區的開車需求不足，而且諸如Uber與Lyft等共乘選項在郊區甚至更遠的農村地區都很普及。除此之外，對許多Z世代來說，隨著大眾運輸與他們的手機整合，讓付費與使用更輕鬆，因此搭乘也更容易。

當Z世代認真考慮駕駛時，我們的研究發現，他們的期望包括希望汽車製造商提供優質電動車，因為在他們的認知裡，電動車對環境更友善。Z世代也相信自駕車將在不久的未來成為常規。現在，直接向經銷商購買或租賃是Z世代的眾多購車選項之一，他們也有機會訂閱提供可以定期更換車款選項的租賃服務商，好比Flexdrive、Clutch與許多汽車品牌的訂閱服務商，甚至可以在二手車商Carvana沿著高速公路架設的多層板汽車販賣機台買車。

近十年來，汽車製造商及從融資到服務的整體汽車業發生天翻地覆的變化，這個改變始於千禧世代、電動車龍頭特斯拉、經銷商合併、金融海嘯、科技進展以及共享經濟，但Z世代即將再把改變推進一大步，因為對他們來說，這支正在撼動汽車業的破壞兵團不過只是現狀。換句話說，改變才剛起步。

我們身為研究人員、演說家與顧問，投注大把資源鑽研汽車業，因此看到未來既有龐大挑戰，也有巨大機遇，就看汽車製造商、貸款商、服務提供商與經銷商如何自我調適。

Z世代帶給汽車製造商的挑戰包括這個世代如何買車、與經銷商溝通並考量車貸及融資需求。確實，Z世代已經展現購買二手車勝於新車、房車勝於休旅車的強烈偏好。這個世代認為二手房車的價值較高，因為尚有空間可以載更多朋友。Z世代也將房車的油耗里程數勝過大型休旅車視為首要之務，更喜歡它們在市區比較好找停車位。

就買車而言，Z世代將會極盡所能地先在行動裝置上瀏覽比價並閱讀評論，然後才登門拜訪經銷商。但是，一旦他們走進門市，往往仍會定期查看手機螢幕，這樣會讓業務員很難與他們四目交接，徒增雙方討論的困難度。

約翰．費茲派翠克（John Fitzpatrick）是Force Marketing的執行長，這家成長迅速、有科技底子的行銷商協助汽車集團、經銷商與品牌連結每一個世代的汽車買家。該公司有一套人氣超高的工具Drive，它是一個平台，主要是打造具有針對性的可客製化影片，其中涵蓋用戶最近瀏覽過的車款清單。

該公司追蹤平台上從顧客身上蒐集到的數據，因此發現有些年輕汽車買家的購物方式和汽車品牌商企圖與他們連結的方式存在著驚人的差距。

費茲派翠克和他的團隊留意到的最大商機是影片。費茲派翠克解釋：「我們的研究顯示，臉書與YouTube分別觸及85％與92％的汽車買家，但是整體汽車經銷商中，只有不到3％至4％在這幾處平台擬定積極的影片策略。年輕汽車買家的影片消費量每年都不斷增加，這一點不足為奇，但是我們的數據顯示，前幾個世代出於購車所需也更經常轉向觀看影片。我們發現，二〇一八年至二〇一九年間，十八至二十四歲的影片消費比率成長57％，但其實不同年齡區間的族群收看量都一飛衝天：二十五歲至三十四歲族群收看廣告影片的數量成長60％；三十五歲至四十四歲族群成長90％；四十五歲至五十四歲族群成長92％；五十五歲至六十四歲族群成長140％；六十五歲及以上族群成長131％。」

費茲派翠克說，買家尋找從汽車內裝音響系統如何與iPhone連結，到坐在車內體驗四十分鐘車程的感覺等各式各樣影片。

費茲派翠克和他的團隊也發現，年輕顧客期望企業如何應用有關他們的數據，與許多企業真正拿他們的數據做些什麼，兩者之間存在著落差。

「我相信數據是新石油。許多人也這樣說，但都沒有採取百分之百的行動支持這一點。其間遺漏的環節在於許多人錯用手上的數據。他們想要傳達一則訊息給許多人，而非一對一傳達許多訊息。

當我們思考與顧客連結時，必須顛覆這種心態，如果你不善用科技推動個人化，當他們想要交流時卻不和他們對話；也不用他們喜歡的方式對話，甚至不順應他們喜歡的節奏對話，那你就是完全畫錯重點了。

顧客害怕我們掌握他們數據的想法已經過時了。現在他們知道你手握數據，所以他們期待你妥善使用數據的程度高於以往任何時候。」

無論是行銷交通運輸選項或是Z世代想購買的其他產品，道理皆是如此。但是就汽車而言，善用影片行銷、傳遞個人化訊息脫穎而出的商機特別豐沛。

租屋和購屋

Z世代目睹自己父母那個世代大舉借貸，結果金融海嘯期間繳不出貸款，房屋被強制法拍並驅離。雖然91%的Z世代告訴我們，終有一天他們也想要自己購屋，但很可能他們會想聚焦買下一間自己負擔得起的房屋，而非縮衣節食還買不起的房屋。

有趣的是，初期數據顯示，Z世代已經開始置產，總的來說與前幾個世代不相上下。

對正在設計滿足Z世代入門級產品需求的建商，以及需要下一個世代購屋客出現才有賣房商機的建案銷售業者來說，這是個好兆頭。事實上，根據信用公司環聯提供的數據，二〇一八年至二〇一九年間，Z世代購屋族群成長逾一倍，從大約十五萬人成長至三十一萬九千人。

然而，Z世代正在決定租屋或購屋何者為佳時，還有個有關購屋情報的領域時機已然成熟。有一些網站與其他服務可以迅速告訴Z世代正確思考租屋與背房貸的方法，讓Z世代在即將踏出第一步，進入自己的黃金置產年代時，更容易自行算出方程式的結果。

從長遠來看，我們相信，身為買家與租客的Z世代可能會成為房地產市場的福音，因為他們處理金錢似乎更保守、看待債務更謹慎，特別是學貸與信用評分。

我們與房產開發商及機構投資人合作時，會確保掌握了Z世代對房產需求的幾大關鍵要點：彷彿置身在戶外的起居室，最好能接近他們渴望的生活方式，以及室內所有東西都要連結物聯網；此外，在他們成家立業之前，他們覺得地點比坪數重要。

聰明的房產領導者正迅速適應這幾個趨勢，以便贏得Z世代青睞；另一方面，學生住宅產業則奮力迅速調適，以便迎合Z世代比千禧世代更高、更不同的期待。在公寓方面，Z世代期待成品盡善盡美，好比更完善的健身中心、戶外領域並與在地企業建立合作夥伴關係。但是我們再次看到，假如Z世代可以在比較好的地段花比較低的費用租到微型公寓之類的較小坪數住房，他們也樂意下修期待。American Campus Communities 這類學生住房大咖業者正在認真思考Z世代的偏好，與此同時投資人則是買進老舊物產再翻修升級，以便祭出更低價格適應這個新世代。

《紐約時報》報導，Z世代與千禧世代的住房偏好存在著重大差異。千禧世代深受屋頂游泳池、日光浴床和攀岩牆等度假勝地風格的設施吸引，但Z世代更在乎彈指之間就能使用的設施，以及從日益昂貴的大學教育賺回最大收益。Z世代更喜歡亞馬遜儲物櫃、共享學習空間以及 Uber、Lyft 和食物外送的取貨據點，而非娛樂附加設施。

雖然Z世代肯定不介意豪華內裝，但是能夠以更低價格換到擁有更好生活方式的地段，永遠都比華而不實的花樣更能擄獲他們的心，包括更小坪數但更接近餐廳、娛樂、交通和工作的公寓，以及專為自由業與零工經濟工作設計的空間。坪數較小、設施較少但地點更好的公寓換來較低的月租、較低的交通與相關費用，也更符合Z世代真正想要的：工作地點、生活空間、娛樂場所和狗狗公園都很近！

購屋與購車很大程度上取決於Z世代居住的地點。如果他們選擇追隨最近幾個世代的腳步，就會為了工作或生活方式等緣故搬到都會區，這會使得買車不那麼重要，反而更嫌麻煩，甚至讓置產變得更加困難。但是如果他們可以在密度較小或能夠通勤的地方生活、工作，那麼買車、購屋顯然就是他們未來的道路。

我們知道關於買車、購屋的另一件事，就是Z世代無疑希望擁有網網相連的房屋與汽車。事實上，超過一半（53%）的Z世代希望更多家用品可以連網。

Z世代期望自宅裡每一樣物件都可以預先布線（或安裝），以充分利用物聯網解決方案，從安全與攝影機智慧監控Ring到智慧自動調溫器Nest，以及智慧電器與照明。這股期待也延伸至汽車領域，Z世代將期望汽車持久耐用、可靠安全，兩者都呼應這個世代對價值和耐用性的重視程度，但也期望具備所有物聯網附加的各種產品特色或性能，包括與手機即時無縫整合、與串流音樂平台Spotify或Pandora連結的能力、播放Podcast的能力，以及協助從駕駛到導航等功能的各種感應器。

接下來五年，有超過三分之一的Z世代期待網路可以預測到他們需要什麼，並早一步在他們需要之前就發出提醒。

最後，住房與汽車比較可能出現的問題皆是利率與獲得融資的能力，這兩點在當前環境下仍有待觀察。

保險與投資

我們在二〇一七年Z世代現況研究中發現，12%的Z世代已經在為退休存錢了！考慮到我們全國調查的族群年齡區間介於十四歲到二十二歲，這真是讓人驚訝的發現。對這個世代以及金融服務業來說，這種為未來存款或投資的傾向都是很好的預兆，但唯有這個產業適應了Z世代的溝通、科技與金融偏好才行得通。我們看到，想要Z世代選擇傳統財務顧問有個最大的阻礙，那就是機器人顧問有如雨後春筍般出現，它們的設計宗旨就是不分晝夜回覆問題、提供能夠輕鬆與銀行整合且超低成本的投資解決方案，以及只要存入小額現金就能開立帳戶的功能。這一切全都在手機上就能完成。

投資對Z世代的重要性，特別是他們已經在思考要為急用金甚至退休金存錢，與千禧世代的狀況形成了耐人尋味的對比。千禧世代往往被學貸綁住，收入也不足以應付開銷，至今仍無法為退休儲蓄。

Z世代可能也是即將發生的財富轉移受益者，隨後便可迅速啟動退休儲蓄計畫，但是隨著財富轉移的金額與時機點正在激辯中，這套儲蓄計畫仍是超大的「如果」，只不過，它終究還是會發生。

某些金融企業提供行動科技方案，向Z世代展現他們的帳戶能夠小額但規律地成長，且輕輕鬆鬆就能推薦給朋友，這樣的公司前景非常光明。假如Z世代現在就開始投資並為退休儲蓄，這個世代與整體金融業都將從中受益，尤其是考慮到未來Z世代準備退休時，政府為他們提供金融安全網或醫療安全網的可能性非常低，這一點格外重要。

傳統的投資公司將需要培訓自家顧問可以接觸到Z世代，考慮到現在美國境內金融顧問的中位年齡是五十一歲，Z世代的年齡很可能介於他們的孩子或孫子之間。那種培訓必須根植於和這個世代有關的數據，而非「現在的年輕人都……」的故事，而且必須完全整合科技，力圖將Z世代的諮詢體驗摩擦完全降至低點。對顧問而言，好消息是Z世代熱愛將自己信得過的產品與服務推薦給周遭好友，所以現在與Z世代做生意有可能獲得未來幾十年的好評推薦。

與此同時，隨著Z世代年歲漸增，必須脫離父母的保險範圍，無論是健康、牙科、眼科或是汽車，保險也將持續變得更重要。目前，Z世代會在網路上購買汽車與租客保險。未來，當越來越多Z世代加入勞動梯隊，他們將有更多團體保險可供選擇，而且總有一天也會考慮人壽保險。

然而，正如銀行業務被金融科技所破壞，保險業也正被保險科技所顛覆。諸如車險商

The Zebra、線上人壽保險商 Policygenius 等企業已經讓比價、購買車險和壽險的程序變得透明、容易，一如你在 Airbnb 訂房一樣。全新科技公司也湧入保險市場的其他領域，正為傳統保險商帶來莫大壓力。由於多數購買保險的行為都始於網路搜尋，這些新型保險業者便早一步優化，將搜尋轉為潛在客戶並獲得快速承保，Z世代將只會認識一個線上購買保險快速、簡易又擁有絕佳體驗的時代，而非許多千禧世代還有前幾個世代所期待的面對面經歷，也就是敲定午餐約會、登門拜訪，或是帶著精美手冊走進你的工作場所做一場團體計畫簡報！

總體而言，金融服務和保險業是我們投入最多研究的產業之一，也是我們目睹發生在Z世代身上、與千禧世代（以推動巨大改變聞名）截然不同的趨勢。展望未來，Z世代將期望能夠立刻得方案報價、快速通過審核、多元支付選項、時間表、影片問答、良好行為（例如運動）的折扣或獎勵，以及透過行動裝置就可以申請理賠——所有這一切流程最好都不需要與人碰面處理。隨著Z世代陸續加入勞動梯隊、成為金融服務與保險業的新趨勢推動者，並駕馭潛在的龐大財富轉移，進而激發理財重要性，這些趨勢即將大幅加速。

旅遊、待客和觀光業

當千禧世代確定他們很樂意睡在陌生人家裡以便就近參加慶典活動；善用十幾個整合網站在線上安排自己的旅遊計畫；以及捨棄大品牌與忠誠度積分，住進房間裝潢獨特、提供獨家菜單的精品旅館時，旅遊業就開始遭逢重大破壞。從 Airbnb 到線上比價網 Kayak、Localeur 與智遊網，Z世代是所有這些改變的受益者。近十年來，有關旅遊住宿選擇的評價和評論數量激增，正好讓Z世代能夠以高度視覺化的方式深度且多方檢視他們想住宿的地方，還有到了當地能夠體驗到風俗民情的各種活動。Localeur 就是個絕佳範例。

Localeur 向人們展示當地人在哪裡留宿、吃喝玩樂、開派對。Z世代對「道地的」旅遊體驗的渴望，再加上他們的消費模式，可能會帶來更經濟的旅遊行程，這正好與共享經濟以及簡易的行動預訂所創造的選項相得益彰。換句話說，千禧世代與共享經濟打破了傳統旅行和住宿的難題，而Z世代在年紀尚輕的時候就能享受這些改變帶來的好處！我們也看到Z世代與其他世代不同的地方，在於他們期待更簡單的住退房確認流程與支付選項（好比發送文字簡訊就能刷卡），以及住宿能與當地活動、飲食、聚會和體驗有更深度的整合。

珠寶和時尚配件

隨著Z世代進入二十歲，珠寶和時尚配件將繼續在他們的個人認同與品牌形象扮演關鍵角色。至今，Z世代似乎對珠寶的觀點分歧，一邊是購買許多廉價珠寶，好讓自己擁有許多不同選擇，這種做法非常適合拍個不停的社群媒體照片；另一頭則是比較富裕或是真的會花一筆錢購入耳環等珠寶或皮夾等奢侈品。不過，有件事很明顯，那就是Z世代購買珠寶的最大宗消費未來才會發生，到時他們的收入會增加，訂婚等重大人生事件也將陸續登場。

目前，我們確實看到兩股趨勢持續發生：第一是Z世代仍會安於購買 Kendra Scott 這類比較便宜但風格鮮明的品牌。該品牌的珠寶風格十分鮮明，但價格不算太貴，因此成為更負責任卻不會被視為廉價品的珠寶品牌，這可是十分難得的成就。由於Z世代的總體支出模式確實看起來比較腳踏實地，他們可能會接續千禧世代的趨勢，堅守社會理念與成本效益，尋找傳統開採方式所得鑽石的替代品。Z世代也置身透過社群媒體和影響者的活動認識新珠寶和配件品牌的理想年紀與人生階段，讓業主減少必須花費大量資金開設傳統門市的風險。現在，我們看見許多珠寶品牌會透過社群媒體與數位方式，先在線上打造成功的參與度與興趣，然後才開設線下門市，特別是有名人聯名合作的品牌。

隨著Z世代年歲漸增，收入會更豐厚，花在主要的日常必需品，例如服飾、科技用品、食物與其他東西的金額也會變多。在我們的研究中，多數Z世代告訴我們，以長期來看，未來他們依舊計劃置產、結婚並至少生一個小孩。但是對這些Z世代來說，結婚與擁有第一個寶寶大概還是未來十多年以後的事。這就是為什麼我們很期待看到，他們多數成員眼前的花費會聚焦在讓自己個人獲得體驗、需求與渴望的事情上頭，而不是把錢花在照顧他們的家屬或其他家庭成員。看到Z世代如何駕馭他們從二十多歲到往後十年的消費，並成為更獨立的消費者與市場影響者，將是令人興奮的大事！我們將密切關注他們的花錢方式——無論是用 Venmo、Cash App、Zelle 或其他任何方式。

8 贏得Z世代的品牌忠誠度

「我很少因為看到廣告而決定買衣服。反而是看到學校裡有人穿著我喜歡的衣服就會去買。」

——Z世代男性，十五歲

二〇一六年，當美國電信商Sprint拿到財報，它們就知道自己需要全新的戰略計畫。當時正值市場兩大龍頭Verizon與AT&T爭奪手機冠軍寶座的時刻，它們卻因停滯不前而苦苦掙扎。二〇一六年底，它們淨虧損十二億美元，這代表現有的商業模式很明顯行不通了。

和Nike一樣，Sprint知道自己業務的未來掌握在Z世代手中。沒錯，它們得提供可靠的手機服務，就像Nike必須提供像樣的運動鞋一樣。但是Sprint知道，若想生存下來其實需要更多。它們必須說服這群每天都滑手機超過六小時的年輕顧客，自己看見並理解他們。

Sprint必須讓Z世代知道，它們理解這個世代的夢想與活力十足的個性。它們知道Z世代想要全面打破從個人、職業、政治到社會的藩籬。某種程度來說，Sprint必須說服Z世代使用它們的行動網路將有助他們實現所有目標。

然而，它們除了全年虧損十二億美元，還面臨另一個問題：它們對於如何吸引Z世代一點頭緒也沒有。

不過至少它們意識到了這個問題。它們召集Z世代行銷專家組成了「糖果棒」（Candy Bar）團隊，並打造了「＃無限暢活」（#LiveUnlimited）運動。

這個運動在Z世代平常會逛的平台（社群媒體與YouTube）與他們展開個人的對話。一開始，糖果棒就知道Z世代對一開口就說「你現在聽得到我說話嗎？」的傢伙沒興趣，肯定也不記得、不在乎Sprint把他從Verizon手中偷走。

但是Z世代確實在乎Instagram和YouTube上的名人，好比美國創作歌手羅西王子（Prince Royce）、委內瑞拉網紅女歌手蕾蕾・龐絲（Lele Pons）、健身教練布萊利・馬汀（Bradley Martyn）、年輕模特兒瑞秋・庫克（Rachel Cook）與創業家傑洛・亞當斯（Gerard Adams）說了什麼話。你不知道這幾個人是什麼來頭？沒關係，不過當你想要試圖理解並贏得Z世代，聘請某個認識這些名人，而且真的會聽他們說話的員工會是聰明的好主意。

Sprint的這場運動將上述所有名人聚集在一起拍攝YouTube影片，不談數據計畫、5G網路、下載速度或漫遊費用；相反地，這些Z世代榜樣要求觀眾按照自己的方式過生活。

這部影片從一位Z世代青少年坐在沙發上盯著他的手機，看著在社群媒體上擁有超過五千萬名粉絲的蕾蕾．龐絲說：「我想要鼓勵你去過自己想要的生活。」然後，她出現在他的客廳。接下來，另一名置身客廳的名人布萊利．馬汀也一搭一唱地說：「現在到了將自己推向下一個層次的時刻。」影片繼續往下，好幾位名人都像是從手機螢幕跳出來，走進客廳裡，對著這名Z世代青少年說出充滿正能量的勵志短語。

這場活動的口號「你只活一次，但你每天都可以選擇無限暢活」串連起整支影片，席捲所有社群媒體平台。

二〇一七年夏季，這場活動讓每一位名人在自己所有的社群媒體平台上強力放送這支影片，結果如何？這樣說吧，有個傢伙在美國最大網路論壇Reddit上大表贊同：

「這句話有必要成為每一家企業的焦點。與其指責千禧世代搞砸生意，不如搞清楚（就像T-Mobile和現在的Sprint），我們就是企業的未來。最好的想法就是張臂擁抱我們、對我們行銷。這就是當下錢之所在、未來錢之所在。幹得好，Sprint。」

但是這為他們的財務報表帶來了什麼貢獻？

Sprint 二〇一七年結束之際，繳出自家企業史上最出色的財務成績單。僅在一年內，它們就從淨虧損十二億美元上衝至淨賺七十四億美元。

僅將 Sprint 財報大翻盤的成就歸功這場活動並不合理，但它確實有所貢獻，而且我們也可以從 Sprint 自我調適與Z世代連結的手法中學到幾堂課。

最重要的是，Z世代要求品牌不只是某個定價合理、可靠耐用的實體產品。正如 WP 引擎的瑪莉．艾倫．杜根所說：「Z世代不買品牌，他們參與品牌。」對Z世代來說，追隨品牌就是個人表達認同的做法，他們期望品牌同時創造既虛擬又真實的持久感或體驗當作它的金字招牌。「#無限暢活」運動沒有試著用完整 5G 覆蓋率的承諾擄獲Z世代。那一點根本無須多說。它們吸引想要和品牌站在同一陣線的年輕顧客，因為前者提供他們工具（即可靠的手機加上牢靠的覆蓋率）打破藩籬，追求自己的夢想，並且真正實現無限暢活。

在Z世代考慮參與某個品牌之前，他們必須感到自己認同品牌所支持的理念，這涉及所有領域，包括企業如何製造產品、這項產品如何協助客戶實現目標，以及企業有多認真看待社會責任。Z世代期待品牌反映出他們如何過自己的生活，或者渴望如何過自己想要的生活。

Z世代成員凱特告訴我們：「我個人追隨許多戶外品牌。我追蹤REI、國家地理和其他類似品牌。我就是喜歡戶外運動。我喜歡REI的戶外美學以及所有服飾用品。當我看著這些東西，就會想著大學畢業後要計劃來趟阿帕拉契山健走之旅。光是幻想那趟旅程和打包行李就很好玩。我在Instagram上追蹤REI，對我來說有點像某種逃離，不需要花什麼腦力，在學校我總是不停動腦思考。這有點像是我的精神假期，感覺很好、很放鬆。」

凱特看待品牌的功能與其他幾個世代截然不同。實體產品只是她被REI、國家地理與其他同類品牌吸引的部分原因。品牌的吸引力攸關它們在社群媒體平台上反映的生活風格，甚至遠比自家販售的產品更重要。

凱特描述她如何成為戶外型的人：「這一切都要從我在手機上看網飛和YouTube說起。我絕對是熱愛戶外活動的人，我知道我的理由聽起來有點奇怪，但是那時我正好在網飛上看最新回歸的〈吉爾莫女孩〉，主角計劃要去太平洋屋脊步道健行。我不知道那是什麼，所以就查了一下。那部影集讓我心中的火花被點燃，然後我就變得超級愛往外跑。從那時起，我大部分時間都在YouTube追蹤一名健行客，然後我看到其他推薦的有趣影片。我大量收看她的影片，她去健行步道時每週都會在部落格發文。我看了幾百支她的影片，真的，因為她走過的每一條步道都拍了幾百支影片。」

與Z世代連結的首要任務就是關注他們在何時與何地消費什麼內容。讀到這一章的你應該已經明白他們花費多久時間在盯著手機。他們不會連上班級網站確認作業，但是當老師在Snapchat上提醒有隨堂考試，他們就會拚命念書。他們可能完全不在意廣告看板，而且可能永遠不會看到只在線性的電視網絡播放的廣告；不過如果他們在YouTube或TikTok看到網紅在用，或是某則Instagram貼文激起他們的情緒反應，這項商品馬上就會被加入許願清單。

真實性是Z世代的一切。他們不想被推銷，他們已經在自己的世代創造出一大票極有影響力的名人，而且他們信賴同儕推薦遠勝過其他事物。就這麼簡單。

這些都是好消息，因為與年輕買家連結的機會遠多過以往任何時候。聽聽他們說自己想要什麼（他們已經告訴我們了，而現在也想要告訴你），並前往他們出沒的地方（沒錯，就是手機上）建立連結。

Z世代顧客之旅

如果你在自己的工作中曾對銷售與行銷產生任何想法，應該很熟悉「顧客之旅」的概念，指的是顧客最終下定決心購物之前會經歷的一連串過程。

早在獵人與農夫以物易物的年代，顧客之旅的基礎就一直保持相對不變。如果你想要贏得長期顧客，顧客就必須知道你能提供他什麼產品、決定確實適合己用、選擇花錢購買、選擇繼續購買、接下來的理想狀況就是鼓勵其他人跟進。

我們達成前述幾項顧客里程碑的做法總是不停演化。前幾個世代藉由報紙、電視和廣播廣告，甚至是工商名冊為品牌建立知名度；但是談到Z世代的顧客，所有這一切的重要性都明顯下降或是乾脆被省略，尤其是工商名冊。論及與Z世代這批潛在顧客互動，現在的競爭環境看起來和十年前完全不同。隨著我們協助幾百家企業贏得Z世代成為忠誠顧客，相同主題一而再、再而三被提起，因此我們將它們收錄在Z世代版本的顧客之旅中。

定位：你有什麼故事可以說？

每個品牌都需要先知道自己是誰，這樣才能說服他人與自己站在同一陣線。當品牌與Z世代連結時，這一點遠比以往任何時候重要。他們得先知道你支持什麼理念，才會願意考慮你的產品。你有什麼故事可以說？你的宗旨是什麼？你試著解決什麼問題？你的管理層如何代表你的企業？你的品牌如何與世界互動，又如何看待這個世界？

Love Your Melon是一家由千禧世代共同創辦人薩克利．昆恩（Zachary Quinn）與布萊恩．凱勒（Brian Keller）經營的服飾店。二○一二年，他們將這個在大學創業班完成的計畫付諸實踐，到了二○一七年底收入已達三千一百五十萬美元。這家企業的使命是支持兒科抗癌。他們參考TOMS鞋、Warby Parker眼鏡這類品牌廣為人知的「賣一件產品、捐一件產品」行銷方式：每賣出一頂帽子，它們就捐一頂給罹癌病童。它們的模式自此開始發展，現在它們捐贈50％利潤給協助罹癌病童的非營利合作組織。二○一二年以來，Love Your Melon已經捐出六百二十一萬四千五百六十五美元以及超過十八萬五千頂毛帽。

Z世代深知並非每一家企業的創立初衷都是想要實現明確的慈善宗旨，他們也不期待每一家品牌都捐出50％利潤，不過他們非常想要知道你確實支持某一個理念，而且你的管理層不只是關心財務報表而已。

參與和意識：你提供什麼，他們為什麼會想要擁有？

在顧客之旅這個階段，他們位於銷售管道的頂端。你的任務就是要說服人們你的產品確實適合他們，即使長期以來他們都不曾決定想要購買這項產品。

對前幾個世代來說，經典的行銷策略建立意識感的做法很管用，但Z世代卻對此興趣缺缺。他們不想與廣告看板、印刷品及電視廣告沾上邊。他們更容易被朋友推薦所影響，而且所謂「朋友」還包括網紅，他們相信對方的意見，即使兩人根本從未見過面，也可能永遠沒機會碰面。

參與度也意味著不能只是將品牌擺在Z世代眼前，這個世代關心價值，這一點也適用於他們消費的內容。參與度可以包括提供無關購買的實作影片、社群媒體攝影比賽或其他可以建立關係的活動。Warby Parker 在 Instagram 上保持互動與樂趣。二〇一九年，它們與紐約公共圖書館合作，在 Instagram 限時動態上舉辦「圖書館兩三事」（library trivia）競賽，回答任何紐約公共圖書館提出瑣碎問題的粉絲都可以參加抽獎活動，贏得一副免費鏡框。

這個階段也是第一次與Z世代的願望連結的機會。REI總是會在健行步道上拍出令人嘆為觀止的照片與Z世代互動，而且每次（時間通常遠遠早於Z世代從REI購買任何產品，哪怕只是水瓶）都能抓住他們的注意力。

參與度和意識感也涵蓋線上廣告、店內促銷、初期試用的即時優惠券、內容行銷、評分／評論。

與Z世代建立正確的參與度和意識感非常重要，這一步通常是我們的客戶必須做出最多改變的階段。我們將更深入探討參與度和意識感。

初期試用：他們何時會決定要進行初次購買？

這是某人決定要試試你家產品的時刻。Z世代一次又一次地告訴我們，他們重視好上手、低風險的購買體驗。請讓購買和退貨流程都變得更簡單。

一鍵支付是Z世代的常態。事實上，對許多Z世代來說，在他們的線上購物顧客之旅中，一鍵支付一直是其中一個選項。購物與結帳的步驟越少，他們完成最重要的初次購買之可能性就越大。對亞馬遜而言，這代表著一鍵支付式的按鍵；對其他企業而言，這代表著輕鬆創辦帳號以及既快速又簡單的結帳流程。此外，Z世代希望可以使用儲存在瀏覽器或手機內的預設付款帳號，這樣一來，當他們造訪新網站想要下單時，就不用再到處尋找代幣卡或其他付款資訊。對Z世代來說，確保你的網站可以輕鬆支付與結帳是必要之舉，因為要是購物、選擇與購買變成一項麻煩事，他們就不會買任何東西。

零售商的支付選項最終將包括Z世代已經用來與其他人轉匯金錢的應用程式，例如**Venmo**與**Cash App**。這一步已經超越線上交易模式，延伸至連結支付應用程式的零售商，這樣顧客才可以在店內購買商品。請記住，多數Z世代還太年輕，無法申請信用卡（或是還不想擁有）、身上不會帶現金，有時候甚至沒有實體錢包！企業應該要明智地適應這種現象，讓線上或店內支付都盡可能簡單。

另外，讓退貨流程變得簡單和購買體驗一樣重要。讓退還某一樣品項變得容易且零風險，乍聽之下與傳統零售的手法相反，卻會讓Z世代在初次購入商品時更有自信，也無須在購買前先試用產品。輕鬆退回裝在同一個紙箱裡的產品然後拿回包含運費在內的全額退款，可以為你的顧客減少麻煩和風險。對當今所有線上購物者來說，這點非常真實，隨著

Z世代的消費者影響力大增，輕鬆與免費退貨將成為普遍常態，不走這條路的企業將會嘗到苦頭。根據電商退貨平台Narvar的消費者研究，96％購物者會基於良好的退貨體驗再次向零售商購物；69％認為如果他們必須自己出錢退貨，就不會再向零售商購買商品；67％說如果零售商收取退貨手續費，就不會再向零售商購買商品。

對Z世代來說，無論是新床墊、汽車或牛仔褲，輕鬆退貨都讓購買變得比較沒有壓力，也讓我們所有人點擊「購買」鍵時更有信心。

建立忠誠度：什麼因素會讓他們繼續購買？

你如何讓Z世代再次找你回購？在我們與Z世代的對話中，品牌忠誠度不只是優質的產品或完善的服務體驗，這些都只是基本要素，無論如何都要符合期待。對Z世代來說，品牌忠誠度等同於品牌的使命、員工及影響力，再者就是要讓再次購買或用餐變得更容易（外加透過Dosh這類應用程式獲得即時獎勵）。近來，品牌忠誠度特別重要，因為Z世代消費者（以及所有消費者）皆能持續尋找更便宜的選項。所以，究竟是什麼因素會讓他們繼續購買？答案是：品牌支持什麼理念、如何對外表達自己支持的理念、如何展現自己對世界的正面影響力。傳達訊息始於你的定位，然後才是參與度和意識感，要是可以持之以恆、透明開放，再加上優質內容，就能建立顧客忠誠度。

隨著越來越多的Z世代成員發揮他們的消費影響力，這種忠誠度將變得日益重要，並且很快就會具備任何顧客對品牌、產品或服務所認定的最大終身價值。創造品牌忠誠度意味著持之以恆地把Z世代所期待的有形體驗（例如：商品價值、簡單購物、輕鬆退貨）以及無形之物（例如：支持某個超越自家產品的理念）傳遞給他們。

隨著Z世代的消費能力逐漸擴張到更廣泛的品項、購買更昂貴的商品，品牌忠誠度終將比以往任何時候更重要。現在就連傳統品牌也意識到，只把目光聚焦在前幾個世代將很難維持業績，更別提要持續成長。無論是新創企業或老牌公司，所有企業都必須重新校準自己提供的產品，以便從現在開始就打造Z世代的忠誠度。

推薦人：他們鼓勵其他人購買的可能性有多高？

口碑行銷（尤其是直接推薦）仍然是在Z世代中推動直接銷售最具影響力的方式。那麼，品牌領導者必須做什麼才能讓Z世代用恰到好處的方式討論自家品牌呢？首先，要體認到Z世代實際上可能沒有買過或體驗過你家的產品或服務。Z世代在Instagram或Snapchat上說「我愛Nike的新品」或「這個地方看起來好讚！」就可以刺激銷售，即使說這些話的Z世代本人根本不曾親臨現場或買過那些鞋子！當然，最具影響力的直接推薦，是真正的Z世代顧客透過社群媒體對他們的同儕團體發聲，鼓吹那些推薦或建議既是一門藝術，也是一門科學。

得到Z世代推薦最簡單的做法就是，如果他們熱愛你的產品、服務、品牌所支持的理念或想達成的目標，請求他們告訴周遭好友。當他們真的貼出文章了，即使只是表情、火苗或太空船符號，請以一種讓他們知道你已經注意到的方式迅速回應，但請不要表現得太虛假或太官腔。對Z世代推薦人來說，如果他們帶著朋友回頭消費，請提供折扣、再次造訪能用的優惠券，或是只要推薦朋友就能立即得到獎勵，這些做法都可以收到不錯效果。

當然，最棒的推薦還是由絕佳體驗所激發，但是花個五秒鐘在Snapchat上傳訊息給幾名朋友聊聊自身體驗，是一種在Z世代經常出沒的地方：數位平台上建立推薦的好方法。

另一種引起自發性推薦的方式就是在所有數位平台上分享珍貴內容，讓其他人主動替你分享給更多人。當 Glossier 與名人或美妝編輯合作，貼出「和我一起做好準備」（Get Ready with Me）或是雕塑眉型的示範影片時，分享這些內容的觀眾就會自發性地同步推薦這個品牌。這會模糊意識感、參與度以及推薦之間的界線。

請思考你要怎麼做才能將自家品牌融入共享的內容當中，無論是你親手打造或透過合作關係產生的內容皆然。Park Tool 是一家設計與製造自行車維修產品的企業，它們與經營 Seth's Bike Hacks 這位山地自行車界的名人賽斯．歐沃（Seth Alvo）合作，將參與度、意識感與自發性推薦交織成一體。Park Tool 定期寄送工具給在家購物的賽斯，它們也邀請賽斯參觀明尼蘇達州總部，事後他將這趟旅程製成影片。這意味著 Park Tool 的指標性藍柄產品出現在賽斯的學著做影片中，而且這支在總部拍攝的幕後花絮影片定期在賽斯的一百六十萬名粉絲圈裡輪播。Park Tool 也擁有自己的 YouTube 頻道，該頻道共有三十萬名粉絲，他們在上面分享的每支影片都聚焦修理自行車的教學，而這些學著做影片每一次被分享，就是一次自發性推薦。品牌意識、參與度、信任度與忠誠度必須在產品賣出前就培養起來，這樣當購買時機成熟，看過那些影片的自行車手自然就會被吸引去買 Park Tool 的產品。

顧客之旅的每一個階段都很重要，其中參與度和意識感是我們發現企業必須在自家策略做出最多改變且最艱辛的步驟，但這同時也是某些最大商機的所在之處。Z世代消費者可能會在這個階段猶豫好幾個月，然後才決定向某一家品牌購買，自此以後，他們對這家品牌的看法就會持續受到Z世代所消費的內容影響。接下來讓我們進一步檢視形塑Z世代決定要與一家企業互動的要素。

9 客戶參與度和意識

「我最近購入的每樣東西都是看了 YouTube 的推薦影片才買的。我會買洗面乳就是因為在上面看到美妝網紅潔姬．艾娜（Jackie Aina）使用 Dermalogica 的產品。」

——Z世代

二〇一八年，傑森．庫克（Jason Cook）和他的行銷團隊正在尋找吸引高中畢業生申請進入貝勒大學的新方法。庫克最近才以行銷長身分加入學校，馬上就接下一項大工程。前幾年，貝勒的美式足球隊員遭控性侵躍上全國媒體頭條，雖然從那時起貝勒已經大刀闊斧改革提升人身與校園安全，但他們知道自己必須努力重新定位品牌才能贏得Z世代信任。

正當庫克和他的團隊全面思考行銷策略時，其中一名成員注意到布魯克琳與貝莉．

麥奈特（Brooklyn and Bailey McKnight）這對雙胞胎YouTuber，她們在自己的影片裡提過貝勒。是沒什麼大不了的啦……不過布魯克琳和貝莉碰巧擁有六百萬名YouTube訂閱戶。

貝勒是布魯克琳和貝莉的首選學校，而且好一陣子以來都在對幾百萬名收視戶放送記錄大學調查之旅的影片。聽起來很像是行銷團隊的夢幻代言人，但庫克和他的團隊沒有見獵心喜。還沒。

「差不多七個月後，」庫克與我們分享，「貝勒已經透過正式管道接受布魯克琳和貝莉入學，我們聽說她們很想進貝勒，所以開始思考可以如何與她們互動，協助提升高中畢業生對我們學校的興趣。」

一切就是從這裡開始。不過隨之而來的發展是布魯克琳、貝莉和庫克的行銷團隊之間打造出一段充滿正能量的合作關係，遠勝過推銷學校的協議。這對姊妹同意協助貝勒理解如何更緊密地與她們的同輩連結。

「從某些方面來說，高等教育的行銷方式很老派，」庫克說，「每一家看起來都一模一樣，很難區分這一家比那一家好。我們知道，高等教育所推動的傳統行銷手段往往無法真正打動Z世代的心，所以我們很興奮可以和布魯克琳及貝莉建立連結，學會她們所知可以與同儕互動的心法。」庫克推崇布魯克琳及貝莉為他帶來Z世代的兩大關鍵影響：影片可以在個人層面強力發揮互動的作用，以及這個世代對新體驗充滿興趣。

布魯克琳與貝莉在影片中談論自己在貝勒的日常搞笑舉動，帶著粉絲一起搬進她們的宿舍裡、加入女生聯誼會並參加她們的第一場校友返校日足球賽。這種做法很私人、由體驗所驅動，而且庫克與他的團隊可以將它整合在與學生溝通其他許多面向的手法中。

「在校園裡，我們重新架構校長與學生溝通的方式。她非常重視體驗。」庫克說，「今年在我們重返校園的第一天，校長站在辦公室前廊上，只要有學生走過去就送對方一枝冰棒。所以校長不是邀請學生參加學生會順便和她喝杯咖啡，而是順應學生的意願，打進他們的圈子裡與他們互動。」

貝勒也改變它們與學生書面交流的方式。它們揚棄校長通常一年只寄發一封正式、冗長電郵的作風，現在學生每週四都會收到校長的電郵，內文形式只列出五點重要新聞。這種做法更私人，通常讓他們易於在手機上閱讀，而且會促進與學生之間的關係。

無論你是試圖招募大學申請者、希望Z世代願意走進你的餐廳用餐，或是鎖定他們推銷新的運動褲，我們的調查與其他人完成的研究皆證實，在Z世代圈子裡打造意識感與參與度的最佳管道就是坦率的個人化連結。有各式各樣的手法可以做到這一點。坦率意味著來自朋友的真誠推薦，這裡所謂朋友可以是活生生的對象或是個人喜愛的Instagrammer；

個人化做法可以是高度針對性、告訴潛在顧客你正在關注他們需求的廣告。

正如庫克與他在貝勒的團隊所發現，把握任何機會整合坦率和真實性，並且融入任何你正在做的事情中，從建立意識感到打造個人化顧客體驗，都會加強你與Z世代的關係，並將他們轉化成忠誠的鐵粉。無論Z世代在什麼領域尋找，只要你出現，並鎖定與他們生活連結的體驗，他們都會很高興看見身邊有你。

Z世代相信影響力

「我很常用Snapchat要朋友一起加入討論我正在考慮購買的東西。有一次我連上Warby Parker閒晃，看到它們的鏡框有點貴。我走進實體門市，因為我不想在線上訂購，我想要試戴看看。我一邊試戴，一邊和朋友Snapchat。然後我對著朋友中意的鏡框拍了幾張照片就回家，我在家裡做出決定。那就像是花了一筆大錢。」

——Z世代大學生

在一個看似產品和服務選擇無限供應的時代，我們的研究揭示一些吸引並留住Z世代客戶最重要的要素。理解它們的影響力就能讓你設計出一套品牌、銷售與行銷策略，有利助攻你提供的商品與你的關鍵銷售管道。

我們在二〇一八年Z世代現況研究中發現，朋友與家人對Z世代的購買決定發揮最強大影響力，緊跟在個人影響者之後的要素是品牌平台，亞馬遜、Nike和愛迪達都是Z世代開口閉口最常提到的品牌，也都會影響他們做出購物決定，其中包括亞馬遜的人工智慧技術，它持續分析數據並善用那些資訊，在我們都還不知道自己需要或想要某項產品時就向我們推薦。接下來，社群媒體、名人與線上影響者的綜合排名最高。

這是一個在做出第一次採購決定之前會尋求其他人建議的世代。因此，企業必須吸引朋友與家庭成員討論某樣產品或服務——朋友會影響諸如服飾與餐廳這類的決定；父母則會影響交易銀行或昂貴的消費性電子科技產品的購物決定。現在，光靠打廣告已經行不通了，你得讓Z世代的影響者社群打造或支持某樣品牌、產品或服務。

利用諸如評分與評論、社群媒體貼文與互動等科技，並敦促那些購買某樣產品的顧客寫下評論或分享他們的線上購物體驗，這是打造線上口碑行銷對話的最佳方式。就根本層面而言，這一步包括實現最快評論可能性的五星級評分系統，然後是增加額外評價、照片

過去六個月最重要的購買影響者	
①個人連結	Z世代看待線上影響者：「我對這些影響者張貼的內容很感興趣，不然我就不會追隨他們了。通常如果你追隨好的影響者，他們只會對自己真正喜歡的贊助商品很有感。我就是順著這個方式買了一大堆東西。」
②品牌名稱	
③社群媒體、線上影響者與名人	

第九題：列出你心中前三名影響者，他們曾在過去六個月說服你花錢買下某項產品或服務。
※ 共有 2,580 筆回應

或影片的機會。千禧世代確實率先推動評分和評論，但Z世代現在已經將這些當成許多產品與服務的最低要求，在首次購買時更是如此。評論會對Z世代的購買決定產生巨大影響，我們的二〇一九年全國研究就顯示，70%的Z世代會因為看到低分或讀到相關負評，而選擇不購買他們真心想要的產品。

當你要求Z世代評論或評價時，請讓他們可以輕鬆張貼評論，然後迅速回應評論並感謝他們分享。這會創造Z世代評論者想看到的快速反饋循環，也讓你向他們以及任何讀過評論的人展示，你真的讀過，而且願意用真誠的態度回應。事實上，當你發自內心感謝Z世代時，他們經常會再度回應，這種互動將打造出更正向的動力，讓他們積極評論或評價。換句話說，每當論及Z世代，請給正面評價五顆星並感謝他們分享自身體驗。

除了讓評分和評論變得容易，並迅速給予回應之外，也要創造值得分享的時刻，讓Z世代與他們的影響者討論你的產品、服務或體驗，可能包括在餐廳意外撞見某一項藝術品或視覺裝置、一個導向慈善捐款的標籤，或是一場在星期六舉辦的快閃活動，將許多人聚在一起支持某一項當地事業。

當你寄送產品時，值得分享的細節可能包括直透過網路向 YouTuber、Instagrammer 或自家忠誠度方案的 VIP 顧客這類的關鍵影響者提供開箱演示。另外，也請考慮創意的包裝手法，這很可能吸引人們在例如 TikTok 等平台拍攝開箱影片，或是用你的產品來拍攝有趣的照片。

對社群媒體來說，服務體驗也具備雄厚潛力，值得聊聊。如果你帶看一間待租公寓，請考慮採用特殊設施讓導覽變得異常有趣。你可以在廚房加設甜點吧檯，擺上值得拍照上傳 Instagram 的彩色甜點，並在整間公寓貼上各種醒目的便條紙，隨著潛在顧客依照自己的步調走動時突顯它的特色。（好比「從客廳的窗戶可以看到市區風景」、「往上看：翻新的錫料天花板為中世紀壁爐增添了奇特的色彩！」）如果你想在 Airbnb 出租空房，可以提供顧客一張地圖，寫著一場「尋寶遊戲，像當地人一樣熟悉環境」，並附帶常見的瑣碎問題。

出人意料與視覺化，以及將他們的智慧型手機整合在體驗中，而不是期待他們收在口袋或皮包裡（無論如何他們都不會這樣做），才是贏得Z世代的關鍵。

至於Z世代最末段班的成員（十二歲以下），從線上廣告與學校合作關係下手，然後透過父母與他們連結仍然是建立初期意識和對話的有效方法。原因何在？Z世代最末段班成員的父母是X世代和比較前段班的千禧世代，你若想觸及這群X世代和千禧世代購物者，傳統媒體、行銷和數位管道仍是影響他們為孩子推薦、購買商品的最有效做法。在他們的社群媒體動態放送簡短且目標明確的影片是影響父母的好方法，提供他們內容、情節和令他們驚呼的見解或觀點，就能引起他們的興趣，願意為孩子深入了解產品或服務內容。

隨著Z世代年歲漸增，他們的父母將繼續發揮重要影響力，但這個世代也將獲得更多自行購物的自由。

行動就是一切

現在你知道，每當論及接觸Z世代時，有一條管道崛起遠高於其他管道，那就是行動。Z世代與自己的智慧型手機緊緊相黏（遺憾的是，我們的研究顯示，只要離開手機十五分鐘，他們的焦慮感就會上升）。這種深度、情感依賴手機的現象表示，無論Z世代身在何處或何時準備好要參與其中，觸及他們的首要關鍵管道都是手機。正如我們將在後面章節看到的，Z世代帶著「高度依賴手機很正常」的觀點深入職場與市場中，所以即使企業對企業的公司還沒擬定行動優先的策略，也有必要往這個方向發展。

對許多傳統品牌來說，行動設備可能帶來一層複雜性，因為它們的數位體驗主要是設計呈現在大螢幕上或是迎合前幾個世代，因此移往行動優先的成本與時間可能很可觀，不過肯定是有價值的投資。我們已經有許多客戶驚訝地看到，透過行動設備造訪官網的流量巨大無比，現在這個比率已經超過50％了。而且如果它們設有實體門市的話，行動比價購物還會助長店內使用行動設備的流量衝更高。我們的研究顯示，70％的Z世代和千禧世代會在實體門市挑選產品時一邊滑手機檢視產品價格。事實上，我們有許多客戶現在都說，多數的自家官網流量都來自行動設備，但它們的網站都還只能做到「行動友善」。現在，只有行動友善是不夠的，品牌必須「行動優先」。

若想知道自己在行動浪潮中處於什麼位置，我們建議你號召一組從未體驗你的官網也沒用過你的數位產品的Z世代，並從旁觀察他們。你看到他們瀏覽官網的方式將會超驚訝。我們為全球的品牌策劃這種實驗，甚至連最頂尖的科技公司也超驚訝，傳統品牌則是下巴都快掉下來了。箇中關鍵在於Z世代以前根本就不會造訪你的網站、平台或應用程式，特別是我們團隊裡有一名世代研究員觀察到，他們簡直是「旁觀者清」，專門看出其他世代看不到的故障、差距與權宜解方，特別是那些熟悉每樣事物應該如何運作、關鍵導航功能應該如何設置的高手。Z世代期待每件事都可以超簡單、超直覺，如果做不到，那他們就會移往其他的數位選項。

隨著搜尋引擎移向將行動體驗的優先順序擺在更傳統的大螢幕展示體驗，行動優先變得日益重要。搜尋引擎將行動體驗放在第一位，正是想為他們習慣用手機搜尋的用戶提供更精準的搜尋結果。畢竟我們都碰過用手機搜尋到某些內容，卻發現無法順暢瀏覽那個網站，那感覺真的很令人沮喪。現在，大型搜尋引擎商已經想出解方，想要提供創造更美好用戶體驗的搜尋結果，因為這樣對它們的用戶、內容供應商與消費者本身來說都是大贏。

影片與和視覺畫面就是打廣告

Z世代在小小年紀就被制約，有些是打從第一次在父母的iPhone上觀看YouTube影片以來，就成為視覺學習者和購買者。他們疲於應付父母不斷拍照，周遭的陌生人也不斷拍照；他們被制約不要在Google上搜尋資訊，要去YouTube找出回答自己問題的影片。所有這些沒完沒了的照片與影片，無論是父母拍好然後分享到臉書，還是他們從YouTube上學習，或是上TikTok找樂子，都讓影片與視覺畫面成為觸及Z世代的管道。

「Z世代是第一個上網優先找樂子、其次找資訊的世代，」WP引擎行銷長瑪莉．艾倫．杜根分享，「而且與其他世代相比差距很大：73%的嬰兒潮世代、69%的X世代和59%的千禧世代上網都是優先找資訊；但72%的Z世代說他們是上網找樂子。」

杜根指出，Z世代「優先找樂子」的做法意味著品牌必須思考他們的娛樂商數，或許這是史上首見。

「多數品牌想的是，它們的內容是否具有啟發性，它們是否鎖定正確受眾，但它們都沒有想過要娛樂眾人。這是Z世代超看重的要素，」杜根解釋，「你的品牌有趣嗎？嚴肅嗎？你試圖引誘下一個世代上鉤的娛樂成分是什麼？因為如果你不知道自己打算如何一開始就娛樂並擄獲下一個世代，你可能很快就會失去他們。」

Sprint的＃無限暢活運動就選擇擁抱娛樂與靈感而非資訊，並且將這些直接帶入YouTube和社群媒體，因為它們知道Z世代都在看。愛迪達也因為Z世代而實現大復活，在一定程度上得歸功於它們與創紀錄的藝術家風暴哥（Stormzy）合作。這位英國饒舌歌手與愛迪達聯手發表全新運動服系列，並搭配特寫風暴哥全身上下穿戴愛迪達T恤與運動鞋的獨家音樂影片。這是娛樂化身廣告的完整呈現。

每當論及對Z世代打廣告，相關的影片和視覺畫面是至關重要的組成部分，甚至比廣告專用的管道更重要。品牌必須讓影片從第一秒鐘開始就引人注意，否則Z世代可以的話就會馬上跳過。當Z世代看到自己喜歡的影片廣告，就會轉發、評論和分享，因為對他們來說，有意義的廣告就是另一種形式的內容，讓他們想要與之互動。品牌經常從高情緒張力的廣告中看到這一點，好比那些有關身體形象、與情緒起伏打交道的廣告，它們契合Z世代當前的生活階段與體驗。近年來特別能產生共鳴的廣告包括起亞汽車的「未知力量」（Great Unknowns）廣告，它們在廣告中承諾捐贈教育界數百萬美元；Axe體香劑的「＃讚起來」（#PraiseUp）廣告，敦促男性避免沾染有毒的男性習氣，互相讚美表彰對方的獨特之處；還有微軟的「我們全贏」（We All Win）廣告，展示遊戲機 Xbox 自適應控制器如何提供更具包容性的遊戲體驗。對尋求吸引並留住Z世代顧客的品牌來說，打造適用所有平台的影片與視覺廣告策略絕對是至關重要的工作，特別是，這套策略也具備高度針對性而且易於測量。

品牌領導者的關鍵訴求：確保展現並讚揚代表這個世代的多元化、在Z世代購買之旅的正確時間與地點投放廣告（或激發一趟購買之旅），並在視覺上強化品牌背後的原因以及為什麼Z世代應該成為其中一員。

若想要更快建立可信度並吸引眾人注意，請將你的訊息做成高度視覺化畫面、少用文字，並整合更多Z世代顧客與影響者都在使用你家產品的影片與圖像。廣告必須立即產生互動感與娛樂性，這樣才能將Z世代帶入故事情節。

服飾、運動、音樂、美食和Z世代文化交融

在我們的Z世代研究中，一個有意思的趨勢持續浮出水面，那就是服飾、運動、音樂、美食和Z世代文化交融。現在，名人代言美食與服飾已經不是什麼新鮮事，我們有些年紀比較大的人早在一九八四年就開始穿上Air Jordan系列球鞋；一九八三年，已故搖滾巨星麥可．傑克森第一次說服我們相信，喝百事可樂才叫酷。這種現象已經持續了好多年，但是聚焦在Z世代時，你肯定不需要超大規模名人合作方案，或是砸下幾百萬美元廣告預算才能打造顧客意識。有時候創造一種好玩的全新體驗，或是和某位訴求與你站在同一陣線的YouTuber合作就很足夠了。

服飾、運動、音樂和美食的交融，帶來了無限多種能以更有趣的方式影響並吸引Z世代參與的選項。

塔可鐘就將這個概念發揮得淋漓盡致。它在加州棕櫚泉市開張塔可鐘快閃飯店，營業時間僅限二〇一九年八月八日至八月十二日。這家飯店徹頭徹尾就是沉浸式的塔可鐘體驗，從辣醬包裝外型的抱枕、泳池裡的漂浮板到飯店房間牆壁上火紅的壁畫，所有東

西都被設計成適合拍照上傳 Instagram 的樣式。整個週末的音樂表演都由Z世代藝術家包辦，好比獨立樂團沉湎（Wallows）、才女歌手芙萊雀（FLETCHER）和電音新星威森（Whethan）。塔可鐘也在現場設立體驗沙龍，幫客人編麻花捲髮辮、提供墨式美甲服務與修剃「火」字的漸層髮型，它開設門市，讓客人可以在這裡購買一整櫃塔可鐘品牌的服飾。

塔可鐘對大眾開放七十間房，一推出就被秒殺。看起來他們更宏大的目標是要讓Z世代影響者，特別是 YouTube 明星在飯店留宿，並與觀眾分享箇中體驗。最終結果如何？塔可鐘成為年輕觀眾的首選。彩妝師、網紅兼創業家傑菲．巨星（Jeffree Star）在飯店留宿，在二十九分鐘的影片中記錄每一個細節，然後上傳到他的頻道。你不認識這個人嗎？這樣說吧，他的一千七百萬名 YouTube 訂閱戶肯定認識他，而且他的塔可鐘飯店影片發布的六週內點閱數就突破一千萬次。

多年來，飯店權威網站 eHotelier 不斷建議飯店應該提升社群媒體的潛力。它們建議飯店經營者為自己的住房製造具有創意的照明效果、兼容並蓄的特色、奢華用品、主題式房間等其他點子，以鼓勵賓客拍照並上網分享。宜家家居出人意表地闖進飯店市場，在瑞典新開張的商務旅館中看起來就像是將兼容並蓄的特色發揮到極致：所到之處都適合拍照，同時也吸引精打細算的Z世代。宜家家居一九六四年就已經開始跨足旅館生意，但是全新概念的飯店祭出了太陽能電板、LED燈具及再生素材等特色。

當然，並不是每一個品牌都能提供類似的沉浸式體驗，也不一定要這麼做。不過請務必思考你可以如何將自己的品牌承諾結合其他人的品牌承諾，以一種可以訴諸情感和感官的手法想出一套能與Z世代連結的生活風格、價值與人生哲學。

A代表亞馬遜（搜尋）

亞馬遜就是Z世代的搜尋工具。隨著Z世代年歲漸長，亞馬遜解決許多早期效率低下的問題，現在從黃金會員制、一鍵支付、當日到貨，到艾萊莎的語音下單（Z世代可能同時也在打電動），它們正在打造更無縫的行動體驗。透過每一項創新，亞馬遜得以用簡便性、擴大搜尋、產品評論，甚至是亞馬遜物流業務及全食超市採購，不斷地深入Z世代的生活。亞馬遜持續解決包括擴大並改善語音下單的參與度等顧客問題，為Z世代帶來更完善的購物體驗，現在他們根本不記得亞馬遜問世之前的年代。

如果眾多品牌與產品想要出現在Z世代的搜尋雷達，亞馬遜就是必贏要素。Z世代會打開他們偏愛的瀏覽器，跳過Google，直接連上亞馬遜輸入或說出他們想要的品項，然後找出產品與推薦選項。這一點已經出現在我們所引導的許多談話中。艾萊莎制約Z世代不再需要費力打字（更別提還要學拼音），讓這一步變得更容易。

就最低限度而言，每一家直接面對消費者的品牌都應該要擬定一套亞馬遜策略，可能像是直接在亞馬遜網站上提供產品這麼簡單。如果你是個人或小型服務為主的企業，你的亞馬遜策略可能包括為同業服務供應商撰寫或提供電子書，這樣你就能夠在自己拿手的領域，從配管工程到烘焙結婚蛋糕等，以專家之姿出現在亞馬遜網站上。如果你的產品是直接賣給消費者或是透過其他管道販售，沒有在亞馬遜上架，請認清你的競爭對手就是亞馬遜本身，而不只是亞馬遜這個品牌。除了原本的對手外，你還要檢視如何與亞馬遜競爭並製造差異化，才能更充分理解市場並找到脫穎而出的方法，諸如顧客服務、企業宗旨或是打造熱情追隨者的線上社群。

線上影響者

現在你可能已經歸納出結論，線上影響者是Z世代的信任貨幣，包括當紅的名流與藝人，例如卡戴珊家族、巨石強森、波茲．馬龍，以及名氣較低但深具潛力的產品、服務和生活風格影響者團體。名人可能會占據頭條版面，從 Instagram 的每一則貼文或 YouTube 影片推動銷售，但他們也藉由對社群媒體、線上追蹤推銷產品或服務收取天價費用。這種悖論帶出一個有趣的挑戰，亦即影響者收費推廣產品或服務，卻又同時廣獲Z世代信任與追捧，因此得以推薦購買產品。不過影響者持續採用日益透明、可估量的方式銷售，意即尋求觸及Z世代的品牌應該強烈思考一套影響者策略。事實上，市場中有一門完整的「影響者經紀商」產業正在推進商業關係。

對許多品牌、行銷商、製造商和服務供應商而言，一套更實惠、更高投資報酬率的解決方案就是和眾多規模較小的影響者合作，他們打造參與型線上追蹤網絡，約莫涵蓋五千至五萬名正確類型的粉絲。即使是擁有一千名粉絲、被稱為奈米網紅的 Instagrammer 現在也能得到贊助合約。無論是服飾、汽車零件、廚具、營養補給品或是最新的影音遊戲，奈米網紅什麼都能推銷。和這些正確的影響者互動為許多Z世代打開即時意識和信任之門，也以更具成本效益、連續不中斷的方式觸及這個選擇跟隨影響者的世代，因為他們喜歡影響者的氣場、使命或他們試圖解決的挑戰類型。

隨著影響者行銷演化、Z世代日益年長，我們期待Z世代在開始尋找購買更高單價產品的指引時也推動更多透明度。Z世代將從購買影響者推薦的美妝與服飾產品進化到開立銀行帳戶、選購保險與購買汽車，許多知名的影響者已經開始與提供這些高單價產品或高額終身價值服務的企業合作，好比美國歌手碧昂絲成為微投資平台Acorns的金主，饒舌歌手史奴比狗狗也決定推廣線上股票交易商Robinhood。

當Z世代決定花錢購物

每當論及品牌參與度、銷售和成長，整趟顧客之旅的最終目標就是促成購買。當Z世代決定要首次購物或體驗，就是展現自己對產品或服務擁有足夠信心，然後按下「購買」

鍵並刷下第一筆代幣卡金額，再以 Apple Pay 支付或是在虛線欄位數位簽名的信任時刻。但是實際上什麼要素會促成這個重要的初體驗？這是我們在二〇一八年Z世代現況研究中探討的問題，並找出五個讓Z世代下定決心展開初體驗的關鍵推動力。

初次購物最重要的推動力是價格，這符合Z世代財務保守、務實，以及幾乎萬物皆得比價的習慣，無論是在不同據點販售的同一樣產品，或是提供相同功能的推薦替代品。

排名第二的是購物的簡易程度，包括上網搜尋或親自找到產品的容易度，以及結帳、送貨、收貨的便利度。這也是我們與客戶花費許多心力，希望讓購物體驗更輕鬆、更好懂、更有一致性的原因。我們看到一個超大盲點，那就是線上零售商往往要求太多步驟才能完成初次購物。步驟越多，Z世代沒耐心點擊到最後確認鍵的風險就越高。這個道理也適用於實體門市。如果他們得花時間查找、排隊結帳或是支付方式有限，店家就是在為Z世代顧客築起不必要的障礙。但這個發現仍有例外，那就是二手店，發掘和買到好物的樂趣是整個體驗的一部分，也為Z世代提供自己的真實性和價值。

影響初體驗的第三項要素是線上評分與評價，這點我們將在下一個部分討論。

第四項要素是退貨簡易度。Z世代已經來到一個新時代，可以輕易將他們上網買到的任何產品裝回紙箱後退貨，或是上網採購送貨到府的床墊，試躺過後發現不喜歡，隨後轉捐給某家慈善組織並拿回退款。現在就連汽車也很容易退還，照 Carvana 的做法，它完全扭轉人們對天價與廉價產品退貨容易度的期望。退貨簡易度是關鍵的隱形推力，這會影響買家首次購買新產品或服務後卻發現選擇錯誤，最終是否會被商品卡住的現實與認知風險。

五大推動力的最後一項要素是知道某人以前就買過或使用某項產品。獲得個人推薦類似線上評論，但影響力更大，因為它來自自己信賴的對象。它還有助減輕初次購物的壓力，特別是隨著他們年紀漸增，做出許多人生不同階段所需的購物決定，好比購買沙發、預定飯店或是選擇某間公寓。買家做出購物決定之前，從某個曾經買過、租過或用過某樣產品的對象口中得到個人推薦，就會覺得風險降低、信心升高。

推動正面評分與評價

「如果我是透過 YouTube 評論發現某樣產品，而且還是第一次聽到，我就會上 Google-Tube 搜尋，看看是不是有其他人也這樣說。」

——Z世代焦點團體訪談參與者

每當論及Z世代在網路和實體門市購買產品或服務時，評分與評價提供讓他們擁有優勢的情報。這一點不僅適用於服飾、汽車、信用卡和消費性電子科技等比較昂貴的商品，甚至從選擇餐館（評價網站Yelp）、決定播放什麼電影（網飛），到決定一日片單（亞馬遜黃金會員）或是租賃一年公寓（ApartmentRatings、Renter's Voice等）。

那麼評分和評論究竟對Z世代有多重要？

我們在二〇一八年Z世代現況研究中發現，68%的Z世代花自己的錢購買某樣產品時閱讀或收看至少三份評論。若考慮到他們年紀輕輕，卻已經在購物前就做足研究功夫，這個比率算是很高。事實上，16%的Z世代花自己的錢購買某樣產品時，閱讀或收看至少高達九份評論，而且Z世代女性甚至更高，有21%說她們會閱讀或收看「至少」九份評論。最重要的是：評分與評價為那些尋找購買某樣產品或服務的買家提供人性化、坦率、認證和社群感。這些評分與評價甚至可以打倒最高額的廣告開銷，因為一旦人們實際上轉向檢視評分與評價時就會發現，和品牌希望你相信的表象相較之下，自身的感受才是最真實的。

隨著Z世代做出更多購物決定，也懂得更聰明地比較評分與評價來源。一名Z世代焦點團體訪談參與者解釋：「在YouTube上，你必須對不同產品交叉參照不同的評價。」Z世代體認到，評分與評價可能是玩花招，例如付錢給影響者說好話、提供免費好處換取高評分與高評價，甚至直接付錢給素人或程式設計師自創壓倒性的五星級評價與讚不絕口的真人實證。Z世代為了抵制這種假的好評，會理智地參照各種平台的說法，研究產品或服務的真實成果。對購買重要或昂貴的商品更是如此，包括在YouTube上查看不同用戶的各種影片、查看亞馬遜評論，並在Google搜尋鍵入產品或服務名稱以及「評論」或「評分」，看看會跑出什麼結果。

如果你打算和Z世代做生意，誠實且最新的評論、評分、影片與真人實證非常關鍵。這不僅適用於上館子或送餐選項這種日常購買決定，也包括尋找下一間公寓這類更高額的購物決定。對任何規模的企業來說，若有意推動Z世代願意體驗看看自家品牌並建立起信賴感，主動配合評分與評論做法非常重要。

事實上，我們在二〇一七年Z世代現況研究中發現，有78%的Z世代在過去三十天內至少利用一次線上評分和評論選購商品。

Z世代正開始每年花費幾十億美元，而且未來幾十年他們的開銷只會一路上升，他們在花錢方面的影響力將比前幾個世代大好幾倍。現在就理解Z世代消費者的心態將可以讓你立即採取必要行動，釋放這個世代的潛能，同時也能夠及早就定位，充分發揮他們對其他世代的影響力。

第三部分

Z世代正如何改變職場世界

10 和Z世代有個好的開始

「在我看來，賺錢以備將來之需真的很重要。我真的很認真投資在學習財務之類的東西。所以就個人來說，我想要有錢，這樣我才能投資，未來才能做更多事，不會綁手綁腳。」

——亞力山卓，十六歲

瑞奇一到十六歲就開始找第一份工作，這樣他就能協助父母分攤租金。「我也想要買些東西寵愛他們，就像他們寵愛我一樣。」

因此，他打開手機不斷尋找願意聘用十六歲青少年的企業。很快地，跳出了連鎖餐廳In-N-Out漢堡分店的職缺清單。他透過手機應徵，馬上就接到電話請他去面試。

「他們在面試時告訴我，他們覺得我可以和顧客相處融洽，因此當場就錄取我。」

瑞奇對於在 In-N-Out 漢堡工作的第一反應是：完全不知所措。「主要工作重點就是顧客，還有我們漢堡與薯條的品質。做起來真的是壓力很大。你看過大排長龍的場景嗎？在得來速櫃檯工作真的壓力很大，然後炸薯條也是。」

儘管工作場所鬧哄哄，瑞奇的管理階層卻打造出一個讓他想要留下來好好表現的環境。

「如果我的老闆走到面前對我說，『順便說一聲，你真的幹得很好。我看到你在高壓情境下保持冷靜，並且盡全力工作。』我會覺得自己真的做得很棒。我就可以冷靜下來，開始更集中精神想想怎樣可以做得更好。對一個高中生來說，找到有薪工作意義重大。我是它們的第一名員工，而且緊張到不行，因為我的訓練員全都是高階主管。我想，我是高中生，他們是大人耶，他們會怎樣看我？」

瑞奇並沒有聽到任何評判，反而得到了指導。

「他們告訴我，如果你想更快升級，請學習做好A、B、C這幾件事。」

瑞奇在 In-N-Out 漢堡工作最喜歡的部分是他可以依據自己的喜好快速成長。員工只要越主動學習，就越快可以獲得提拔。然後這種指導精神就會傳承下去。

瑞奇解釋：「你跳級時最先要收看影片，但隨後他們就會手把手教你如何做好所有事情。然後就換你自己做一遍。當你做對了，就會覺得更棒，就像是，你可以辦到，很不賴喔。然後你就開始學會獨立而且感到平靜。你開始變得自動自發，腦子也會開竅。就像是，喔，你做到了！我的上司們就像是我的職場媽媽。他們對待你如同家人，所以你會覺得跟在家一樣自在。我的上司們總是歡迎我，隨時問候我做得如何。我們真的很親近。」

瑞奇的經驗觸及許多Z世代告訴我們自己正在雇主身上尋找的東西：他們想要快速、行動友善的應用程序；他們想要有機會可以進步、學習並善用諸如手機上的科技獲得指導；他們想要管理階層關心他們，並清楚表明自己不會評判他們。所有這些特質都將為雇主帶來有防禦力的差異，與其他尋求聘用Z世代卻還沒這樣做的企業產生區別。不過，在我們深入探討每一項重點之前，想要先進入我們的廣泛研究所揭示有關Z世代與就業的關鍵面向：

Z世代想要工作。他們想要努力工作。他們想為一家穩定的企業工作（這是真的：他們並非所有人都想擺脫傳統工作，投入零工經濟）。他們不是所有人都想當YouTube明星，許多人想要一份踏實的工作，也想要在企業內部發展成長。他們為何想為一家穩定的企業工作？我們的採訪顯示，他們回想起看到、聽到千禧世代在金融海嘯期間丟飯碗，讓他們將穩定性置於首位，也往往認定穩定性與公司的規模有關。這導致Z世代說出他們想為大企業而非小公司工作，因為他們認為後者的風險比較高，無論實情是否如此。

隨著我們深入檢視，我們的研究及其他研究也顯示，Z世代希望置身一處提出改善在地與全球環境承諾的職場、善盡從同酬到職涯道路等社會責任，以及通常是經驗老到的員工才會追求的就業福利，好比退休金。總的來說，Z世代希望甚至不用提出正式要求就能與老闆更高頻率溝通；從當前的科技到行動培訓機會的工作環境符合所期；加上他們年紀尚輕，卻已具備清楚的願景，知道自己想從雇主身上獲得什麼，這一切全都出人意料之外，我們將在稍後進一步探討。

我們與Z世代談到工作時，經常從他們口中聽到的態度是變化版的「只要給我機會，你給我什麼工作，我都願意做。」世代動力學研究中心的客戶僱用大量青少年與大學生，它們已經證明這一點為真。它們漸漸發現，Z世代員工的留任比率通常高於現任的千禧世代員工。

這是否意味著所有Z世代都將準時上班、勤奮工作？並非如此。事實上，招聘公司任仕達美國（Randstad USA）的調查顯示，43％的Z世代接受雇主的職缺後就「人間蒸發」或消失。（但不用擔心，稍後我們會告訴你如何避免這種事情發生。）但是Z世代確實擁有工作熱忱，這是我們從Z世代及快餐店到製造業與工程業等全國雇主所觀察到及聽到、非常鼓舞人心的趨勢。正如一位雇主告訴我們：「只要有機會我就會把握任何一名Z世代員工，他們證明自己是正確選擇，也是勤奮員工。」

但是，拉攏Z世代成為員工自有挑戰。首先，他們與其他世代的同年齡族群相較之下，實際上真正投入職場或謀職的人數較少，Z世代青少年尤其如此。根據美國勞工統計局，二〇一八年十六歲至二十四歲的勞動參與率為55.2%，一九九八年則為65.9%。在十六歲至十九歲的族群中，這個數字從一九九八年的52.8%驟降至二〇一八年的35.1%！雖然一般來說青少年失業率可能比較低，但不言而喻的大趨勢卻是，當今真正投入職場的青少年遠少於前幾個世代。

為何Z世代青少年投入職場的人數比較少眾說紛紜，但我們看到，一般來說可以歸結為幾個主要推動力，包括：父母不想要他們的青少年兒女工作，而是希望他們專注學業、充實生活或是夏季舉辦的其他活動；很難為低收入青少年找到划算的交通方式，讓他們可以通勤到暑假或放學後的工作場所；缺乏社群、同儕或其他壓力或是必須以青少年身分工作的社會汙名；學校收到的職業或職業技術課程合作正在減少，包括為當地企業兼差打工。無論Z世代的勞參率為何降至低水位，對渴望聘用年輕員工卻又不願視他們為應徵者或求職者的企業而言，都是重大挑戰。

有一小群加入勞動梯隊的Z世代也顯示勞工－員工關係發生有趣改變。年輕勞工需要現身並填寫書面表格，然後希望聽到回電這種賺錢唯一途徑的年代已經過去。如今，Z世代坐擁數不清的應用程式，他們可以善加利用，靠著提供彈性與快速支付薪酬的副業賺取收入，從Care.com、Fiverr、TaskRabbit、Lyft、Uber、DoorDash到GuruHub等。只要具備正確策略與手段，成為線上影響者或奈米網紅賺錢甚至也變成一個選項，但這完全是另一本書的主題了。我們的二〇一八年Z世代現況研究發現，23％的Z世代投入好比零工或短期打工等某種形式的副業賺錢，也有9％自己創業。根據即時金融（Instant Financial）的研究顯示，76％的Z世代將會選擇一門提供每天發薪選項的工作，而非遵循傳統的發薪時程表。

正在尋找傳統工作的Z世代坐擁這麼多幾年前甚至不存在的替代收入選項，對任何潛在雇主都抱持特定期望。這些期望影響從應徵工作的整套流程至到職、培訓、安排時程表、薪資與持續不斷的專業發展等所有面向。

就業世界的另一大賽局改變者就是當今永遠息息相關的透明度、員工反饋以及線上評論文化，這部分尤其與Z世代息息相關。如果你的公司並未善待員工，全世界都會知道。而且是秒瘋傳。準員工在網路上讀到負面評價或是耳聞親朋好友提到某家企業的負評，甚至不會費事應徵你開出的工作職缺。社群媒體的閒嗑牙與評價對就業招聘至關重要，就算沒有比它們影響消費者市場重要，至少威力相當。正如我們總是喜歡在簡報時強調，你會檢視餐廳評論再決定自己想不想第一次上門嘗鮮，但你是檢視餐廳的就業評分決定自己想不想在那裡工作一年。

- 74％的求職者認為，針對協助他們決定自己是否要應徵某一項特定職務而言，線上員工評價非常重要或是還算重要。
- 42％的大學Z世代與千禧世代的卡世人說，一家企業絕對必須在自家的招聘網站擁有評分和評論，這樣他們才願意應徵。

但是這裡有一個看不見的光明面：謀職中的Z世代成員若遇到對的企業，會樂意為一份工作付出所有。我們已經觸及Z世代吸引雇主的特質：快速應徵、客製化的到職與培訓計畫、指導制度、隨著他們進步提供成長與學習的機會、視他們為高潛力個體積極互動的上司，以及一份對社會與環境責任的承諾，諸如此類。

但是，企業如何才能向Z世代展示他們必須提供的條件？本章將引領你理解，每當論及吸引、招聘與僱用Z世代，該期待什麼樣的「新常態」？

如果這裡所說的任何事情讓你聽不下去、言過其實或者根本就是不必要，務請知道，在當前的勞動力市場中，所有規模的雇主都在尋找爭取更多應徵者的方式。或者，正如傑森三不五時就會說：「你無法僱用不曾應徵的對象。」關鍵在於讓正確的對象上門應徵。前瞻未來十五年，隨著Z世代每一年都將在勞動市場占據越來越高的比率，吸引並適應他們將不再是可有可無的選項。

Z世代找工作：最先問朋友，然後上YouTube搜尋

Z世代與千禧世代不同，他們開始找工作的方式和尋找購物推薦一樣：透過親朋好友。考慮到他們的年齡和人生階段，這麼做合情合理。

我們在二〇一八年Z世代現況研究中親眼目睹這項結果。我們問千禧世代和Z世代尋找工作時偏好什麼管道，Z世代的前兩項選擇與千禧世代不同。Z世代的選擇是：先問親朋好友哪裡開放職缺（60％），或是問問已經在某家企業工作的熟人（57％）；另一方面，千禧世代偏好造訪Indeed或Monster這些求職網站（67％），或是搜尋企業聘僱網站（65％）。

Z世代找工作時第一步是尋求親朋好友意見，但是接下來會發生什麼事？他們上YouTube深入了解這家企業的文化。

這是重大發現。我們的研究顯示，對Z世代求職者來說，YouTube的重要性遠高於許多雇主和領導者所相信的程度。每當論及摸清潛在雇主底細，Z世代一般來說不會連上Glassdoor、領英這些千禧世代和X世代的資訊綠洲，只有24％的Z世代說，他們考慮要不要進入某家企業之前會利用Glassdoor研究一番；相反地，他們會連上自己平時收看「搞砸」、毛小孩遊戲、病毒式對嘴與數學教學影片的同一座影音平台。

但是YouTube還不是引起核心高層、人力資源主管、管理階層及其他涉及僱用與員工勸留事務單位關注焦點的唯一驚奇：40％的Z世代說他們會使用YouTube確定自己是否想為一家企業工作，比率也很接近的第二名是37％的Instagram，再來是36％的Snapchat。關

Snapchat 什麼事？！？！

我們愛Snapchat，特別是它的強大過濾功能，不過將它看成你的企業被當作潛在雇主評論的管道，對許多傳統管理階層與招聘人員來說很可能是超級一大步。不過，諸如網路設備商Cisco、連鎖速食龍頭麥當勞、摩根大通銀行與高盛銀行都採採用Snapchat招聘Z世代。

高盛採用Snapchat的大學校園故事平台（College Campus Stories）播放一系列十秒鐘的招聘影片，其中顯示它們的職業如何與學生的多元技能、教育背景與個人興趣交織相融。這些影片僅有六十座目標校園的學生可以看到，片尾召喚他們採取行動造訪官網，以獲取更多實習及入門工作的機會。高盛媒體私廚（Goldman Sachs Media Kitchen）團隊報告，影片播放九天內共創造二百一十萬觀看次數，自力搜尋造訪官網職缺頁面的次數也激增82％。但麥當勞甚至更進一步，採用它自稱的Snaplications計畫招聘十六歲至二十四歲青年。它們請員工張貼十秒鐘影片，描述為何他們熱愛自己的工作、在麥當勞工作的感覺如何。然後系統就急催Snapchat用戶滑手機，隨即導引他們連上職缺頁面，並提供一個直接在手機上應徵麥當勞工作的連結。

AT&T已經明白，Z世代新人想要看到而不是被告知，「老舊的電話公司已經變成現代化的媒體商」，它們採用簡訊與Snapchat和應徵者聯絡、視訊面試連結年輕受僱新人，並戴上虛擬實境的眼鏡演示一整天的工作內容。

明確而言，我們不是在說，如果你想有效招募Z世代就非得加入Snapchat不可。不過你要是能理解，自己尋思聘僱Z世代之際，拓展你過去可能認為不屬於招聘範圍內的線上社群平台至關重要。你無須無處不在，從YouTube到Snapchat，再到TikTok和Instagram，全都軋一腳，但務請細想你如何才能善用這些平台吸引年輕員工。口碑（與影音！）行銷就是一切，無論是來自親朋好友或是Z世代特愛滑不停的社群平台。

直截了當地獲取你的推薦計畫與你的故事

Z世代的購物與求職方式之間的相似之處一開始可能看起來會讓人大感驚訝，一旦你細想就會發現其實是自然的進程：他們依賴朋友、評論與影片告知的方式成長，所以論及求職時，他們將採取研究購物選擇的相同手法研究各家企業。事實上，許多他們當成潛在雇主深入研究的企業可能就是他們身為消費者時深入研究的對象（特別是青少年與大學生），無論是餐廳、零售通路或是其他在他們還是學生時提供兼差機會的在地企業。

但是，在你讓 Snapchat、YouTube 或是 Instagram 開心之前，請先後退一步，想想 Z 世代求職方式的整體現況，看看自己如何能夠據此採用最強而有力、多半未經開發，而且你已經擁有的有效資源：你現有的員工自行適應。

我們的研究顯示，Z 世代第一時間求助親朋好友與某家企業的現有員工，以便獲取求職線索。請將這一點記在心上，確保你的員工推薦系統發揮最出色的效能。

羅納德．凱斯納（Ronald Kasner）是全球最大招聘科技平台 iCIMS 總裁兼營運長，iCIMS 每年提供軟體解決方案為四千多家企業填補超過四百萬個職缺；它也重金投資，為自家大約一千名員工創造豐富的工作經驗，並著重職涯發展、工作生活平衡以及回饋自身所在的紐澤西當地社群。

凱斯納與我們分享，iCIMS 最大宗的一種招聘形式就是員工推薦。這條招聘管道是如此重要，以至於這家企業在軟體中開發出一些功能，讓員工可以在社群媒體上對朋友及熟人分享公開職缺：這是他們的 Z 世代朋友徵求工作點子與線索的第一站。

全世界都有類似的明證。在 Z 世代的求職圈裡，雲端軟體商 Salesforce 是人氣最高的企業之一，但並非毫無根據。Salesforce 有一套基於招聘快樂時光（Recruitment Happy Hours）的特殊推薦計畫，員工邀請他們推薦的對象參加快樂時光，這是一場非正式的聚會，而非企業面談場合。據報導，Salesforce 已經發出幾百萬美元的推薦獎金，而且根據官網，這是它們的「天下第一號新員工來源」。不過它們不只是正式認可成功的招募，也致贈舊金山巨人隊的門票給呈交推薦對象但最終未獲聘用的現任員工。

推薦人在觀光飯店產業也是領先做法。北美連鎖餐飲集團 Focus Brands 擁有 Auntie Anne's、Carvel、Cinnabon、Jamba Juice 與 Moe's Southwest Grill 等事業，營運長兼總裁凱特．珂兒（Kat Cole）與我們分享，員工推薦是集團品牌聘僱Z世代的強大力量。「老派理論在此適用，成效是十倍。能為你找來下一批員工的最出色招聘人員就是現有員工，而且現在他們都有社群網絡，可以強化他們針對你的企業向他人發送警告，或是延攬他們進入公司服務的能力。」

請就你的員工推薦計畫獎勵發揮創意。也請將時機牢記在心。許多企業的推薦獎勵計畫是在獲推薦的員工服務期滿一年才發放獎金。不過你若真的想激勵Z世代，請考慮縮短時間提供小額獎勵。當推薦過關的員工開始正式工作，你可以立即提出獎勵，然後在服務滿六個月後再發一筆，第三筆則是在滿一年後。這樣不僅可以提供呈交推薦人的員工即時滿足感，還可以在任職期間進一步調整激勵措施。這種方式讓每個人從到職日到滿週年都能步調一致！

除了堅實的推薦計畫，請確保求職者可以輕鬆了解你的企業使命、價值、文化與故事。

你覺得，一旦Z世代的朋友興趣大噴發，想要應徵他們公司的某一項職務時，他們會怎麼做？

毫無疑問：他們會上 Google 或是他們有些人說的 Google-Tube 徹底肉搜你。

> 78％的大學年紀Z世代與千禧世代都說，工時表具備彈性將可說服他們立即接受一份沒有分紅獎金的工作。

我談到有關Z世代消費者在品牌中尋找的每一樣要素全都適用他於們尋找雇主。他們會連上 YouTube 和社群媒體尋找你擁有他們想從工作與職涯中獲得收穫的線索。除了我們目前所提到的內容之外，Z世代也：

- 想為一家力挺某一個超越自家產品或服務理念的企業服務。他們想要知道，自己的工作正為某一個比手上任務更宏大的目標做出貢獻。
- 想知道自己不會成為大機器裡的小齒輪。他們尋求的企業與管理階層對待他們有如個體般地付出關心，同時希望協助他們脫穎而出；也就是說，他們需要你明白告知，他們的角色對企業的整體運作很重要，即使是最入門的新手工作亦然。
- 從第一線到長字輩，都具備多元化的價值觀與要求，還有包容性。
- 想要好玩的職場與有彈性的工時表。我們的研究顯示，對Z世代來說，有彈性的工時表甚至比高薪更重要！

布蘭特・皮爾森（Brent Pearson）是員工報到平台Enboarder的創辦人，協助企業在員工報到之前便打造有意義的互動關係。服飾GAP、醫藥商諾華、麥當勞與線上活動平台Eventbrite都是Enboarder的客戶，皮爾森的團隊定期研究針對Z世代最有效的聘僱與報到實務。

「我們發現的結果是，」皮爾森與我們分享，「Z世代優先為一家重視員工勝於一切的企業工作。他們關心這一點遠勝過薪資數字。他們明白，如果自己將必須花費三分之一的人生投入工作，那就要真的能夠樂在工作，並找到一家共享價值觀的企業。」

與我們談話的每一位領導者與聘僱經理都分享相似的故事。蒂芬妮・泰勒（Tiffany Taylor）是 Tiff's Treats 的創辦人，在全美國經營超過五十家烘焙坊，下轄Z世代員工比率很高。Tiff's Treats 率先開發一種商業模式，可以依據顧客需求提供剛出爐熱呼呼的餅乾與牛奶！隨著Z世代員工與顧客的比重一年比一年高，Tiff's Treats 調整自己的聘僱流程，以便更緊密連結年輕員工。

泰勒分享：「我們努力為應徵者打造效率更優化的面試經驗。Z世代特別與眾不同的一件事就是要求速度並提供獨特的工作體驗。我們打造加快面試程序的流程（即人資部門聯絡應徵者當下就會要求他們安排時間進辦公室面試），一邊則是提升體驗，同時說服他們買單我們的故事以及我們想要提供的產品。我們帶他們進入狀況，並解釋所有 Tiff's Treats 與Z世代應徵者通常正在尋找的其他工作（好比典型的快餐店）大不相同之處；另一方面，我們也希望他們表現給我們看，他們與其他類型工作的應徵者有何不同之處。我們花費大量時間強調我們如何看待自家的團隊成員，不只是司機或烘焙師傅，而是品牌大使。我們希望他們在所有工作層面都全力以赴。我們發現，Z世代正在尋找值得深信的價值。」

泰勒告訴我們，隨著 Tiff's Treats 更高度重視自己的工作如何幫助其他人，他們看到Z世代強烈回應。

泰勒說：「我們真正與Z世代產生共鳴之處在於我們將焦點放在打造溫馨時刻，也就是說，雖然我們『只是賣餅乾』，卻能強烈影響人們的生活。我們的宗旨超越餅乾本身，而且我們發現Z世代想要成為超越自身的宏大願景的一份子，他們想為一家不只是關心財報的企業工作。」

「我們就是那種讓人們開心一整天的小確幸時光。我們討論如何成為感恩時刻的一環、如何讓他人更容易接觸自己深愛的對象並表達心中感受。我們的工作蘊含真實情感，我們的員工每天都感受到這一點。」

諸如泰勒這類已經大量聘僱Z世代的雇主知道，將他們的使命與文化交織融入聘僱流程的每一個環節中有多麼重要。

當 Focus Brands 的凱特．珂兒被問及，二十年前進入職場至今招聘領域發生什麼變化時，她分享相似的見解：「內容策略不同，管道也不一樣。內容是指更加關注員工品牌、從屬關係、使命與文化，而非單單『工作』本身；管道是指 YouTube、TikTok 和 Snapchat 這類更趨向原創的經驗共享，而且是現有員工共享，而非『企業行銷訊息』。我們很早就踏上這段旅程，但是，為最年輕的人口與比較年長的族群建立工作機會意識，兩者顯著不同。」

珂兒也見證Z世代對雇主的期望比前幾個世代產生顯著變化。「他們更期待雇主能與自己看待世界的信念及立場一致（好比社會、環境甚至政治），也期待繼續學習、快速嘗試不同事物，而非單單從事你獲聘後投入長時間完成的工作。」

員工推薦與透明故事是招聘Z世代的兩大核心要素，彰顯你的企業使命、價值、文化和故事，將奠定你招聘Z世代的實踐基礎。一旦你準備就緒，便可開始發揮創意對外開展。

但請留意：務請先諮詢Z世代他們喜歡什麼樣的接觸方式，然後才採取行動。正如最精明的消費者品牌都會垂詢Z世代或Z世代研究人員，他們喜歡什麼樣的行銷方式，你可以先就商議職位空缺最佳之道的相關問題找他們聊聊，進而與他們連結，這才是明智做法。如果你已經聘僱Z世代成員，請引領他們進入談話圈。理想情境是他們為你傳遞內容，無論是影片或其他的社群媒體內容，這樣一來，訊息就是點對點發送。關鍵在於請教Z世代什麼要素會讓他們對工作感到興奮、最想在哪裡聽到這個職缺機會，以及如何採取他們信任並有助推動初步應徵的方式說故事。開口問你的Z世代成員，他們都會告訴你！

當你創造招聘Z世代的內容時，請將這些關鍵策略謹記在心。

一、在YouTube和其他社群媒體平台上加入影片，昭告天下在你的企業工作有何感受、詳述你提供的培訓類型，並展現你將為社區與全世界帶來正面影響的承諾。

軟體商思愛普每年吸引並聘僱超過七千名Z世代員工。由於思愛普專做企業對企業的生意，潛在員工可能不清楚這家公司的業務。它們重塑員工價值主張，定調為「帶著完整的你進來、成就你渴望的自己」，這句話被特寫放上名為「生活在思愛普」（Life at SAP）的員工品牌頻道。這個頻道以影片特寫方式拍攝員工，內容皆為分享思愛普文化的各個面向，從它們的員工正式獲聘後所享福利與辦公室便捷性等特色，到聚焦個別員工故事的影片。影片還帶你一窺思愛普的辦公空間（包括辦公室內設的鞦韆架及其他好處）。

二、確保Z世代成員出現在招聘或招募品牌活動的影片中。Z世代想在影片中看到其他年紀相當而且自己認同的同儕談話，包括種族、性別和多元化以及教育程度、過去的工作和背景。搜尋「星巴克大學成就計畫」（Starbucks College Achievement Plan）就會看到拍攝許多出色範例的影片，像是Z世代分享這家企業承諾為員工支付學費進入亞利桑那州立大學就學，因而改變人生與社區的個人故事。

三、請在招聘網頁與社群媒體上善用彰顯企業文化的幕後花絮照片與真實照片。對Z

世代來說，社群媒體在很大程度上是視覺連結。請不要高談闊論你的文化，採取行動彰顯你的文化給他們看！

四、將你的招聘聚焦在我們知道會讓Z世代願意主動應徵的敏感議題，包括（可以的話）有彈性的工時表與好玩的工作環境，在我們的研究結論中，這些高居他們的「期望」清單前幾名。在思愛普的 YouTube 頻道上，「生活在思愛普」是這方面的絕佳範例。

五、請強調應徵你的企業開闢的職缺有多迅速、容易，這樣他們馬上就會在自己喜歡的行動設備上完成整道流程。知名飯店品牌萬豪酒店開闢專用的「萬豪職位全為你開」（Marriott Careers）頻道，涵蓋一支快速介紹如何應徵內部職缺的影片（一整支都是好玩的圖表，還有一名Z世代為影片開場）。

Z世代的求職申請

還記得填寫書面資料應徵工作的日子嗎？或更糟的是要寫滿三頁的應徵函？要是你剛

好沒帶筆，就得四處跪求一枝筆，然後坐在求才企業門前附近，試圖找到一處表面平坦的據點，力求以工整字體填寫應徵函？Z世代對這種經歷毫無概念。他們根本不帶筆。他們肯定是不帶鉛筆。事實上，他們期望完全在線上填寫完職務應徵，最好就在他們最愛的行動設備上完成這個流程，這樣他們走到哪裡都能隨時儲存申請資料。

為何這一點很重要？這樣說好了，即使你花了大把工夫讓Z世代回應你的職缺清單，但要是你的應徵流程太複雜，也可能非常輕易地讓他們就此放棄。只要填完應徵表格就能隨時存檔，這點格外重要，因為年輕人常常不隨身攜帶他們需要的所有資訊。請就你走到哪裡都能隨時存檔這一點大肆宣傳，不僅可以讓更多Z世代開始應徵，隨著時間拉長還能讓更多人完成流程。因為你現在已經擁有他們的聯絡資訊，因此它也創造二度行銷的機會，敦促那些啟動應徵卻沒有完成流程或是還沒呈交的人盡速搞定一切。你可以寄發電郵或簡訊給他們，提醒「嗨，莎拉，謝謝妳開始應徵我們的工作！我們很希望知道彼此是不是契合的夥伴。請點擊以下連結，完成妳的應徵流程。我們很興奮想知道自己是不是符合妳的期待！」

Z世代沒看到合意的職務應徵方式就不會動手，也肯定不會完成流程。有時候他們一看到應用流程落落長或是細節多，甚至就不動手了，特別是如果他們無法存檔帶著走。在緊俏的勞動市場或是成長迅猛因此需要快速徵聘下個世代人才的企業裡，敦促填完職務應徵甚至常常只是啟動填寫職務應徵，都可能讓湊齊或湊不齊必需數量的應徵者填補開放職缺的結果大不相同。

但是Z世代期望什麼類型的職務應徵？哪些因素會誘使他們完成應徵流程？我們深入鑽研這個問題是因為客戶一再分享，Z世代登錄它們的求才或職務招募網頁卻不應徵，或是著手應徵了卻沒有完成。

我們在自己的全國研究中發現，職務應徵過程的感知時間和實際持續時間將對Z世代是否開始、完成和呈交結果產生重大影響。感知為何重要？因為Z世代經常先掃視一遍職務應徵網頁，然後就決定填完整份資料太費事或太費時。在我們的二〇一八年Z世代現況研究中，Z世代回報，快速簡易的線上應徵流程比列出這項工作的起薪範圍更重要（58%）。

有些雇主刻意製作冗長繁複的職務應徵流程，因為它們想要淘汰那些「心意不堅定」或缺乏毅力完成應徵流程的應徵者。不過，對許多企業來說，特別是零售、食品服務、服務業和站在第一線的業務員，爭取更多應徵者才是當務之急。

我們發現，全國60%的Z世代說，十五分鐘是他們用來填寫職務應徵的極限；不過也有30%的Z世代說最多十分鐘；甚至更有10%表示五分鐘以下！蒂芬妮．泰勒與她的Tiff's Treats人資團隊很懂這一點。她評論：「速度與取得的便捷度是吸引並聘僱Z世代極度重要的要素。我們的應徵、面試時程與到職流程全都上網完成，而且可以很快、很輕易就搞定。我們不想看到任何事（好比交換語音電郵或書面工作）將感興趣而且準備好立即上工的應徵者擋在大門之外。」

在我們批評他們缺乏熱情去完成冗長的應徵流程之前，重要的是退一步看看工作申請甚至是他們在生活中已經習慣的客戶購買體驗。這個世代有許多成員從未完成正式的職務應徵，所以姑且不看這個流程有多繁複，都可能讓人望之卻步。與此同時，無論是登錄線上網帳戶或是在YouTube找到他們想要的影片，他們世界裡的每一件事都與效率及最少量完成步驟有關。的確，他們可以不用花五分鐘就做出重要的線上採購，有時候甚至只是按個鍵，特別是如果賣家提供當日到貨。Z世代的行為反映他們成長期間的經歷與即將面臨的經歷。坦白說，這種「直指重點」發送訊息的方式就是他們所知的一切。

哪些方法可以讓Z世代完成職務應徵？我們找到六種簡單、低成本的解方，可以推進他們完成應徵流程：

一、發布一段某人介紹如何完成並呈交職務應徵流程的短片。短片應該不超過三十秒、充滿活力而且足以反映你的企業文化與熱情，讓他們願意應徵。

二、允許他們在完成部分步驟後可以暫時儲存。這一步很重要，因為許多Z世代不是在潛在雇主的所在之處，而是其他地方完成應徵流程，可能當時有其他要事得處理，或是他們可能手邊沒有必要的所有資訊。

三、一開始就蒐集他們的姓名與電郵或是手機號碼，這樣的話，要是他們沒有完成並呈交應徵內容，才能對他們二度行銷。這個簡單動作可以協助他們完成應徵流程。有時候人們只是太忙，但不意味著他們不是企業的理想員工或絕佳人選。如果對方同意的話，你透過簡訊或電郵輕輕提點他們就夠了。這種做法也很管用，因為往往Z世代試圖向他們熟悉的企業應徵，因此也有利於樹立品牌形象。如果你可以選擇，發送簡訊優於電郵，用於確認面試時間與地點也可見效。

四、縮短初始的職務應徵步驟。我們訪問過許多負責聘僱的管理階層都縮短初始的職務應徵步驟，好讓更多人呈交結果。他們之後不是在手機上、網路上就是親自面試，接著再提供更多必填細節的繁複版本應徵要求。他們與應徵者談話後決定對方是否為合適人選，才會走到這一步，而且在許多情況下他們會強調為何這家企業是理想的職場。正如一位承包業雇主告訴我們：「我盡可能縮短應徵時間，因為我希望能夠讓他們相信為何應該為我工作。太長的應徵流程意味著說服這個世代為何我們是他們應該進來工作的超棒公司的機率就更低了。」

五、在職務應徵內容中添加行銷要素。請提及你的企業有何特出之處。列舉足以將你的企業與其他公司有所區別的獎項與成長里程碑。寄發有關對你們的員工而言重要的訊息，並強調你的企業與未來員工都有光明前景。

六、除了薪資範圍與福利等有用的細節，試圖在你的職務描述中加入一些彰顯這份工作更人性化的內容。試圖引述其他員工的談話或甚至描述「一日生活」，讓他們現身說法，描述在你的企業工作有何感覺。

iCIMS的榮恩．凱斯納指出，一旦企業提供簡訊應徵的選項，應徵量就會大增。這家公司發現，這一招在實體零售業與飯店業特別管用，因為行經門市或餐廳的顧客就可以看到「我們正在徵才！簡訊就能應徵！」的海報，便會隨即發送聯絡資訊。從那一步起，企業內部無論是人資徵才專員或人工智慧驅動的聊天機器人，都可以接手回答問題、開始篩選候選人，並引領他們完成應徵流程。

什麼原因會讓Z世代馬上就想應徵？

- 職位薪資：85%大學年紀的Z世代和千禧世代表示，公告職缺的薪資這部分會讓他們想要馬上就應徵職位。
- 福利描述：80%大學年紀的Z世代和千禧世代表示，這部分的資訊會讓他們想要馬上就應徵職位。
- 一日生活描述：79%大學年紀的Z世代和千禧世代表示，描述每天工作實況會讓他們想要馬上就應徵職位。

底線：讓你的初始職務應徵步驟越簡單越好。這會將更多應徵者帶入討論圈，提供你一個機會，對有希望的候選人分享企業故事、使命和員工願景。聘僱流程中的每一步都可以篩濾掉一些不適任的候選人，但千萬別把初始職務應徵搞得太複雜，免得在不經意間篩濾掉深具潛力的優秀對象。

面試與錄用

對任何世代來說，面試都是高壓、耗時的挑戰，但是對試圖聘用Z世代的雇主與尋找合適雇主的Z世代來說，格外如此。雇主在聘用Z世代時經常面臨挑戰，因為這個世代還很年輕，通常具備極少的相關工作經驗，有時甚至是零。與此同時，這個世代幾乎不曾處理面對面、電話或視訊型態的職務面試，每當論及確認職務推薦證明，以及尋找Z世代應徵者具備足以讓他們在工作中取得成功的專業知識、態度或經驗的相關範例時，都會面臨挑戰。

另一個與Z世代相關而且會加劇這個問題嚴重性的現象是嚴格限制無償實習。雖然許多人對無償實習的正面與負面效果各執一詞，但現實是，不論無償實習正確與否，都是許多初次求職者的敲門磚。現在多數實習工作都需要給薪，便使得雇主更加重視潛在應徵者的實習經驗，反過來就會使得那些零經驗的應徵者更難邁出成功的第一步，進而為Z世代築起更高的障礙。

在我們位於德州奧斯汀市的研究中心裡，我們發起專為成長中的第一代大學生設計的專案並提供帶薪實習。我們對它非常自豪並高度參與，後續還有「突破中德州」（Breakthrough Central Texas）這套規模更宏大的倡議。我們發現這是協助下一個世代與自己社群的絕佳做法。但不是所有企業都能提供帶薪實習機會給極少經驗或零經驗的十七歲青少年，因此這讓雇主及管理階層都感受到更龐大的壓力，非得搞定「正確」的職務面試，這樣才能找到那些缺乏面試技巧與經驗，不過一旦獲聘就有能力把工作做好的Z世代。

好消息是，隨著這個世代年歲漸長，得到第一份工作，而且未來的工作也在掌握中，這個鴻溝將會弭合。但是此時此刻雇主必須好好想想，如何面試一個可能沒有太多工作經驗的世代，可能甚至還不懂參加工作面試應該怎麼穿搭的世代。

我們發現一套為雇主與Z世代找到定位的三步驟做法，最能正確配對職務：

一、**職務面試前請創造並分享清晰的期待**。我們們發現，寄送內含有關面試或面試流程等關鍵洞見的電郵或文字簡訊可以減輕Z世代應徵者的壓力，讓他們有機會向你展現他們有能耐做些什麼，並讓徵聘經理在面試時更有成效。在第一步，雇主可以發送訊息給包含Z世代在內的所有潛在應徵者，提點一些面試過程中壓力最龐大但也最重要的環節：穿搭技巧、抵達時間、停車地點以及必須攜帶的物品。我們的研究已經證實，諸如「商務休閒」等字眼會因不同世代、性別與地理條件便代表截然不同的意義。舉個簡單例子說明箇中意涵就能讓面試者知道如何得體穿搭、如何早到以便「準時」抵達。如今，各方對於工作面試的得體穿搭、緊密連結企業的職場文化與包容性努力的看法眾說紛紜，不過我們發現，提供範例或挑選建議然後讓應徵者自己決定，這是很好的做法。

其次，就是讓他們知道，他們可以或應該隨身攜帶什麼物品，好比一張推薦證明的清單與他們的工作經歷。如果他們從不曾做過任何工作，可能換成攜帶一張有關他們自身、職業道德與個性描述的個人推薦證明清單。當今許多年輕人不知道要攜帶這些參加面試，因為他們在這場面試之前不曾在任何地方工作過，或者是從來沒有人告訴他們應該做些什麼，才能爭取到自己第一份「真正的」工作。

再來，讓他們知道抵達時間、停車地點以及在何處完成訪客登記。這些都是繁瑣細節，但是會讓整套流程比較沒有壓力，也讓每一位參與者更有成效。除此之外，提供這些期待類型會為Z世代創造最佳機會，得以向你展示自己有能耐做些什麼。對他們來說，這是一套很完善的心態架構，讓他們帶著自信走進大門，知道自己準時抵達、做好準備，而且可以向你展現自己正是這份職務的正確人選。

有時候人們會覺得，提供如何做準備、完成一場理想面試的小撇步只是在驕寵這個世代。我們不同意這種觀點。請提供別人機會讓他們做好準備，然後展現自己所能表現的最好一面。許多文化、世代、年齡與其他議題區隔你我，可能導致甚至是經驗老到的徵聘經理都會把優秀的潛在人選外推給別人。這些面試前的建議有助提供每一位應徵者公平機會，展現自己一旦獲聘將有能耐做什麼，這一切最終都將交由徵聘經理設法做成決定。

二、提出讓他們可以向你展現自身技巧與決心的問題。當你不具備豐富的工作經驗，面試過程中的典型提問方式通常會回歸念書時期的表現或經驗、志工活動與其他在短期間追求的成就。請勿聚焦他們的教育背景（他們可能只有高中畢業或者才剛進大學而已），不如問他們將如何解決特定挑戰、情境或問題。讓Z世代向你展現他們如何思考、動手並試圖解決實際的商業問題，並不是需要什麼工作經驗的要求，反倒是讓他們展現自己的創造力與解決問題技巧的大好機會。舉例來說，你大可問他們如何改進你的官網，或是讓你的品牌爭取到更高參與度。他們的建議或策略並非問題的重點，但你不妨聽聽他們說自己將會如何動手解決問題。就更廣泛的意義來講，無論他們對你的組織而言是不是理想人選，都有助你理解他們置身職場中將會如何解決問題。

三、**務請記住，面試依舊是雙向行銷的過程**。雇主必須展現出自己很想要爭取應徵者，後者則必須暗示他們想要爭取這份工作，最終雙方才做成合適安排。Z世代十分熱切渴望做中學，並求取專業成長、穩定與福利，請善用面試場合談談你在新人報到的第一天與第一週期間將會提供的學習類型與個人成長選項。聊聊你提供的培訓，無論是特地為這份工作或角色打造，或者是領導力這一類更廣泛的主旨，都是對這個世代的熱切提議。除此之外，分享有關你的業務穩定性、你提供的福利及你有多麼以員工為中心，對Z世代來說，全都是他們在找工作與職業過程中關注的敏感議題。

另外請注意，你與面試者的談話結束後多久時間內開始跟催，以及你將採用哪些溝通管道。關於行動溝通與面試方面，榮恩．凱斯納與 iCIMS 研究團隊已經挖掘出引人入勝的見解。iCIMS 完成的研究顯示，45％的大四學生如果在應徵與面試過程結束後一星期內沒有聽到任何回音，就會開始考慮其他企業的工作。

「簡訊溝通力量大，」凱斯納分享，「快速與Z世代互動的溝通能力變得非常重要，不只是初始互動而已，要擴及整套招聘過程。」

在連鎖餐廳硬石國際與達美樂披薩最大加盟商 RPM Pizza 試圖轉換成簡訊溝通時，iCIMS 提供支援與它們一起努力體驗到快速填補工作的顯著改進。硬石國際從電郵與電話溝通轉成發送簡訊時，應徵者的回應率從50％上升到75％；RPM Pizza同樣擁有99％點擊開啟率、91％回應率及使用簡訊時一分鐘的回應時間；相較之下，採用電郵時點擊開啟率僅7.3％、回應率僅2.1％。

視訊面試

我們經常被問到有關視訊面試的問題以及它們是否對Z世代有效。現實是，市面上已經有許多視訊面試平台和技術，對雇主來說，視訊面試的關鍵好處在於可以看到應徵者，雙方即時互動，而且還比電話交談提供更多深刻見解，同時又能免去旅途勞累或承諾時限。我們一再聽到職務應徵者說他們不喜歡視訊面試，企業卻繼續日益倚靠這種面試技術。現在甚至有些技術先為應徵者錄影他們回覆問題的畫面，然後將紀錄寄給徵聘經理，不需要再安排一場實際同步的視訊面試。

展望未來，我們認為Z世代隨著年齡漸長可能會更自在地接受視訊面試。這個世代是看著各式各樣的影片成長，從視訊聊天、線上派對到 Google Hangouts 及 FaceTime。對某些Z世代來說，可以一邊說話一邊看到某人或許還比講電話更自在、更自然，關鍵在於，如果一家企業倚靠視訊面試，就可採取與上述段落所說手法，但適當調整成視訊體驗。舉例來說，讓應徵者知道最適當的視訊面試是在安靜場所進行，而且照明要充足，這樣所有參與者才能輕易看到對方。同樣，提供他們視訊面試期望值的連結，涵蓋上線時間到他們足以加入會議的最低限度技術規格。

提出待遇條件

由於多數Z世代以前從未受雇或是具備有限的工作經驗，因此他們許多人也不理解新工作帶來的所有細節，包含培訓、專業精神、受薪日、薪水與其他職場福利的期望值。為此，提出待遇條件時一併概述這些細節是最重要的事。Z世代需要了解接下新工作附帶的意義與責任，連同他們加入團隊所帶來的好處。

我們發現，最佳待遇條件只要一頁A4就搞定，而且新人須知的關鍵事項也只要一張高解析度快照就能交代完畢，包括到職日、薪酬、福利和典型工時表。工時表部分格外重要，因為Z世代有可能還在就學中或是尚有其他工作等承諾。讓Z世代明白他們將收到你的公司手冊，內頁會闡明所有細節；也讓他們知道，隨著他們踏上這段與你的企業並肩奮鬥的激動人心新旅程，這份待遇條件通知函並非他們將會收到的唯一資訊資源。

以下條列提出待遇條件的三大最佳實務：

- 採用符號標示出關鍵重點，可以讓它們更易於閱讀。
- 條列到職日時，務請列出確切到職時間與第一週的工作時程表。
- 加入一位後續確認接受回函的關鍵聯絡人，也加入任何其他報到第一天之前所需準備的要素，包括藥物測試、有效駕照等。

一旦對方收到待遇條件，再來我們就會建議寄發歡迎訊息。理想做法通常是短片或文字訊息，不同於你可能會寄給全職員工的正式通知函，因為如果他們收到歡迎訊息，就會準備好要接受這份工作，此刻你即可採取行動要他們做好報到第一天的準備工作。請在歡迎訊息中強調四項重點：

一、強化你對他們加入團隊的歡喜之情。他們應該要聽到自己做出重大決定，而且這會打開振奮人心的職涯與學習的嶄新大門。

二、提醒他們在報到第一天之前必須攜帶或完成的任何事情。

三、讓他們知道應該在哪裡停車或最適當的公共交通工具選項。對第一天報到的新人來說，這可是一件大事。

四、告訴他們進了公司後應該去找誰、期待些什麼。許多時候，完成面試並決定聘用的主事者不是他們直接共事的對象、老闆或新人日培訓員。我們建議，事先提供聯繫窗口的電話與電郵，以防他們遇到問題，不過這部分是企業文化的決定。

這是你向他們展現你的組織文化並真正讓他們感覺到受歡迎的機會。

成功的歡迎影片關鍵在於讓Z世代新員工感受到熱情歡迎，並提升他們報到第一天的興奮之情，進而有助他們盡早踏上一條成功之路，並減少一旦新人報到時毫無準備，管理階層經常會面臨的問題與挫折。他們可能也會立即轉發訊息或告訴他們的朋友，然後就帶來更多應徵者。在勞力緊俏的市場中，這一點真的很重要。

如果你不確定要在歡迎訊息中納入多少細節，另一個選項是為新人製作一份密碼保護的常見問題解答頁面，其中涵蓋新人進公司開始工作之前會遇到所有最常見的問題。Z世代已經來到一個凡事上線自己找答案的年代，因此這一招就是提供那種經驗，同時可以減少第一天就向人資部門與管理階層提問的簡易做法。

雖然這些都是有必要採取的重要基準措施，但是如果你真的想讓Z世代高聲讚嘆，並歡迎他們加入你的企業文化，可以輕鬆採用另一種層次的做法歡迎並招呼新人，而且是在他們報到之前就啟動。我們將在下一章詳述。

11 釋放Z世代員工的長期潛能

「我真的很愛跟自己過不去，老是得告訴自己『你可以做得更好、做得更多，你真的可以更棒。』所以，有這麼一位主管每天抽點時間不是寄電郵、Skype訊息給我，而是親自對我說：『嘿，你真的做得很棒。我們真的是以你為榮。』或是『我們真的很高興有你在這裡。我們很重視你喔。』真的超棒。」

——Z世代員工

伊莎貝拉超興奮的。春季起她就到處參加職業博覽會並應徵設計助理的工作。在這段期間，她接下超過三十五件外包案，充實自己的設計作品集。五月她從天普大學畢業，八月就接獲位於費城的數位行銷經紀商提供的職位。她將在兩個星期內上工。

她很興奮，也很害怕。這將是她的第一份工作，而且她以前從來沒有在辦公室工作過。她該穿什麼？之前面試時有人提點她穿搭技巧是「創意休閒風」，但她根本不明白那是什麼意思。不過她記得應徵前有搜尋過那家公司，每一名團隊成員都將拍攝有關自己的短片放上官網，所以她重新點閱那些影片學習穿搭技巧：有些人套上牛仔褲、有些人穿上時髦的襯衫、領帶，還有一名女性穿著殺手服，看起來像是從一九九〇年代復古二手店挖來的寶。看起來是穿什麼都好，只要乾淨整齊外帶一點創意巧思。伊莎貝拉覺得自己將會超合拍。

不過她還是很焦慮要面對老闆凱西。她們在面試時談話過，伊莎貝拉將有機會學習全新的設計軟體，為他們的專案注入創意要素，但是凱西似乎也稍感不知所措，提到她自己得招呼九家客戶，需要伊莎貝拉為全公司管理行程表與物流事宜。這樣一來，處理行政工作之餘真的還有空間做別的事嗎？

再來是一大堆繁瑣的手續。由於伊莎貝拉的設計經驗始自接案工作者，從來沒有實際受雇過，她毫無概念如何選擇正確的健康保險計畫或是安排退休金計畫四〇一（k）。

伊莎貝拉陷入一陣熱情混雜焦慮的失神狀態中，所以手機的簡訊聲乍響時竟把她嚇到跳了起來。不是她的熟人發來的簡訊。她打開時發現是一支短片，於是點擊收看。

「嘿，伊莎貝拉！我是凱西。我超興奮我們可以一起共事了！如果這星期哪天妳有空和我共進早餐，請讓我知道。我很樂意在報到日之前一起聊聊。妳在中心城區有咖啡愛店嗎？」

伊莎貝拉超驚訝的，同時大大鬆了一口氣。報到日距今還有好幾個星期，但她很快就會再和凱西先聊聊。而且她很感動凱西請她推薦自己的愛店。

伊莎貝拉接受工作待遇條件之後幾天，她的電話頻繁作響。她接到創意總監發來的簡訊，提出一些意料之外問題：她有什麼嗜好？鍾愛的食物？下午三點的午茶時間喜歡吃什麼零食？這些都不是伊莎貝拉預期會收到的問題，但她依序回答：健行、墨西哥塔可餅、黑色甘草糖。

她還收到說明基本作業的簡訊：她觸點螢幕填完整張問卷，然後被線上導引介紹給一位財務顧問，對方寄給她一份快速了解她有何四〇一（k）選項的指南。人資部門發送短片簡訊給她，解釋她的健康保險選擇與每一套計畫的差異。

伊莎貝拉心中「哇」了一聲，她可以感到焦慮在減輕中。

伊莎貝拉在報到日前兩週做足準備，覺得自己完全準備好投保並選擇四〇一（k），她甚至和凱西共進早餐時草擬一份計畫，往後六個月要開始學習繪圖軟體 Adobe Illustrator。

最後一個驚奇簡訊是在報到日前一週冒出來：一支四名同事拍攝的短片（她在官網的團隊個人經歷網頁認出他們）。

「嘿，伊莎貝拉！我是妮琪、我是西莉亞、我是伊恩、我是喬。」伊恩拿著手機自拍，每個人都擠進螢幕的小框框裡。

他們輪流說話。「我們是其他的設計助理，只是想在妳下星期報到之前先和妳打聲招呼。我們也希望妳開始上班後的星期四那天有空。這條街上有一家很棒的店舉辦瑪格麗特歡樂時光。我們聽說妳喜歡墨式風，所以希望妳和我們一起去玩？」

然後西莉亞大叫：「我先報名成為妳的歡迎夥伴，所以我會在妳報到當天找到妳，帶妳參觀環境。妳可以問我任何工作上的問題。我們的合約系統有點鳥，但我會告訴妳怎麼搞定這些小麻煩。午餐時千萬不要在自助餐廳吃凱薩沙拉，除非妳喜歡泡濕的麵包丁。當然還有很多事情要跟妳說。我們下週見！」

伊莎貝拉心中「哇」了好幾聲，他們看起來都是大好人耶，我們根本還沒見到面就已經訂下歡樂時光計畫了！她將手機切換到自拍模式，發出一支短片回應。

「嗨，大家好！你們實在太窩心了，謝謝！我很想一起去瑪格麗特歡樂時光。等不及要親自和大家見面。再次謝謝你們。我超興奮期待下星期！我收到提醒了。泡濕的麵包丁肯定不是我的菜。」

伊莎貝拉上工第一天，凱西在站大廳迎接她，然後領著她去她的辦公桌。

她完全沒有期待自己會看到什麼。

一桶伊莎貝拉所能想像的各種形狀黑色甘草糖就擺在桌上：條狀、塊狀、輪狀、吸管狀。一張黏在桶身的便利貼寫：「希望這桶夠撐好一陣子下午三點的下午茶時光！」

她的鍵盤上有一張休閒設備的禮品卡，上頭黏了一張便利貼寫：「為妳的健行裝備添購新行頭。算我們的！歡迎！」

凱西離開前問伊莎貝拉是否想和團隊一起午餐。他們在附近一家塔可餅酒吧訂桌迎新。伊莎貝拉在新座位安頓下來時感覺超棒的。所有這些禮物都很貼心，但除此之外，她超寬心自己可以為一家顯然看起來很關心員工的企業工作。他們其實不必做這些，但他們做了，為此她心懷感激。她覺得自己被接納了。

如果你讀到這裡開始翻白眼，我們懂你在想什麼。我們多數都是X世代或是更年長的世代，進入一家新公司時從來沒有經歷過任何接近伊莎貝拉所體驗的報到流程。她的故事看起來很陌生，讓人一整個想笑。我們剛起步時，要是人資部有舉辦新人介紹會的話，我們就會當場收到內裝報到資訊的文件夾。有一位不知所措的頂頭上司意味著我們得埋頭苦幹。桌上有禮物？活潑的歡迎影片？歡迎夥伴？和上司共進早餐聚焦討論我們想要學什麼？現在你再說說看什麼是驕寵。

重點來了：這些事情實際上全都不需要花太多時間、精神或金錢，但是它們對員工的工作心態產生莫大影響。《哈佛商業評論》發表的研究顯示，當雇主採用針對個人身分而非組織立場和需求的報到手法時，新進員工前六個月的留任率會提升33％。

再者，這不是所謂的嬌寵。我們不覺得任何雇主應該要嬌寵它們的員工。你只是留心自己如何讓員工感受到被歡迎、被重視、被欣賞，還能與他們個人對個人建立連結。當你向員工展現你關心他們，他們就會反過來更關心公司、同事甚至是上司。

布蘭特．皮爾森和他的團隊設計報到體驗，協助企業和Z世代員工一起茁壯。他用這句話做出最佳註解：「單單只是因為你的報到經驗比較不熱情有勁就只能忍著點，不代表這是正確的做事方式。請不要將你的經驗視為常態。」

皮爾森還指出，許多企業不會思考如何將員工體驗轉化為客戶體驗。他解釋：「你無法提供絕佳的顧客體驗，除非你先提供絕佳的員工體驗。」

「我們都遇過這種事，」皮爾森說，「你走到航空公司櫃檯前方，桌子後方是一名脾氣暴躁的櫃員。他們一整個漫不經心，充其量你只會得到平庸的顧客體驗。但是相比之下，假設你走到極度講究員工敬業度和體驗的美國西南航空櫃檯前方，通常就會有一名熱愛工作的超優秀員工向你打招呼。這一點會反映在你從對方身上得到的顧客體驗。」

對Z世代來說，這一點意義最重大。他們一再重申，自己樂意為一家關心自家員工、主動指導他們並提供人才發展機會的企業工作。這種以人為本的權衡之道是更管用的員工慰留手法、更到位的顧客體驗。再者，最終它代表更出色的財報業績。民調機構蓋洛普的研究結果顯示，員工高度互動的企業表現超越同業高達147%。當員工樂於參與，人人都是贏家。

但是你想真正釋放Z世代的潛力成為長青員工，必須在報到第一天就兌現這些承諾。基於我們與各種規模企業的合作經驗，考慮到你為員工留任率、財報表現與顧客滿意度付出努力換來的投資報酬率，和員工互動花費的成本往往極低。你也將以一種Z世代急切想要共事的雇主形象脫穎而出，因為根據我們的二〇一九年全國研究結果顯示，64%的Z世代覺得雇主根本不理解他們這個世代。

最終，幾乎任何世代的任何員工都喜歡我們為Z世代推薦的這種招聘、報到、培訓和認同手法。這也是為何許多前幾個世代的人聽到這項建議時都會發出這種反應：「我的老天爺，那樣做實在很讚！」但是我們的觀點與皮爾森如出一轍：單單只是因為沒有人提供你這些會讓你滿心讚賞的條件，不代表你就不應該提供這些條件給你聘僱的員工！事實上，採納這些行動的好處多多，以至於你這位領導者最終依然直接受益。

正如我們所提到，歷史上的低失業率、零工經濟帶來的其他收入選擇，以及伴隨社群媒體而來的職場透明度都只是幾個理由，證明現在正是採納這種更以人為本的手法，與Z世代共事的好時機。如果你還沒備齊這些手法的話不妨參考看看。隨著Z世代成長，在勞動梯隊占據更高比率，你也將可以投資企業的未來，包括成為新世代的管理階層、主管與領導者。

我們將更深入探究，對Z世代來說，每當論及留在原職並全力以赴，哪些要素至關重要。當你細思應用這些深刻見解時，請考慮為所有年齡的員工採用類似做法，因為每個世代都喜歡被重視、被欣賞，即使有些世代覺得自拍影片比其他做法更讓他們感到自在。

提出待遇條件

Z世代可以壯大你的企業之前，需要先接受你的待遇條件。所以你如何制定一整套待遇條件可是一件大事。對Z世代來說，請考慮標準規格的薪資和醫療福利事項之外的誘因。雖然這兩者對Z世代都很重要，但不是一切。許多項研究結果顯示，Z世代考慮一份職務的待遇條件時會重視以下要點：

做中學與人才發展。Z世代渴望學習並發展自己的天賦：在我們二〇一八年全國研究的Z世代參與者中，62%說帶薪的做中學培訓方式是他們決定要不要應徵某一份職務的頭號條件；其他人也肯定這一點。求職平台RippleMatch是專為協助Z世代連結雇主的網站，調查超過一千一百名二〇一九年大學應屆畢業生，其中59%的受訪者表示，決定是否接受一項職務的待遇條件時，專業發展機會是首要影響要素。你提出待遇條件時請強調，你的企業打從員工報到第一天開始就投資協助它的員工成長，涵蓋全面的內部培訓計畫到導師制度，或是自行在外部選修專業發展課程的補貼方案。

有彈性的工時表。Glassdoor的研究顯示，有彈性的工時是Z世代決定應徵一份工作的主要動力，僅次於完善的工作環境。有些企業正活用諸如HotSchedules之類的軟體，讓員工可以直接在自己的行動裝置上選擇、改變自己的工時表。有彈性的工時表對就學中的員工格外重要，他們除了工作還得應付學分課程、家庭作業和課外活動，而且也有可能一次身兼數職。

直接影響十八歲至二十四歲這批Z世代前段班是否接受一份工作的五件事：

- 82%：你從事的工作薪水優渥
- 65%：可以彈性安排上班時間
- 49%：通勤上班很容易
- 45%：優渥福利，好比保險和退休配套措施
- 41%：獲得可以應用於未來工作的新技能

※百分比的數字源自我們的二〇一九年Z世代現況研究中，十八歲至二十四歲的Z世代從五大工作要求挑出其中一項。

一年內加薪的可能性。我們的研究結果顯示，62%的Z世代期望新工作到職最快九個月就接獲第一次加薪。請在你的待遇條件通知函中概述可能的調薪機制，附帶明確解釋員工如果想要達到這些里程碑，你期望他們做些什麼。連結績效表現與未來調薪機制是對焦期望值並創造共同責任制的關鍵，足以帶來信任、忠誠和勸留。

升遷的機會。請在你的待遇條件通知函中提及，一旦員工達成明確的學習與績效目標，這份職務可能在半年、一年和兩年內帶領他們前進到哪個層次。這一步超越我們前述有關加薪的重點，廣納可能的晉升或輪調不同部門工作的機會，或是接手公司內部不同類型專案與挑戰的機會。就像所有關係一樣，沒有人想要當老是提問「現在是要怎樣？」那一方。如果他們做出必要的努力，請明確表態可能性。一旦你這樣做便將占據最理想的位置，可以從員工發展的才能和他們現在看到的職涯道路中受益匪淺。

生活方式相關福利。曾有一位客戶分享，他們詢問一名Z世代應徵者為何偏愛另一個相似的工作機會，對方回答，競爭對手在待遇條件中提供健身房的會員資格，但事實上我的客戶提出的薪資還比對方高出三千美元！這則趣事確認我們的研究結果所說，Z世代重視提供生活方式津貼的雇主遠勝過給付更高薪水的雇主，可能涵蓋健身、熱舞或瑜伽的會員資格；免費或打折的音樂會或娛樂活動票券；寵物保險；免費洗車服務；與當地商店、餐廳或零售商預先達成協議的員工價機制（這一步永遠是雙贏做法）；甚至是為他們支付網飛帳戶費用或高速網路優惠價格。我們甚至看到有些企業提供生活方式的獎勵機制與員工的年資或績效連動。在我們的研究中心，當你服務滿三年就會收到一份「許願」禮。我們提供你三千美元可以花在購買任何你想要的品項，也讓團隊成員活用這筆錢購買從結婚與夢想假期到家庭旅遊的任何品項。

退休配套措施。正如我們在第五章中所述，許多Z世代已經開始為退休存錢。他們重視願意從旁協助達成目標的雇主。製作一支教育這些新人手中的錢可以如何成長的短片將是極有價值的做法，特別是說明年輕時持續存起來的每一小筆金額都會在複利發威之下成長至驚人數字。雖然Z世代經常告訴我們，他們期望自己不需要申請社會安全福利或其他政府補貼的退休福利，但他們也經常渾然不覺，正確的養老金儲蓄方式會帶來多大影響。他們只知道這是自己應該做的事。向他們證明如何現在就採取正確步驟，你將不只是提高他們對你的讚賞，也會改善他們的未來。

帶薪休假。除了你可以提供的帶薪休假之外，採取個人化做法提供他們生日假。我們發現，許多年輕人喜歡在生日當天休假，因為他們視這一天為假日，所以不妨提供他們這種福利，也預先讓他們的同事知道生日當天壽星不會上班。出人意料的是，當我們在自己的研究中心提供每一名員工生日假，前幾個世代也真心喜歡這種福利。

上班吃零食。零食和類似的辦公室福利造就一處好玩、令人振奮的工作環境，這是許多Z世代決定要不要為一家企業工作時視為頭號要事的重點。我們的研究顯示，你不必提供花稍或昂貴的零食，只要問問包括Z世代在內的員工他們最喜歡的零食就好。你提供他們真心想吃的零食，既能省錢也能減少浪費；再者，員工也會覺得你把他們的話聽進去，備感重視。

支付日薪的管道。就在你上班的同一天，零工工作正在賺取巨額報酬。許多雇主正藉由即時金融提供當日工資與小費的方式正面迎戰零工工作的競爭，這種做法讓你的員工可以不花分文手續費就收到上班當日最多五成日薪。隨著Z世代年歲漸長，從零售業、飯店和餐飲業的公司都已經提供這類支付選項，這種做法將成為常態，而且很快地我們期望醫療保健、專業服務和科技領域也跟上。事實上，我們在研究支付日薪的結論中發現，可以在上班當日領到薪水是一股強大動力，讓年輕世代願意接受比較不理想的輪班時段、假日期間上班，並因為這項福利就長期留在原職。

「零工經濟平台大爆發已經為傳統雇主帶來沉重負擔，」即時金融創辦人史蒂芬・巴哈（Steven Barha）解釋，「現在企業必須和零工工作競爭，後者不需要安排工時表，而且提供即時支薪的服務。不過通常情況下，它們會扣一筆上班當日即時支薪的手續費，這部分Z世代可是非常敏感。提供免手續費、上班當日即時支薪的雇主發現，他們可以在招聘時突顯這點福利，顯示他們關心自家員工，而且它們符合他們的需求與期望。」

請謹記，Z世代想為一家展現自己關心員工的公司工作。提供諸如我們前述的種種福利可以證明你於公於私都致力協助員工茁壯的承諾。順帶一提，吸引Z世代接受一份工作的各種要素也是建立他們的信任感、忠誠度，進而成為長青員工的關鍵。因此，一開始就針對Z世代的價值觀量身打造一套健全完善的福利措施，便是為你奠定理想的基礎，讓你立足在這些承諾之上，打造出他們每天都對你忠誠的工作態度。

新人介紹會與報到

學習她將用來處理凱西所有客戶的合約系統。在這之前幾天，她收到人資部門寄來一封電郵，內附一個影片圖庫連結，全由她必須在思愛普系統中熟練操作的每一項任務組成。第一天她就從收看每一支影片開始，然後是一小時上機操作，一名資訊科技部門的同事在一旁指導她熟悉這套軟體的每一個環節。稍後，伊莎貝拉的歡迎夥伴西莉亞花了十五分鐘協助她在系統中輸入一份新合約。

西莉亞也負責向辦公室裡的每個人介紹伊莎貝拉。午餐時間將至，伊莎貝拉見過每一名同事，開心地與大家閒聊。到了下午，凱西邀請伊莎貝拉進她的辦公室，這樣她就可以為她簡報每一名客戶以及她應該留意的任何客戶癖好。那一天收穫滿滿，但西莉亞、凱西與人資部門都和伊莎貝拉一起制定計畫，在到職第一個月每週都會確認是不是上軌道，並為她擬定一套來者不拒政策，好讓她可以毫無顧忌地提問。

伊莎貝拉的報到經驗可能聽起來不算是驚天動地，但涵蓋一連串個人與技術要素，值得銘記在心。完善的新人介紹會與報到超越培訓本身，旨在與新同事、主管及公司文化建立連結。事實上，在我們與分銷承包商協會（Distribution Contractors Association）合作完成的全國研究中，我們發現，對新人來說，頭號最重要的事就是認識團隊和團隊領導者；其次最重要的是就是了解有關技能與領導發展的培訓計畫。

當Z世代新員工完成新人介紹會與報到程序，就應該掌握精髓，自己在新角色中該怎麼做才能成功，涵蓋明白如何動手解決困難、包括何時可以向何人求助，以及理解任何他們完成工作所需的工具或技術。

通常還有許多地方需要一一說明，很可能有如排山倒海而來應接不暇。所以不妨打散分成好幾段。諸如認識同事、參觀職場等這些部分的新人介紹會與報到應該親自完成，而且這是炒熱氣氛與參與度的大好機會。團隊早餐、夥伴計畫並在新人到職第一天就伸手示好，對Z世代來說則是絕佳選項。我們在各種規模的企業中，無論是擁有五名或五萬名員工的雇主，都發現一些為Z世代舉辦新人介紹會與報到收效良好的最佳實務。以下是我們站在第一線的諮詢工作中，協助組織與領導者為各個世代橋接Z世代時看到的六大關鍵實務：

一、**將他們介紹給他們的同事。**在我們與分銷承包商協會完成的全國研究中，我們發現，這是主管可以採取的最重要步驟，馬上就讓Z世代感覺自己隸屬團隊一份子。對主管來說，第二道重要行動就是提供諸如行動電話號碼等個人聯絡資訊。

二、**擺出一些小手勢，展現你很開心看到他們在此，而且你視員工如個人一般關心。**可以適當與員工的個人興趣連結的歡迎禮物，好比最愛的零食或某一支最愛球隊的重要紀念品，好展現就算他們走出公司，你依舊視他們如個人一般關心。滴水之恩，湧泉相報，因為你試圖展現的作為就是把他們的話聽進去，然後採取行動讓他們覺得自己受歡迎。你可以甚至裝飾他們的桌面或在社群媒體上宣布他們加入團隊帶給你的興奮之情。

三、解釋自家企業視為「北極星（即使命或宗旨）」的價值觀與文化，以及員工的工作如何協助實現宏大的使命。Z世代想知道自己的角色如何貢獻公司與整體願景，即使他們根本還只是置身公司內部最初階的職位。我們發現，Z世代不僅可以陳述價值觀、暢談文化，還能在置身這些正在起作用的價值觀與文化之際做出完美回應。讓現有員工分享自家公司文化曾經協助他們茁壯，或是他們如何看待自己的成就影響全世界，或是讓顧客拍攝一支影片，暢談自家企業、產品或服務如何影響它們。

四、提供一連串基於短片的培訓內容與個人對個人的補強計畫。全拜YouTube所賜，Z世代已經來到一個隨點隨看答覆技巧與培訓終年無休的時代。你能想像，去上班時手中抱著一疊裝訂好的印刷書籍出現在培訓課堂上嗎？拜託！這是一個大學四年間從來沒有交過手寫作業的世代，現在他們反倒要回頭閱讀一九九四年寫就的裝訂書嗎？當年他們甚至還沒有出生呢……

是啦，我誇張了，不過有時候也不算太誇張。這個經驗取決於企業對訓練、報到的承諾與手段，可以從印刷的三孔活頁紙資料到教室式學習或行動為主的培訓。請謹記，Z世代從小就是從收看YouTube上學習如何做任何事的影片長大，從製作史萊姆黏黏玩具到解答長除法。不過他們也重視面對面的指導做法。提供他們可以自己在手機上隨點隨閱的影片，以便學習工作所需的技巧，就可以結合這些偏好事項。然後為他們選配一名同事，協助他們練習已經學到的知識。我們看到的最佳做法就是先播放一段短片，討論或親自演示，然後再放一次。這樣可以在培訓過程中創造一致性與可擴展性，但也可以進行獲得即時反饋的現場測試。

五、從教育新人在最初一至三個月內勝任工作必需知道的最低限度知識做起。之後他們將會邊做邊學，培訓課程也會教更多。此刻目標是讓他們加快腳步開始迅速提升價值，同時在新人日益進步之餘也不要大幅拖累同事的速度。一開始，他們只需知道如何在最初幾個月勝任工作，而非往後幾年需要派上用場的所有技能。一旦他們累積幾個月的工作經驗，教育長期技能與觀點將變得更容易也更有意義。在最開始階段，聚焦他們需要勝任的入門工作就好。

六、試圖遊戲化報到體驗。如果你能這麼做，它對Z世代特別管用。遊戲化做法可以是用於學習或精通課程的線上獎章，或者是像設計辦公室或工作場合內部的尋寶遊戲，找出所有關鍵區域、技術與辦公室所在位置之類的玩法這麼簡單。無論是一批新人競爭或是獨力完成，遊戲化報到都提供成就感與進步感，也讓持續灌注初期學習變得更容易。

露絲・安・衛絲（Ruth Ann Weiss）是紐澤西州鷹陸營地的所有人，她與我們分享她全面翻修輔導員新人介紹會計畫以便適應Z世代的學習偏好。培訓場次已經從大規模團體縮至超小型團隊，每一場次不超過五人，這樣新人介紹會才能貼近一對一體驗。她還納入有趣的影片段落。有一支影片是衛絲發現受訓者點閱電影《卡特教頭》其中一幕。衛絲分享：「它是在探討團隊合作，以及當其中一名隊員落後了，團隊齊心協力互相幫助的重要性。這種畫面總是能引起他們的共鳴。」

新人介紹會也變得更像是一種持續不間斷的體驗，而非一次性課程。輔導員每週都與資深主管開會，現場提出問題甚至只是發牢騷。「我們無法解決每個人遇到的每道問題，像是五歲小隊員動不動就要暫停活動去上廁所，搞得他們滿腹挫折，但是我們明白，輔導員覺得自己說話有人願意聽很重要。即使我們無法立即搞定問題，找個安全場所一起聊聊有助他們擺脫情緒。」

請謹記，新人介紹會與到職關乎協助員工適應企業文化，並理解你對他們工作的期望，就和教育他們技術能力是一樣的道理。務請個人化這部分。協助他們激發與同事的連結，協助他們知道自己歸屬於此，而且你正在身旁伸出雙手。不過也請在一開始就交付他們需要的關鍵學習，這樣他們就可以迅速上手並開始創造價值。

投資一點時間打造一套強力、可以重覆應用的新人介紹會與報到系統，是任何產業中的單一公司可以實現最高投資報酬率的活動之一。新人介紹會與報到不僅推動績效並創造連結及信任，也可以提高勸留率，這一點超級重要，因為Z世代的技能變得更有價值，並開始在我們的勞動梯隊占據越來越高的比率，也包括向上移動接手管理角色。

到職第一週的導師

「我在銀行工作，所以我都在處理金錢事務。我不拿這件事開玩笑。多數時候我都戰戰兢兢。我發現自己老是去（找導師）求救。」

——Z世代員工

我們針對年輕員工進行的全國研究中，世代動力學研究中心與分銷承包商協會發現，對新人來說，指定一位第一週導師或是歡迎夥伴往往是讓他們覺得自己屬於公司重要一份子的最佳活動。雖然導師可能不會在新人介紹會與報到計畫中提供詳細培訓或指導，但第一週導師會提供人際接觸，讓新人可以信任並依賴地提出問題、獲得資訊，無須請教自己的上司。第一週導師通常會在報到第一天就被介紹給Z世代新人，他們可能會一起喝杯咖啡或共進午餐，也可能就在導師的辦公室來一場十五分鐘啟動會議。

在某些企業裡，導師提供新人所需的庇護；在其他企業裡，導師單靠發送簡訊、打電話、即時通訊或是幾步之遙就能回答問題。第一週導師為新人提供夥伴情誼與安全感，因為他們雖然可能完成新人介紹會與報到程序，但依舊不確定企業內部的不成文規定或是其他常規。（好比未指定與指定的停車格！）第一週導師身兼公司宣傳與文化大使，可以協助新人感受到自己比較受歡迎。

第一週導師究竟有多重要？在我們的全國研究中發現，對新人來說，有第一週導師在身邊遠比報到日前收到詳細的職務資訊、第一天上工所需準備的工具、參觀各項企業設施或是收到歡迎禮物更重要！因此，請送你的企業與新人一項真正重要而且對周遭每個人都有好處的禮物：一位第一週導師。

快速溝通

「去年夏天我曾進入一家頗具規模的公司實習。許多主管都不在現場，而是遠在他方。有時候他們會搭機進城，看看我們做得如何。他們會把實習生拉到一旁對我們說：『嘿，我們真的很感謝你們做了這麼多事。你們幫了我們很大的忙。』光是知道我們真的協助了他們正在努力完成的計畫，就覺得超有價值感。」

——Z 世代大學生

不同的世代有不同的溝通風格，這一點值得一再被提起。你打電話，他回簡訊；你發送電郵，他登錄 Google Hangouts。所有不同的溝通偏好都在單一支工作團隊中互相衝突，進而為即使是經驗最老到的管理階層與領導者製造出溝通困難、挫折與機會。

你在餐廳、自家社區或甚至自己家裡都看過Z世代，知道他們幾乎總是黏在手機上，社群媒體總是不斷線。他們操作的反饋循環非常簡短，無論是上傳一張自拍照到 Instagram

換來即時讚數，或是在Snapchat貼出問題，那些簡短的溝通反饋循環持續延伸到職場中。在當今的職場中，Z世代比任何其他世代都想擁有更高的溝通頻率。不只是他們想要頻繁、快速溝通，也視其為留任在一家企業的必要之舉。

頻率有多強？在我們的二〇一八年Z世代現況研究中發現，三分之二的Z世代說他們需要主管至少每隔幾週就提供自己反饋，這樣他們才能安心工作。相較之下，不到一半的千禧世代需要相同程度的溝通次數才能在一家企業待下去。再繼續檢視另一項數據：五分之一的Z世代需要每天或甚至每天好幾回聽到反饋（！），這樣他們才能安心工作。對千禧世代來說，這反倒是一大挑戰，因為他們將是最有可能管理Z世代的人選，但是隨著Z世代慢慢進入職場，就已經期望更高頻率的溝通，甚至遠高於千禧世代習慣提供或接受的程度。如果你回想過去，沒多久以前，其他世代都說千禧世代想要的反饋高於他們習慣給予的程度，現在Z世代更將這種需求提高到一個全新層次，那種持續不間斷、快速反饋就是他們所知的一切。

這種溝通頻率可能是績效反饋或經驗傳授、在他們埋頭苦幹時簡單打聲招呼、當他們值得嘉獎時發送一則簡訊，或是在他們的辦公區黏上一張便利貼，說他們「幹得好」。關鍵在於Z世代想要更高的溝通頻率，但是他們在工作時這股高漲的溝通與反饋渴望隱含兩大看不見的正面作用。

第一個強大的正面作用就是，渴望更頻繁溝通創造更多提供反饋、經驗、培訓與快速修正課程的機會，可以更快地培養出Z世代的才能。這會創造龐大機會，協助這個世代發展自己的職場技能、心態與態度，這樣他們就能夠繳出可能對你與你的團隊來說最出色的工作績效，同時也推進自己的職涯。

此外，我們與Z世代員工共同進行的質化研究發現一個深刻見解，單單只是因為Z世代想要更頻繁的反饋不代表他們想要更多的全面反饋。Z世代分享，他們希望知道自己做得如何、哪裡需要改善以及應該聚焦工作中的哪些領域，但那些與管理階層及同事的互動可能極度短暫，甚至短於一分鐘，而且很可能全都透過科技完成。關鍵在於，互動與溝通有必要持續發生，這樣Z世代才知道如何為你創造最大價值。

結果是，Z世代渴望頻繁溝通，最終可能為管理階級在協助Z世代更快把工作做得更好、更持續但可能更少量全面溝通的情況下，節省可觀時間、降低挫折感。每週來一場兩分鐘談話可能比每月開一場一小時會議帶來更多好處，這樣做將會節省管理階層與Z世代雙方可觀的時間，特別是當你可能不只帶領一名而是很多名Z世代員工。

請規劃提供Z世代至少每週一次迅速互動的反饋，可能只是一分鐘對談、簡短的訊息或甚至是一句他們應得的「簡報出色」評論，結果將不只是他們會做得更好，也會待得更久。對Z世代、他們的管理階層與雇主來說，所有人都是大贏家。

校準動機

我們與Z世代共同完成的研究顯示，管理階層與領導者可以立即善用幾個動機，開始釋放這個世代的龐大潛力。隨著Z世代員工在一家企業或產業裡探索不同的職涯道路，無論他們是在餐廳從事入門工作、在諮詢機構擔任初階職位，還是兼差接案皆如此。

我們的研究顯示，最能激發Z世代的關鍵行動就是立場一致、企業影響力與持續進步。

每當論及與Z世代立場一致，我們的研究都會顯示，他們會被一份讓他們充滿熱情的職務或工作高度激勵。在我們的二〇一七年Z世代現況研究中，44％說他們成功的最大表徵就是擁有一份自己熱愛的職業；與此同時，36％說他們成功的最大指標就是知道自己正在從事一份影響他人的事業。

現在，人們比較能夠理解並不是每一份工作都能與員工的個人熱情保持一致。有時候這個連結很容易：有人熱愛在杯子蛋糕烘焙坊工作，或是有人熱衷指導孩童在夏令營找到差事。

其他時候，校準立場一致與企業影響力齊頭並進。這個主題幾乎出現在本書的每一章：Z世代想要校準自己的立場，與鎖定為這個世界做出一番改變的企業一致。每家企業都可以也應該明確表態它們的工作如何幫助他人。雖然這應該已經存在你的雷達上，正如我們強調它是吸引顧客與職務應徵者的重要環節，同樣手法可以讓Z世代與你的企業並肩同行做出一番成績。

有時候，一家企業的影響顯而易見，好比在開發中國家提供飲用水的非營利慈善組織「水源」（Water），或是TOMS捐贈鞋履給沒有鞋子穿的社區；其他時候，影響力並不明顯，但有可能依舊存在。舉例來說，你可以對外展示，在你的零售門市如何創造職缺、協助家庭並改進當地社區；或是在會計師事務所工作如何協助當地小企業蓬勃發展，這樣它們就可以僱用更多員工。你還可以指出，同事完成的慈善工作或你的企業如何賦能員工在社區擔任志工，或是你的企業採取某種做法讓這個世界變得更美好。

企業影響力也與產品開發與供應鏈管理到交付方式在內的每一件事息息相關。如果你經營餐廳，你會採購永續生長的食材還是為那些有需要的族群提供食物？你是否支持本地供應商或是承諾捐贈一定比率的利潤回饋社區？如果你身處製造業，你支持同工同酬並為工廠員工提供安全的工作環境嗎？你的企業如何發揮影響力可能會因產業有別、地理位置不同，帶來極大差異的結果，但是就像消費者世界一樣，你的員工將會關心你的企業如何影響這個世界，無論好壞。對看待自己的日常工作正在為這個世界帶來正面影響的員工而言，不顧利潤為一項事業許下承諾可以說是非常重要的動機，

我們看到成效良好的最佳實務就是，描繪Z世代的行動或特定職位如何觸發公司內部每一個其他職位，然後反過來促成企業的宏大使命。入門或剛進社會的員工往往看不到他們自己也在創造價值並影響他人與社群的宏大格局中擔綱一角。即使最資淺的員工也影響顧客、文化、流程和經驗，請讓他們看見，他們這麼做通常會增強能力、強化動機，終將有助為他們的行動和成果創造問責風氣。

在正確情境下，金錢發揮激勵作用

「我離職的主要原因是我覺得自己努力工作卻不被認同。我在工作中投入大量心神，而且輪調過好幾個不同部門，像是攀岩、主持聚會與服務博覽會等。公司有需要時我總是在一旁待命。但是我都沒有得到加薪。」

——Z世代女性

無論是提供獎金、誘因、禮品卡或其他財務獎勵敦促努力，藉由金錢尋求激勵動機的典型做法都會奏效，但是不應該當作激勵Z世代的唯一手段。金錢驅動的誘因可期，員工除非得到額外獎勵否則可能不再繼續盡力而為，特別是如果金錢誘因與特定、可量測的結果無關。如果目標讓人覺得無法企及，或是假設績效更好的員工會超車他們，誘因就可能毫無激勵作用。對所有世代來說這些挑戰意義深遠，但知道Z世代可能被非金錢獎勵的政策所驅動，將讓你的誘因占據發揮最強大永續影響力的地位。

事實上，每當論及激勵Z世代，他們都覺得做一件自己熱愛的事遠勝過為錢賣命。有多強烈？在我們的二〇一七年Z世代現況研究中發現，63％的Z世代說「做自己熱愛的事」是選擇一份職業最重要的面向，相比之下僅16％選擇「為錢賣命」。確實，Z世代看待為熱情而活、為世界帶來影響力與為錢賣命將隨著時間推進日益演化，同時他們也得承擔更多個人與財務相關責任，不過就目前為止，Z世代似乎是受到一份工作的非財務層面所激勵。你秉持這個深刻見解，不妨考慮提供不與金錢掛鉤但與體驗或影響力相關的獎勵與誘因，好比免費的演唱會門票、贏得一趟直升機之旅或是有權選擇哪一家慈善機構可以收到額外捐款。雖然這種做法會比給出另一張亞馬遜禮品卡需要多付出一點努力，但確實看似有助推動雇主想從Z世代身上得到的長期連結與情感回應。

也就是說，每當論及入門與最低薪資職務，頻繁加薪可能有助長期的員工留任率。在我們的二〇一八年Z世代現況研究中發現，69％的Z世代期望到職九個月內就加薪；有趣的是，有一半的Z世代男性期待半年內就加薪，相較之下，Z世代女性是40％。

這為我們帶來激勵Z世代第三個最強大的動機：持續進步。Z世代喜歡一套按部就班的程序，這樣他們會覺得自己在工作中正向前邁進。請讓Z世代知道他們是否或何時可能會有晉升機會、他們應該達成什麼成就才能確保必定晉升，即使加薪幅度微小或是得承擔新責任。站在可以理解的立場盡可能詳細說明晉升條件就是和這個世代共贏。請謹記，Z世代喜歡許多持續不間斷的反饋。如果他們有任何地方必須修正或改進，又將如何在工作中求進步，請隨時讓他們知道自己的工作表現。有時候甚至請稍微停下來，向他們指出至今已經學到多少知識、成長多少，就可以傳達出他們正在進步的認知。他們需要看清楚這一點，知道自己不是在浪費時間原地踏步，而是留在原職為自己的未來做出明智投資。

培訓與人才發展

你已經知道Z世代渴望學習。請謹記，Z世代決定是否接受一份工作的主要原因之一是人才發展和在職培訓的承諾。不過這也是Z世代留在原職的原因。所以請勿止步於新人介紹會與報到階段，而是將人才發展計畫視為每年你在僱用期間策略性提供的條件。這不僅提升員工自身的價值，也提升他們對你的價值。

理想情況下，你會有一套準備就緒的計畫，以便促進員工持續學習，無論是像勤業眾信聯合會計師事務所這類企業打造包羅萬象的「大學」，或是比較親密的指導方案，好讓員工之間可以一對一學習。如果你還沒有一套準備就緒的人才發展計畫，投資在適應Z世代員工正是絕佳起點。這套計畫不用讓人看得眼花撩亂或鉅細靡遺，但可以簡單提供培訓與資源，員工就能在他們的工作與職業的關鍵步驟或階段派上用場，無論

Z世代和電郵

我們的二十歲實習生克里斯欽告訴我們他不知道怎麼寫好電郵。

他問：

- 可以開頭就說「嘿，好嗎？」
- 可以在社群媒體上使用表情符號嗎？
- 可以說「哈哈哈」嗎？

整天坐在辦公室工作發送電郵的上班族看到這幾句話可能會超傻眼。你怎麼可能不懂如何寫好一封電郵？！但請謹記，Z世代並非成長於以電郵為主要溝通形式的年代，他們許多人根本很少用電郵，更傾向發送簡訊。如果電郵是你們這門產業的關鍵溝通管道，涵蓋電郵禮儀的培訓計畫將對許多新人大有幫助。

是透過線上影片、每一季都與資深領導者共進午餐討論業務問題與潛在解方，或是觀看一場 TED 演說，然後探索如何將深刻見解應用在自己的職涯。

對前幾個世代來說，Z世代為了自己的工作績效而學習並發展的目標似乎不是很明顯。當我們問他們什麼才是在職場成功的最重要技能，以下是前三名答案：

溝通（57%）
解決問題（49%）
學習（32%）[12]

然而，我們詢問同一組Z世代另一個版本的問題時，得到了稍微不同的結果。我們問：「下列技能中，你希望自己可以再加強哪一項，才比較容易在工作或學業上成功？」以下是前三名答案：

12 每一名Z世代參與者可以選擇重要性位居前兩名的答案，因此百分比總和超過一百。

公開演說（50％）

溝通（45％）

解決問題（29％）

好消息是雇主皆表示，他們希望自己的員工更善於解決問題與溝通，所以Z世代想要的結果與雇主最希望員工具備的技能之間具有高度一致性。

Z世代知道他們需要協助才能在職場成功，而且他們真心想要這方面的協助；他們還有一股強烈的意識，認定自己哪些方面需要改進。在這兩種情況下，他們首要選擇的技能可以歸納成溝通與解決問題，這兩者都可以透過報到、培訓與人才發展計畫實現。

雖然溝通往往是多數培訓課程的核心，但是對入門級員工來說，在專業與實際動手做的工作這兩種情況中，解決問題的能力經常被忽略。諷刺的是在我們的質化研究中，當我們問雇主相似問題，他們幾乎總是回報，解決問題才是他們對Z世代的頭號抱怨來源，其次則是對內與對外的溝通技巧。開發Z世代員工的才能、解決關鍵的勞動力挑戰這兩項挑戰都可以搞定，只要藉由員工開發計畫正面迎戰這些挑戰，便可為每一名相關人員創造雙贏。

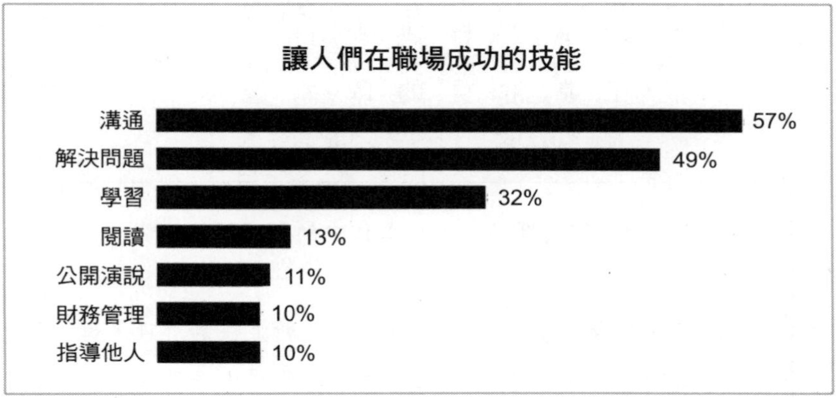
讓人們在職場成功的技能
溝通 57%
解決問題 49%
學習 32%
閱讀 13%
公開演說 11%
財務管理 10%
指導他人 10%

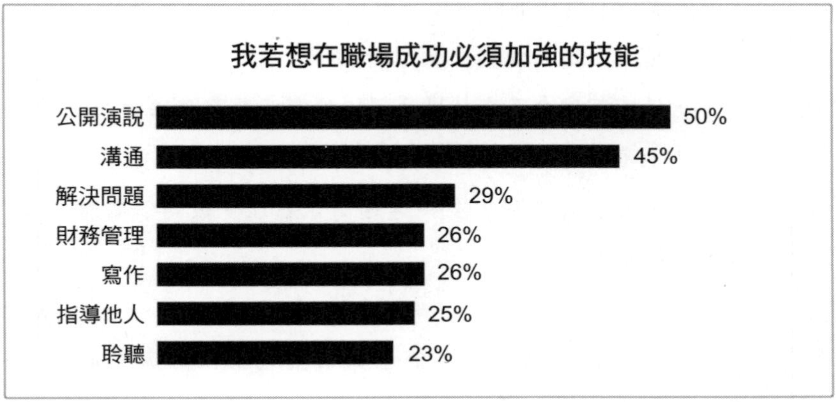
我若想在職場成功必須加強的技能
公開演說 50%
溝通 45%
解決問題 29%
財務管理 26%
寫作 26%
指導他人 25%
聆聽 23%

為了進一步體現這一點，在德州奧斯汀市一家超人氣快餐連鎖店中與招聘總監的討論過程中明顯看到，Z世代身為勞動梯隊中一股日益成長的力量自有獨特的貢獻與挑戰。雪洛為兩家高人氣的當地連鎖店招聘員工超過九年，描述自己留意到這個起步中的世代某些經驗

Z世代與解決問題：處理工作中的顧客服務衝突

布蘭妮十九歲，是一家快餐店最新上任的經理，她告訴我們有一次一名火冒三丈的顧客來電抱怨醬油放到過期。這名顧客正大肆抱怨心中的挫折，布蘭妮卻緊張到掛他電話！為什麼會這樣？總結所有原因，結果是：

- 她不知道該說些什麼
- 她不確定自己有什麼選擇（沒有客戶服務培訓）
- 她不知道該如何妥善道歉
- 她在長大過程中多半透過簡訊處理多數同儕團體的抱怨

員工在你的企業裡可能會面對角色扮演的常見問題。在你看來解方可能很合乎直覺，但請謹記，許多Z世代根本還不具備適切回應必需的現實生活或專業經驗。

與趨勢。她細說他們如何非常精通科技、快速學習而且善於交際；除此之外，他們經常在外界評估、給予持續反饋的競爭環境中茁壯。但是她解釋，他們傾向非常實在地遵循任務架構，進而限制自身預期新任務或解決問題的能力。要是沒有人特別明確告訴他們該做什麼，他們就什麼也不做。她也說他們總體上復原力比較弱。如果他們沒有迅速改進、掌握概念或達成期待，會傾向於比其他世代更快就備感挫折，進而放棄。

綜上所述，一套完善的培訓與人才發展計畫將溝通與解決問題當作核心的待遇條件將大有助益。我們發現，置身正確答案不明朗的情境中，最能充分發揮解決問題的能力，但Z世代在通盤思考所有選項，然後挑出最適做法或創造潛在解方這方面做得很出色。這教會他們不只是如何解決問題，更是如何找出限制和障礙，同時也體認到自己可以解決更多問題，或者是為管理階層帶來潛在解方，而非僅僅拋出燙手山芋。採用這種手法會更快釋放Z世代員工的價值，也讓他們成為更有價值、更靈活的團隊成員。

除了溝通和解決問題，許多員工都缺乏工作經驗，很大程度取決於他們年紀尚輕，而且這個年齡區間的族群勞參率較低。這意味著針對核心職場活動的相關培訓應該涵蓋在你的報到及整體人才開發計畫中，連同像是如何使用公司首選的溝通系統（沒錯，甚至是電郵）、如何登錄檢查薪資明細，以及如何應用他們自身職位最常見的技術等基本功。多數這些基於技術的培訓成果都可以在一天就教完，往後三十天則是適度或局部強化。關鍵在於提供培訓，這樣他們才能更快學習並為你節省可觀時間，未來你也才能追究他們的責任。如果你從未培訓他們，就無法追究他們的責任，因為很可能沒有人其他人這樣做過。

解決問題和溝通可以列入每一季的培訓計畫或是其他公司持續開辦的學習課程。對大企業的雇主來說，評估當前的技能水準經常是擴充能力的核心，管理報到及人才開發計畫亦然。對小公司雇主來說，我們看到，每月開一小時會議對一整個部門傳授新技能是一種省錢、省時的好做法，有可能像是觀看一場TED演說，然後討論關鍵訊息這麼簡單，或者是採取個別或集體方式完成練習。產業協會經常為它們的產業提供他人推薦的某種型態線上培訓，許多第三方培訓機構亦然，好比Schoox現在提供手機隨選隨訓練服務，附帶明確追蹤與衡量標準。

就手段而言，我們為新人介紹會與報到程序提出的建議也適用於持續進行的培訓。我們綜覽好幾份研究結果顯示，Z世代期望將學習與快速學著做的指示結合成一套親自培訓外加YouTube風格的影片，它們都是隨時可用的自助服務，也是結構式的人才或職涯發展道路的一環。其間的權衡之處在於，雖然Z世代想要一套混合、個人式的培訓做法，就說學習新技能好了，如果這項技能契合他們的工作環境與企業文化，他們希望可以觀看影片並在提問後迅速得到解答。舉例來說，在金融服務的銷售環境中，以影片為基礎的培訓方式通常是最佳做法，其次是角色扮演與實務演練。與此同時，我們稱那些在咖啡店、飯店或運動賽事中工作的人不屬於坐辦公桌的員工，他們可能沒有時間或能力一邊盯著傳統的筆電或其他螢幕看，一邊學習新技能或技術，特別是因為他們的工作要求他們要隨時移動並提供服務。在那些情境下，面對面的現場培訓反而才管用，並確實提供他們影片直接連結，讓他們在顧客或任務之間的空檔可以收看。

但是當情境正確時，Z世代也很安於單單只在螢幕上觀看影片，無論是置身教室、坐在書桌前或在手機上，看到自己提出的問題得到答覆然後就回頭繼續工作。事實上，在我們的全國研究中發現，85%的Z世代每週至少一次上線收看影片學習某件新事物！哇，每週一次呢！

每當論及將培訓影片整合融入職場時，最佳的培訓或教學影片都很簡短，開頭就說好要傳授或學習什麼技能，然後明確演示各個步驟，並在尾聲重覆指令。而且至少要有點娛樂性。我們也發現螢幕上的簡短訊息有助保留並簡化學習，特別是如果置身嘈雜的工作環境或情境，光是要聽清楚就很困難，但是透過快速培訓提出問題並得到答覆卻很重要。

VidREACH是一家透過影片、電郵與／或行動技術，並以個人化自動模式為中心而構建的銷售、顧客及員工參與度平台。執行長尚恩．高登（Sean Gordon）與我們分享，他們如何打造包括Z世代在內的超成功業務代表培訓工作，即應用二十秒至三十秒的涓滴式學習影片（連續觀看的微影片）資料庫，受訓者可以在自己偏愛的行動裝置上依照自己的速度收看。高登分享，最近他們有一批Z世代的業務代表報到，接受一星期影片訓練後，他們都發展出一定水準的銷售技巧，若以傳統培訓來說，在正常情況下得花三星期至六個月才能學會。

VidREACH讓它們的業務代表自製展現銷售技巧的短片，進而實現這一步。受訓者可以就不同主題與問題查看一系列微影片並加以分類整理，進而看到各式各樣的個人特質與成功的銷售策略，這樣他們就可以收看最能與他們產生連結的影片。高登指出，這套做法對每一名相關人員都有莫大好處，從節省訓練與學習時間，到在新進代表群體中打造士氣與社群，他們都想要找到自己的聲音與手段，好向大規模組織推銷。

「提供他們管道收看各種二十秒至三十秒影片，」高登解釋，「不僅在某些情況下顯著減少報到與培訓時間幾近70％，還遠比遞交受訓者一大本活頁紙夾，幾個星期後測試程度的舊方法更能提高成效。」

「因為一旦他們上了戰場，開始尾隨在其他代表之後，搞得年輕人立即自我懷疑，這是很常見的情況。如果他們追隨的代表具有一種與他們自己不同的個性，他們可能會想：『我沒辦法做到像那個人一樣。如果他們期望我像這樣，可能我就不適合再待下去。』然後那個人就會辭職求去。相較之下，提供他們一座影片資料庫，裡頭盡是各種不同類型人物與性格，而且以前都在業務第一線做得有聲有色。受訓者可以自己點擊三十秒影片，然後很快就找出他們覺得舒服的方法與性格。」

VidREACH的培訓有一部分也讓新人在學習新技巧之餘自製銷售影片，這會催生一個即時的反饋迴圈，讓培訓者、管理階層或導師可以收看影片並馬上提供改進建議。

即使你不在招聘與培訓業務代表這一行，也請考慮在錄用的報到階段之外可以如何善用影片。不只是因為你可以分享同一系列影片給每一名新人收看，藉此節省時間與金錢，更因為它授權員工以他們偏愛的形式、在自己的地方學習，而且在有必要時擁有再度回訪學習的選項。你不只創造擴充學習與問責制的能力，也善用自己組織的集體經驗、智慧與最佳實務。

超越基礎的培訓

許多企業正大手筆投資自家員工的培訓、人才與專業發展計畫。勤業眾信投資三億美元在德州西湖市建立學習機構勤業眾信大學，讓員工在發展自己的領導、專業、產業和技術能力之餘，致力提供他們沉浸式體驗。眾所周知，勤業眾信大學是一處完整的大學風格園區，完善配置生活區、健身設施與三十間教室。員工置身勤業眾信大學可以享受健康假期、自行車道、免費的星巴克飲料以及安置火爐和音樂娛樂功能的戶外聚會區。

軟體大廠 Adobe 被財經刊物《富比士》選為二〇一九年應屆畢業生最想進的前幾名企業之一，在Z世代眼中素以持續承諾為員工發展專業脫穎而出。顧客與員工體驗執行副總裁唐娜．莫莉絲（Donna Morris）告訴《富比士》：「一切完全關乎學習、接觸以及一個加入比他們自己更偉大願景的機會。」她的職位足以顯示 Adobe 極度相信，絕佳的員工體驗可以轉化成絕佳的顧客體驗。每當論及聘僱應屆畢業生，莫莉絲解釋：「如果有人在職涯早期就知道有一條道路可以通往成長與職涯進步，那可是超級重要的大事。」

Adobe 開發由它的大學人才團隊所設計的加速 Adobe 生涯（Accelerate Adobe Life）兩年

計畫，旨在啟動新人的成功之路。這套計畫涵蓋與執行長私密問答、現場虛擬討論、隨選隨看的領導學發展課程，以及每年一萬美元的教育補貼。

正如我們所說，如果你沒有深厚口袋或重責大任，當然無須發展如此全面的培訓計畫。不過務請考慮你可以如何提供Z世代員工終身學習之道，這將造福每一名員工，包括那些與他們並肩合作的長青員工。Z世代極度看重這種對他們職涯的投資，它也是激發員工動力與留任意願的關鍵。小額預算選項可能涵蓋線上課程補助、跨部門指導計畫或是鑽研某一門產業或其他領域並取得對自己的職涯、責任與目標具有重大意義的證照。

慰留

「我在第一份工作待不到一個月就離職了。他們並沒有將我視為獨一無二的人，也沒有看到我的潛能。還有我共事的那些人，他們都只為自己想。一點都不像一個團隊。」

「如果我想換工作，肯定會看重彈性，或許再加上成長空間。這就是我辭掉其他工作的原因，我覺得自己在那裡工作兩年都拿一樣的薪水。我訓練員工、主持小型研討會，但終究沒有得到更多。所以，沒錯，我要找一個有成長空間和彈性的地方。」

——尚恩，Z世代

——Z世代員工

我們檢視員工勸留與Z世代時，顯然定期、持續溝通是他們的工作經驗和致力留下員工的關鍵。他們想知道自己正在進步、學習新技能並取得「小小勝利」，以證明他們在這段過程中的貢獻度不斷增加，而且正在創造動力。隨著Z世代經常意識到，一旦他們投身職場，將不會一如所願或所期頻繁調薪，這一點格外重要。

正如我們前面所述，我們的研究顯示，Z世代期待到職九個月後調薪，千禧世代則期待開展新工作十二個月後第一次調薪。我們將期望，一旦Z世代累積更多年的工作經驗、一旦他們進入全職的勞動梯隊，這些最終更將趨於一致，不過截至目前為止，這是他們目前對初始加薪的期望值。但是在Z世代等待他們應得的加薪時，請讓他們知道自己做得如何、他們是否走在正確軌道上，或是他們可以採取什麼不同做法實現你們共同構思的軌道。

除了更頻繁溝通並提供理所當得的加薪外，讓Z世代員工留在原職的行為動力還包括認可他們學習新技能，外加一對一以及與他們的偕同團隊一起歡慶小小勝利等。那些勝利可能是直接達標個別顧客服務、品質或銷售基準，或是實現有趣的團隊目標，好比打敗自家門市創下從顧客下單到（準確地！）收取貨物的最短時間紀錄。

每當論及給予認可，我們的研究發現，Z世代最喜歡並重視親口認可，而非線上或透過科技平台傳達。他們也偏好一對一而非當著團隊成員面前認可。不過如果主管想要在他們的團隊成員面前認可他們，這種做法的價值就和在全公司面前認可他們的價值相差不多，因為通常難度更高、頻率更低。最重要的是：一對一認可與在團隊面前認可都是認可Z世代最有效率的型態。

檢視員工勸留的另一種方式就是透過員工幸福感的顯微鏡觀察，在這種情況下我們發現相同的整體結果。在我們的二〇一八年Z世代現況研究中，55％的Z世代說他們想要主管至少每週一次正面鼓勵或力挺，這樣才能樂在工作；30％的Z世代說他們想要每天都得到某種形式的正面鼓勵，這樣才能樂在工作！雖然這可能是人生階段所驅動，但是他們渴望迅速的反饋循環，並知道自己正在做正確或錯誤的事情，確實顯著影響他們在工作中的幸福感。

留住Z世代員工的另一座基石就是提供彈性的工時表。我們提過，它是一種招聘福利，對於將他們留在原職來說，它就算沒有更珍貴，至少是同樣有價值。

對某些企業來說，基於工作、產業或職位要求，提供有彈性的工時表可能很困難，不過對Z世代來說，任何時候只要有可能，排班時增加彈性是都是勸留的重要推動力。調度的彈性範圍可以始自能夠快速賺錢，或從一段可以用來安排給薪或無薪假期的私人時光開始，或是提供一段可以保留退休金權利的個人假期，這樣他們就可以在幾個月內累計休假，而非依照工資時程或花一整年累積一段有意義的休假日，才能讓他們遠離工作。對可能沒有給薪假期的兼差型Z世代工作者來說，調度的彈性絕對是接受並與雇主繼續合作的動力。由於多數已屆工作年齡的Z世代都還在高中或大學念書，或至少大致落在這個年齡群組中，也都還在工作與教育或過渡至承擔更多成人責任之間取得平衡，彈性在這些承諾與經驗之中便得以派上用場。

另外，如果你的企業在草創時期就沒有提供個人休假或假期，那麼請考慮讓員工可以更容易地與其他團隊成員改變班表。現在有許多薪資和排班管理應用程式，讓團隊成員可以透過手機要求換班或是休假，可以讓其他團隊成員接受額外排班或工作日數，然後立即獲得管理階層同意或反對班表調整結果。這會省掉所有不必要的電郵往返、簡訊（在員工休息室牆上釘一張便利貼！）或商討如何試著找到另一個人願意接你的班或多做一天，並以自動化、機動性以及批准取而代之，所有這一切也都會生成紀錄，明確記載哪些人提出請求、採取並批准哪些行動。

對許多小公司而言，提供全天休假或簡易的調班做法或許不太可能。在那些情況下，身為全職員工的Z世代若非可以多賺一點，就是獲得星期五下午提早下班的能力。對非常注重生活方式或尚在高中或大學念書的年輕人來說，這種調班紅利可是一樁大事。星期五下午也是一個星期裡客戶或其他人的工作步調可能放慢的時段，因此對公司的整體干擾比較小。另外，我們也見過額外聘用一名人員，以便提供其他員工一整個星期排班彈性的雇主。最終的花費大致相同，不然其實也多不到哪裡去，不過這名額外人員可以接手臨時排班，在其他人請病假、個人特休時上工，在高峰時段提供協助，這可是很高的投資報酬率附加價值。

Z世代可以成為出色的員工

無疑地，一旦你採用正確的聘僱手法，Z世代已獲證明是前途無量、潛力無窮的員工。每家企業與管理階層將必須選擇如何、採用什麼方法適應，進而釋放這個激動人心的世代所具備的潛能，但他們為雇主帶來的好處既明確又直接，而且只會隨著時間拉長一再成長。無論誰最先適應良好，都將最快在始自招聘與培訓到績效表現與勸留的徵聘生命週期的每一步取得成效。

展望未來：十大顛覆式創新

隨著改變與突破加快步伐，將由Z世代成人導航的未來五十多年會不同於前幾個世代的經歷。Z世代最終將認定飛天車很正常、年紀漸長不免要訂製器官，而且太空旅行不再是科幻小說，反倒只是財務計畫一環。

科技進步與突破將製造其他世代無法想像的機會、風險與互動。人口分布、人口變化與地球健康風險將為日常生活、行動與資源帶來全新壓力。此外，太空旅行有可能變得像春假一樣常見，誰知道呢？（是說到時候還有大學的話……）。這是個年輕人即將轉大人的世代！

Z世代正在成長，周遭盡是萬事萬物大突破，從個人化醫療、自動運輸到職場自動化和人工智慧虛擬助手等所有面向。前瞻未來二十至三十年，我們可以指認出一些有可能在未來幾十年內影響這個世代的趨勢、突破、挑戰與創新。

我們稱這些為十大顛覆式創新：

一、汽車與交通演進

近二十多年來，新科技已經湧入汽車業，從全球定位系統（GPS）與串流你最愛的Podcast內容，到半自動化汽車以及長途行駛的電動車；與此同時，Uber、Lyft與共乘經濟，更別提社群媒體與新法律，已經降低Z世代考取駕照的急迫性。一度是熱切期盼的事，加上一趟滿心焦慮走進當地汽車銷售部門之旅，現在已經成為經常被Z世代推遲的事。

事實上，往後二十多年間，Z世代甚至可能不需要駕照，因為他們將不會開車。真正的自駕車將準備好載送有需要趕赴某地的乘客，飛天車可能最終也會起飛（與降落！），自動或半自駕卡車則將改變交通壅塞與上路的風險。倘若Z世代改變他們的駕駛行為，直到有一天他們不再開車或者不然就是極短程駕駛，將會直接顛覆從汽車保險、汽機車事故率以及車庫的必要性，再到整體汽車產業需求等每一件事。Z世代將會坐在主導這場汽車與交通運輸改變的駕駛座上，但實際上他們最終可能只是坐在乘客座位，放手讓科技接管所有工作。

二〇一六年，金融機構摩根史坦利與諮詢商波士頓顧問公司發布的一項研究闡明，年輕消費者已經越來越頻繁採納共乘與新的行車選項，其中十八歲至二十四歲年輕人每月或每月數次使用這些服務。尤有甚者，這些人裡面，28％每天或每星期都使用共乘服務！隨著自駕技術與更便宜、更可靠的運輸工具(即電動車)變得更容易為大眾取用,這些數字將只會一路成長。再見了,加油站。

Z世代可能會推動一場無車革命。

二、虛擬實境與擴增實境

雖然Z世代和旅行用汽車的未來相關文章多如過江之鯽,現實是,倘若虛擬實境(VR)與擴增實境(AR)廣獲採用,Z世代可能根本不需要坐上車。虛擬實境與擴增實境讓你體驗一個彷彿身臨其境的世界,從飛越田野、高山到與老師同處一室聽講新技能。雖然虛擬實境可以完全讓你沉浸其中,包括添加氣味、微風吹拂等其他刺激感官的功能,但未來的虛擬實境將可以更進一步提升觸感。這可能會壓抑搭機旅行的需求,因為你可以完全不用搭上飛機、花費分文、忍受不適並承受旅遊相關風險,就能造訪某處,體驗眼之所見、耳之所聽甚至鼻之所聞。另一方面,Z世代可能偏好虛擬實境提供他們無法親身擁有的體驗,好比在幻想世界中駕駛太空船或探索火山深處。

虛擬實境的衝擊可能會表現在方方面面,從商務旅行(虛擬會議可以和面對面開會一樣有效)到休閒度假與教育,更別提虛擬實境可能對娛樂、內容創作、人際關係(虛擬伴侶看起來即將成真！）等其他不及備載之事產生影響。你甚至可以和五萬名歡呼喝采的陌生人同赴一場演唱會，全程都在自己舒適的家中體驗，無須花大錢買昂貴的汽水。

超過一半的Z世代（52%）期望，可以在不久的將來使用虛擬實境當成他們玩電玩、線上遊戲，或觀看他人玩電玩、線上遊戲的頭號裝置。

60%的Z世代（在這群人中，63%屬於十八歲及以下）可能在不久的將來把玩、觀看虛擬實境遊戲、節目和電影。

擴增實境也正在迅速成為現實，而且可能扮演一個讓每天生活更有趣、更有娛樂性而且更出乎意料的吸睛角色。擴增實境占據你親眼所見的全世界，以一種讓你看到實際上某件事物並不存在，卻又活生生出現眼前的方式增添圖像並充實更多內容。舉例來說，如果你在擴增實境裡看到一本書，有一部分書體被桌上的花瓶擋住，你可以移到桌子的另一側看到完整書體，就像現實生活一樣。擴增實境開啟嶄新沉浸式世界的大門，也可能影響行銷、銷售、培訓以及教育。訊息、視覺效果與體驗將以現今尚不存在的方式變得栩栩如生，從產品擺設與家裡的告示牌到付費購買唯有擴增實境參與者才能享受的體驗。

虛擬實境可能在職場中格外有用，好比是一套針對如何在壓力下完成任務的全新層次培訓計畫，像是駕駛飛機降落或是解決複雜問題。

虛擬實境結合擴增實境，加上強化人們採納科技的前進之路，意味著更大量、更深度將技術整合在我們世界，也代表我們如何看待並體驗這個世界。想要和恐龍一起去散步嗎？沒問題。想要坐在哈佛大學教室的前排座位嗎？簡單。想要角色扮演問問某人是否願意共結連理嗎？它們也辦得到。

顯然，這個新世界可能也有不利影響。Z世代已經對手機不在身邊或是沒有獲得即時回覆感到焦慮，他們也為特別在職場中必須處理面對面溝通而焦慮。未來二十年完全是沉浸式科技體驗，他們將作何感想？Z世代自會找出答案。

三、人口老化與世代交替

嬰兒潮世代的壽命超出他們自己預期，包括經常因為長壽導致存款、退休、工作能力以及政府提供財務與醫療支援計畫不敷所需。嬰兒潮世代老齡化將繼續對這個世代許多成員構成挑戰，同時也徒增全球政府與家庭壓力，必須想出解方協助他們安心養老。嬰兒潮世代多半不想退休，多數時候也因為財務理由無法退休，因此，他們只要身強體健就會繼續留在勞動梯隊中。

從許多方面來看，全世界尚未做好進入一個高比率人口快速老齡化的準備。這樣不只會影響那些銀髮族，無論是家庭成員、鄰居或是一般公民等所有比他們年輕的族群也經常得承擔協助銀髮族世代的財務與生理責任。

與此同時，X世代將步入成年的後期階段，他們不僅要照護自己的Z世代兒女，也要協助自己的雙親，最終還有孫兒輩。X世代將肩負起協助所有世代的龐大責任，又要成為勞動梯隊裡的老臣，但他們總數顯著比前一個世代少得多。X世代將進入關鍵時刻，擔綱公司的資深領導者、政治領導者與選民，以及積極工作並發揮影響力的世代，恰好又在兩大領域擁有最豐富的經驗。值此X世代將努力協助自己的雙親、社區，家庭與雇主之際，它將成為Z世代敬佩的世代，程度遠高於千禧世代。

未來二十年，千禧世代將一步步撕下「資科世代」標籤，成為另一個年屆中年的世代。身為員工的千禧世代將承擔更多傳統職責，繼續占據勞動梯隊與消費者族群中最龐大世代的地位。不過現實是，終有一天可能退休或是減輕工作量的期盼也將隨著千禧世代年歲漸增、他們的Z世代兒女長大成人開始產生影響。

處處上演世代變遷的高齡化世界所帶來的影響會將權力從嬰兒潮世代轉移到X世代，最終再傳給千禧世代。Z世代將目睹所有這一切，也想知道這個變化、新政治願景與政府法規將如何影響他們，還有（讓人倒抽一口氣）他們自己的兒女！起初，隨著其他世代推高投票率、政策與基於人口的決策，Z世代將會只是順其自然；但是Z世代最終將崛起形成一股力量，採取一種與他們的社會事業及世代優先順序一致的方式推動對話。

四、人工智慧、物聯網、連網設備和消費者科技

人工智慧已經在改變我們的世界、習慣、新聞、內容甚至投資。這只是人工智慧革命的開端，Z世代終其一生都會深受影響。人工智慧將可能變成內嵌到我們所做、擁有並參與的每一件事物中，無論是飲食與體能健身、約會、購物、廣告或是永無止境而且日益精準的建議。物聯網和連網設備更為人工智慧如虎添翼。隨著越來越多設備連結到網路與雲端，更多數據將被蒐集、分析，結果就是做出更精準的推薦。這將會改變一切事物，從驚人提升Z世代打理家務的效率、直接深入體內追蹤的醫療保健突破，到每一種想像得到的設備，都突然可以和你的手機或任何未來開發成功的溝通設備連線。人工智慧究竟預示世界末日與人類統治地位結束，或是象徵我們擁有更優質的食物、生活品質和和平盛世的重大突破時代，至今各方激辯不休。無論結果如何，Z世代都將是第一個認定這種現象很正常的世代：家中每一種裝置（洗衣機、烘衣機、微波爐、咖啡機、床墊、電視、冰箱、電燈、灑水器等）與車子、工作及生活全都環環相扣，時時追蹤、優化、分析並完全整合。

每當論及人工智慧：

- 61％的Z世代認為人工智慧對社會產生正面影響。
- 43％的Z世代認為人工智慧對他們的個人生活產生正面影響。

Z世代如何看待智慧型裝置：

- 80％的Z世代認認為，在不久的將來他們將會擁有、使用比現在更多的智慧型裝置、產品或服務。
- 80％的Z世代認為，在不久的將來智慧型裝置、產品或服務會顯著讓他們的生活更容易。
- 55％的Z世代樂意在不久的將來花更高價格買進顯著讓他們的生活更容易的智慧型裝置、產品或服務，甚至進一步來看，諸如量子運算之類的全新突破將會驚人提升運算效能與決策能力，帶來我們多數人都無法想像甚至有些人不樂見的結果。Z世代正是真正聚合數據、演算法、硬體和生命的世代，對於從個人、製造商、科技大廠到政府的每一個實體來說，這也將在數據隱私及安全方面創造全新、龐大的壓力。

除了人工智慧、物聯網與連網設備等軟體與密碼驅動的大範圍科技進步外，巨大改變也即將在數個關鍵領域衝著Z世代發生，好比隨選隨印房舍、運動鞋等各種物件的3D印表機、各種家事機器人、人機界面（救命啊！）、奈米技術正發揮潛能並被內嵌在消費產品中，而且擁有資產的程度可能更低（是說，當你有Uber可搭、虛擬與擴增實境技術可用，還有各種唾手可得的資源，誰還需要買車。）消費性電子科技才剛剛開始展現出可能性，隨著更多科技整合融入甚至是連最基本的兒童玩具或一副成人太陽眼鏡中，一切將只會急速發展。

五、勞動力自動化

坊間關於持續不斷的勞動力自動化可能消滅職業的討論不計其數，包括人工智慧整合、先進的機器人與物聯網。許多人假設，最有可能被丟包的工作是低技能、重覆性的工作，但事實並非如此。隨著科技日新月異，諸如會計、財務之類的白領階級也面臨風險，不僅可能劇烈影響職業，也會衝擊培養這些專業人才的大學、學位和學習管道，或者，要是有可能的話，則會激發這些已經置身這些領域的人才接受再培訓。

倘若更精準追蹤勞動力績效、需求和長處可以帶來即時培訓、指導與晉升，而且全都是員工與他們獨一無二的個別長處、發展領域、追蹤紀錄與目標，那麼就算已經高升至中階管理階層都可能重蹈恐龍滅絕的覆轍。Z世代很可能是第一個被軟體而非真人管理的世代，這可能算是釋放他們的績效與所有世代的績效的一大突破，但也對企業架構、規劃與現有的職業產生巨大改變。

抱持哲學思想的陣營中清一色是勞動力自動化思想家，他們相信勞動力自動化將會導致工作嚴重、持久流失，而且一去不回頭，政府將必須協助人們找到打發時間的新差事，但其中可能不包括工作。另一方陣營則是指出，職場中的勞動力自動化與科技進步確實導致工作流失與工作過渡期，但是也創造現今尚不存在而且亟需填補的龐大職缺，因而為許多相關人士帶來更優質的工作標準。

整體Z世代中，48％認為人工智慧將對他們的工作產生正面影響，49％同意在職場使用人工智慧協助他們更快找到正確的工作、協助雇主更充分理解他們關於職業與工作的感受與需求，將讓他們更好善盡本分。

超過一半的Z世代（59％）對於在職場使用人工智慧的主要擔憂就是，他們一想到人工智慧即將取代他們的工作就緊張得要命。

對Z世代來說，無論是雲端、人工智慧軟體以及不勝枚舉的任何一種科技都將改變工作的本質、職場教育以及成功所需技能。考慮到Z世代當前的年紀以及勞動力自動化的進展正在測試階段，他們將可能站上這個改變的第一線。換句話說，許多Z世代最後終將投入當今可能不存在的工作與職業，而且他們看待自己雙親的職業也不再是可行之道。

六、醫學突破

Z世代很可能是第一個完全受益於過去三十年醫療保健飛速發展的世代。特別是Z世代還很年輕，可以受惠於最近諸如基因編輯（CRISPR）的生物科技先進發展，也能從個人化醫療得到好處，或許是包括有能力養成特定用於某一名個體的器官、專為根除某種疾病（例如癌症）而設計的藥物，以及形形色色健康、保健和可以顯著延長壽命的藥物（這部分衍生出一整套全新議題）。

個人化醫療的前景著實令人振奮，一如對抗癌症和阿茲海默症等可怕疾病的能力。不過特別是基因編輯的個人化醫療也製造出Z世代為人父母之後將會遭逢的道德與哲學挑戰。進一步看，隨著遠距醫學與其他裝置及測試法（包括在家中）將在診斷並提供隨選隨用的醫療服務方面扮演日益吃重的角色，許多Z世代無論當下置身何處，都將不必親自駕車或長途跋涉尋求醫療照顧。

許多醫療突破的結果，包括設計師醫學[13]與疾病根除，都可能帶來更長的壽命，這樣便將徒增從醫療保健、家庭到政府機構等一切相關事務的沉重壓力。Z世代確實是現代醫學突破的受益者，可能在不久的未來，可能甚至在他們的兒女出生之前，便迎來一個就算不是所有重大醫療疾病都可治癒，至少多數都有解方的時代。

七、消費者太空旅行

沒錯，它即將成真。美國電動車龍頭特斯拉創辦人伊隆·馬斯克、英國維京集團創辦人理查·布蘭森與亞馬遜創辦人傑夫·貝佐斯等許多人都夜以繼日地商業化太空旅行夢想，好讓任何人都可以感受何謂零重力。具有成本效益的太空旅行前景起初是娛樂性質，但終究轉為商業目的（諸如採礦等），因而創造無限可能性，包括Z世代的兒女或孫兒輩可能得以生活或造訪另一顆星球。五十年前人們還擠在黑白電視機前方盯著一名太空人登月，對Z世代的兒女及孫兒輩來說，他們或許真能親身體驗。

13 designer medicine，指那些通常在地下實驗室製造的藥物。

八、全球挑戰

雖然這是超級敏感、意見分歧的話題，但是對Z世代來說，它將是他們就算不是每天，也是每週都要傳發簡訊的討論內容。全球人口極可能繼續成長，徒增政府、地域、資源與始自住房、食物到用水和交通的服務領域更沉重的壓力。與此同時，氣候變遷形塑Z世代的程度很可能遠高於當前其他任何一個世代，因為他們現在是最年輕的世代，也是人生還有大把時間的世代。這可能意味著始自變動的海平面影響主要大城市，到更多自然災害等萬事萬物。Z世代被定位成推動改變以對抗威脅衝著世界而來的世代，因為他們是這一生很可能最深刻體驗其中許多變化的世代。

九、區塊鏈

Z世代即將迎來一個把生活許多面向整合在區塊鏈與分散式記帳的時代，從個人財務、法律合約、醫療保健創新到房產紀錄等。

所謂金錢不再是現金，也不再是塑膠卡片；相反地，對Z世代來說，金錢是儲存在雲端的概念。金錢可能很快將只是數位簽名，也是眾多數字組成的單一數串，釋放隱身在分散式世界網絡中的價值。

青少年可以使用諸如Venmo之類的應用程式就此略過銀行，也會採用數位錢包，因而無須開立銀行帳戶或申辦信用卡。區塊鏈具備讓現有形式存在的銀行顯得大而無當的潛在能力，因為它無須經過銀行便能處理你的金錢，反而用更便宜、安全的方式就能搞定，全程只花數秒，而且全球通行。

隨著區塊鏈的規模日益擴大，足以處理零售與投資資金，對Z世代的潛在意涵可能不一而足。要是銀行不能善用自家版本的區塊鏈自行快速演化，就可能完全被Z世代棄愛；由於股票變動劇烈、缺乏透明性，對Z世代來說可能顯得一無是處，他們可能不想把錢投入股市，反而想採取更安全、透明度更高的做法處理他們的資金；相反地，他們可能買進比特幣之類的代幣（即基於比特幣技術的數位資產）變成投資人，直接投資企業而非採取證券交易的途徑。

居於最後段班的Z世代成員將不記得虛擬貨幣融入正常生活之前的時代。就像我們許多人不記得自動提款機問世之前的時代，Z世代也不記得那個他們還無法買進比特幣的時代。加密資產與加密經濟學可能成為他們在企管碩士班選修的課程。比特幣技術將從根本上形塑他們看待金錢、銀行、法律協議、醫療紀錄和投資的觀點。

十、大學轉型

兩百多年來，大學一向是學習、個人發展及過渡至現實世界的源頭。隨著擴增實境、虛擬實境崛起、行動學習及勞動力技能需求改變，大學可能變得更不重要，或者是被基於雲端的學習與其他無關學業分數與標準化考試的技能評量方式所取代。最後段班的Z世代成員將會目睹這方面改變，但他們的兒女則可能組成破壞者大軍，施壓高等教育反思它們提供的內容、教育平台與傳授學習之道，同時也提升成本效益比。

這還只是這個世代冰山的一角。我們也相信，COVID-19與它的後遺症可能對這個世代產生深遠影響，包括他們如何學習、工作以及思考自己的未來。雖然此刻就確定長期影響稍嫌太早，但是影響Z世代顯然極為顯著。

所有這些趨勢、突破、挑戰和創新，連同許多具有改變性但至今不為人知、無以名狀的力量都將徹底形塑、改變Z世代的信念與期望，而且將以更深沉、快速與高度整合的方式發生，遠比當年個人電腦改變X世代、手機連結千禧世代或網路與社群媒體即時橋接全球各洲一樣。這些趨勢與Z世代相互碰撞將會形塑每一件事，從這個世代的職業途徑到平均餘命、人際關係、旅行、健康、信仰到他們對其他之前或之後世代的看法。

結論：Z世代才剛起步

我們開始動筆撰寫本書之際，不知道將會揭露什麼結論、它將如何形塑生活。我們希望，隨著你加入我們踏上這趟旅程，Z世代帶來的興奮、驚喜和人性，連同我們發現可以釋放他們身為員工、團隊成員、創新者、消費者與未來領導者潛能的解方與策略，都讓你大為感動。

我們身為這個世代的研究人員、演說家、學生與父母，正為Z世代對我們、對你代表何種意義感到無與倫比的興奮。這個世代將會帶來一種創造改變、不確定性、不適感、信心與突破的新常態。我們知道，在一個如此關鍵的時刻鑽研一個蓄勢待發的世代，的確是鼓舞人心而且有時也讓人昏頭轉向之舉，不過隨著他們而來的未來也是如此。

我們與Z世代的對話中有一點顯而易見：這個世代正帶來嶄新世界觀、天賦與活力，引導出我們每個人最好的一面。沒錯，他們確實與眾不同，但是如果我們花時間理解他們就能看隱身其中的龐大可能性。我們越充分理解Z世代就越知道如何釋放他們的天賦，也越知道他們如何協助我們這些思想前瞻的領導者完全發揮潛能。

我們的信念是，本書分享的深刻見解、故事、統計數據和廣泛研究將有助你開闢一條可以為個人量身打造的途徑，對你自身、你的組織以及你想留存的影響與遺產皆適用。

Z世代指望你就從今天這一步開始協助他們，並善用我們在自己的世代之旅中學到的一切經驗，挺身面對他們代表的挑戰與機會。在他們的未來我們會需要他們，一如現在與未來他們也將從我們身上受益。

不可否認，Z世代將扮演極為重要的角色，形塑不僅未來幾十年，甚至是下個世紀或更長遠的未來。領導者應該採取行動培養這個世代的技能與心態，因為他們的潛力、希望、夢想、恐懼、想法和復原力都會直接與你連結。從打造有意義的顧客體驗，或是照本書建議去發展Z世代作為員工、同事和未來企業家的天賦等所有事來看，這一點確實為真。

簡單來說，Z世代需要我們，正如我們需要他們，而且我們受益於他們就算沒有更多，也與他們受益於我們一樣多。

對我們來說，關鍵在於現在就採取行動找到他們，善用本書所述策略以及你自身的獨到長處及專業見解，進而開發出我們並肩作戰所創造的潛力。我們齊心協力就能打造Z世代經濟，釋放將會改變全世界的嶄新想法與潛能。

現在的你可以做些什麼？

就算你還沒採取措施適應Z世代，現在為時不晚！此刻Z世代正處於人生、教育和職涯階段，正好是你可以完美就定位幫助他們，並在整道過程中微調自身技能的時機。沒錯，Z世代已經開始顛覆從科技、飯店到美妝品等產業，但他們每天都不斷進化。Z世代的消費者開銷正急速增加，他們占據勞動梯隊的比率正驚人成長，而且他們的世界觀與創造趨勢的能力正開始產生影響，同時就像病毒影片瘋傳一般對外擴散。他們年紀還不大，現在也還不晚，只要你此刻就開始採取行動一樣能與他們互動。

我們的研究毫無疑問透露一點：你越早開始採取行動，就越早開始看到結果。相反地，拖拖拉拉不適應這個世代將只會越晚、越難與他們互動。現在就是接觸他們的好時機。

如果你不確定得從哪裡著手，當你應用本書所述工具、範例與想法時，請將以下深刻見解銘記在心。

如果你想與身為消費者或員工的Z世代互動

請試著想像 Z 世代眼中的世界。採取這一步有助打造一個超級重要的世代情境，進而開闢一個具備理解、同理心、信任和影響力的空間。請謹記，Z世代想與承諾為世界帶來正面影響的領導者及公司站在同一陣線。若說陳義過高的偉大事業並不存在於你家企業的DNA其實無妨，Z世代只是想看到你正努力有所作為，無論是在自己的當地社區、你的團隊或是你的日常行動。請實際做給他們看，你想要為世界也為他們帶來正面影響。

垂詢Z世代有關他們在你的職場工作或是身為顧客的體驗。如果你不確定自己將如何與Z世代打交道或是哪裡可以再改進，開口問他們就對了。這個世代想要別人詢問意見也想要分享，而且你親自開口問永遠都比從推特、Instagram、Snapchat與其他管道看到更好。如果你想要連結Z世代顧客，請考慮聘用這個世代的成員並編入行銷或創意團隊，或是讓他們在活動上擔綱論壇講者，這樣他們就可以與領導階層分享自己的第一手見解。在用才方面，詢問你的Z世代員工，他們希望看到你在哪些方面採取不同做法，只要你主動打開耳朵，他們就會很樂意告訴你。多半來說，最強力影響他們的在職經驗並讓你的領導體驗更輕鬆的事情都是不花大錢，又可以反覆循環的互動與資源，對每個人來說都是雙贏做法。

無論Z世代在哪裡都找到他們。忘了鎖定對著每個人說話而且可能全程都讓人無感的傳統廣告活動吧。上YouTube、TikTok與Instagram這些Z世代熱愛的數位平台找到利基影響者，看看你可以如何與他們協作，對著全世界傳播你的產品、品牌或服務。這些平台與影響者可以準確推動當今的品牌與預算所需的可衡量參與度與投資報酬率。

發想與Z世代顧客打交道的創意做法。請謹記，艾利金融捨棄花費幾百萬美元在超級盃期間打廣告，反而是打造一場僅在超級盃廣告時段的互動虛擬實境遊戲。在活動結束之際，它們掏出幾十萬美元送給遊戲玩家。在整道過程中，它們請顧客分享自己的儲蓄目標，因而進一步認識他們。

貝勒大學是這種非傳統手法的另一個範例。他們冒風險與YouTube影響者通力合作，結果不只是大幅激發人氣，也點燃申請入學的興奮之情，更將學校本身推介給對貝勒很陌生的Z世代成員。同一批學生以前可能根本不會申請貝勒大學，但現在他們打算這麼做！

讓Z世代成為顧客與擁護者

優先考慮有意義的價值和參與度。Z世代想要從他們花費中得到最大價值，他們想要知道自己做成一筆「好生意」，而且購買過程輕鬆容易。與此同時，他們想要得到可能的最優品質，然後還能在社群媒體上與朋友分享。請謹記，這是一個生日當天會收到金錢當作禮物的世代，然後他們會將錢存起來，再向父母討錢買東西的世代。他們成人之後會用這一招尋找自己知道可以提供優質產品，而且可以長久使用的品牌，無論是牛仔褲或是耳機。

請把你的品牌、團隊的溫暖人性與Z世代連結。Z世代想知道你的品牌背後的員工關心他們一如個人。女性除毛刀品牌比莉不只是承諾完美無瑕的光潔身體，更坦承每個人的除毛需求不盡然相同，這一點讓它與顧客連結。Aerie不承諾青少年穿它們的衣物可以看起來像十年前浮誇雜誌中的紙片人模特兒，好用這一招籠絡他們購買；相反地，它們鼓勵女性做自己並珍愛自己現有的體態。

開發他們熱愛學習的天性。以及他們熱愛影片的傾向。美妝品牌藉由YouTube影片教導年輕顧客如何調養自己的肌膚並使用它們的產品。如果你是運動用品製造商，請在自家的YouTube頻道上成為「包問答」權威，教導如何投擲出曲球或正確的蛙式游法。如果你是水電工，請教導一般人如何疏通廁所、清潔浴缸下水道或是找出地下室漏水源頭的訣竅。你就算這麼做也不會流失顧客，而是成為他們求救的第一人選。無論他們是開立人生第一個線上退休帳戶，或是像布雷克．蓋瑞特分享Aceable的經驗一般尋找駕駛員培訓課程，這一點確實為真。

釋放Z世代員工的天賦

啟動引薦引擎。Z世代和他們之前的千禧世代不同，求職時不會馬上去看職位公告欄；相反地，他們會先求助朋友與家人。與當今的員工互動，並簡化他們在社群媒體上傳播職缺消息的方式。提供他們吸睛的誘因，好讓他們轉介信得過的朋友，好比音樂會門票、旅行或運動賽事門票等體驗，或是現金紅利也可以，但不要讓他們必須等上好幾個月甚或一年才收到。

讓連結變得容易，然後務請保持聯繫。讓他們在手機上開始申請並儲存職務應徵流程變得容易。如果他們沒有完全填妥應徵程序，請寄出附上直接連結他們職務應徵的跟催提醒，並在其中強化你有興趣進一步認識他們。當他們看到你很有興趣進一步認識他們，就會更樂意多認識你與你的企業。在一個勞力非常緊俏的市場中，這一點格外重要，我們已經看到這項行動激出更多應徵者。

打從第一天就提供人才開發計畫。無論Z世代是在放學後才成為你的兼差員工，還是有晉升機會的全職員工，如果你讓他們看到你關心他們的天賦發展，你都將坐擁大好時機吸引、僱用並留住Z世代。好幾份研究都顯示，Z世代將選擇提供導師制度、學習可轉換技能機會的雇主，遠勝過更高薪但沒有提供類似導師制度的同一份職務。請在你的職務說明、聘僱流程與報到步驟等階段確切說明，你將致力開發他們的天賦，這樣他們就會更願意將自己託付於你。

持續培訓並保持隨時可用。如果你在新人介紹會上將重達一公斤的三孔活頁紙裝訂資料放在Z世代眼前，他們恐怕會翻白眼。無論培訓內容是最常規的職務角色或是高門檻的安全、銷售或技術類型，務請將培訓設計得簡短、有參與度、有互動感。你在新人介紹會與報到階段提供的訓練若能奠定堅實基礎，就可以賦予他們能力盡可能快速上手。然後立足這個基礎上製作他們可以選看的訓練影片、問答影片以及其他隨選隨用的資源，讓他們可以隨時有需要就自行學習。你拓展學習方式並賦予他們能力鑽研對他們來說最急迫的領域，就免讓自己被這些事情綁手綁腳。我們的研究顯示，Z世代渴望在工作中有所貢獻，而且有動力做出一番成績，但他們也可望隨時有需要就能學習的能力，其中也包括從錯誤中學習。

展望未來：我們看到的前景

我們們查看所有Z世代研究、對話、焦點團體訪談和數據分析時一件事清晰可見：我們看到Z世代所處的未來讓人備感振奮。對我們、他們來說都很讓人振奮，我們希望對你來說也是。

如果像你這樣的領導者主動適應Z世代的話，他們能為領導者與組織提供成長、壯大、創新與超越他人的龐大機會。

你準備好釋放這個世代所能提供的一切嗎？我們準備好了，而且我們很興奮能夠與你一起踏上這趟旅程。

致謝

我們想要致謝並表彰所有協助我們完成《Z世代經濟》才華洋溢、熱情滿點的人士。首先，我們要感謝世代動力學研究中心陣容堅強的研究團隊，特別是艾莉（Elli）、海瑟（Heather）與傑瑞德（Jared），如果沒有他們、他們的創意與他們的奉獻精神，這本書不可能實現。謝謝！

我們想表彰我們出色的文學經紀人奈娜・瑪多尼雅（Nena Madonia）。自從我們寄出有關這個構想的第一封電郵，她就對這本書深信不疑。我們也想謝謝哈波柯林斯（HarperCollins）出版集團傑出的編輯與出版團隊，化這本書為真實。你們太棒了。

我們想感謝寫作夥伴瑪莉雅・加里亞諾（Maria Gagliano）。瑪莉雅，謝謝妳從初稿到修訂過程指導我們，並協助我們闡明Z世代及我們的研究與深刻見解。我們也想謝謝我們的家庭，無論遭遇何種挑戰或突破，他們都與我們同在。他們一直慷慨地撥出時間讓我們投注心力在這本書中，特別是我們要感謝羅蘋・雪莉（Robin Shirley）、艾莉妲・岡薩拉斯

（Elida Gonzales）、丹・多希（Dan Dorsey）、馬力亞諾・岡薩拉斯（Mariano Gonzales）與羅伯・雪莉（Rob Shirley）。

除了我們的家人，我們想謝謝我們的導師與朋友，他們支持我們走完這趟旅程，他們協助我們不只是橋接這個世代，更拉近這本書的願景與你現在正在讀的書之間的距離。

傑森要感謝他的演說與作者團隊，因為他們堅定不移地支持並鼓勵這本書：傑伊・貝爾（Jay Baer）、大衛・霍薩格（David Horsager）與羅伊・韋登（Rory Vaden）。他也要謝謝他的創業團隊 Q2，因為它們打從一開始就對世代動力學研究中心與《Z 世代經濟》深信不疑。謝謝各位！

丹妮絲想要感謝她的導師與朋友，包括她的創業家組織奧斯汀論壇（Entrepreneurs' Organization Austin Forum），簡稱 F2，以及她認識的所有勇敢女性，她們都在她需要時不吝給予力量與無盡笑聲。

我們要感謝我們令人讚嘆的客戶。無論你們是置身科技、零售、汽車、服飾、醫療保健、銀行、保險還是我們合作過的其他產業，我們都感謝你與我們並肩解決你們世代挑戰。你們讓我們有能力打造一家企業，我們自己深信可以引導出每一個世代最好的一面。

最後，我們要感謝所有無畏地貢獻自身故事、說法及觀點的 Z 世代成員，包括我們的女兒瑞雅在內，協助我們橋接各個世代。謝謝各位！我們超開心地感受到你們帶給全世界的能量、觀點、天賦和改變。

作者介紹

傑森．多希

傑森．多希是引領Z世代、千禧世代與各個世代的主題演說家及研究者。他在全世界的主題演說贏得超過一千場所有聽眾都起立鼓掌的紀錄，涵蓋規模介於一千六百人至一萬六千人。

傑森身為世代動力學研究中心共同創辦人與總裁，與研究團隊引領許多代際調查研究與諮詢專案，為諸如科技、醫療保健、零售與金融服務等許多產業中規模最龐大的全球性品牌解決各種挑戰。

傑森的熱情是區分世代迷思與事實，好讓領導者可以更快取得結果。他的專長在於揭露隱而不見的驅動力，以便快速提升營收、強化勞動力並引領所有世代創新。業界專刊《廣告週刊》稱道傑森是「調研大師」。

傑森十八歲時就成為暢銷書作家，出現在超過三百場採訪中，包括《六十分鐘》、《今日》、《晨間秀》、美國有線電視新聞網與美國消費者新聞與商業頻道，還有一篇《紐約時報》的頭版新聞。他素以發掘千禧世代並非依賴科技而是精通科技廣為人知，而且千禧世代正切分為兩個子世代，分別是「千大世代」（Mega-llennial）與「千我世代」（Me-llennial）。

傑森最出名的語錄是「要是你記得科技問世之前人們怎麼過日子，它才能稱得上是新科技」。

傑森擔任上市與非上市企業董事會成員，積極為執行長、企業董事、創投資本家、初創企業創辦人與私有基金經理人等提供建議。想要聯繫傑森．多希商討客製化主題演說或執行簡報、董事或顧問角色，或是客製研究專案，請造訪網站 JasonDorsey.com。

Twitter: @JasonDorsey

Instagram: @Jason_Dorsey

LinkedIn: Jason Dorsey

丹妮絲・薇拉　博士

丹妮絲・薇拉博士是世代動力學研究中心執行長、共同創辦人與願景家。薇拉博士具備原創想法，足以引領區分世代迷思與事實的研究，好讓領導者可以做出更妥善的跨世代決定。

薇拉博士引領世代動力學研究中心的研究與洞見團隊。她曾為全球知名品牌的資深領導階層帶頭完成客製研究，涵蓋領域包括娛樂、保險、醫療保健和消費性電子科技等。她曾對紐約市、邁阿密、達拉斯與拉斯維加斯市當地領導者發表基於研究的演說。

數家媒體曾側寫報導薇拉博士是一位代際專家，包括《華盛頓郵報》針對她與Z世代合作的研究發表過專題報導，其他刊物則涵蓋《華爾街日報》等。

薇拉博士拿到德州大學奧斯汀分校大學學位，碩士與博士學位則是在德州州立大學取得。她曾入圍「力量典範」（Profiles in Power）與「女性的經商之道大獎」（Woman's Way Business Awards）決選。

薇拉博士除了領導世代動力學研究中心，也經營一家房產開發公司，並擔任數家奧斯汀市非營利組織的董事會成員或顧問。她是慢跑控，熱愛戶外活動與自製墨西哥美食。

想要聯繫薇拉博士訂製研究簡報、諮詢董事會或顧問角色，或是委託世代動力學研究中心研究，請造訪網站 GenHQ.com 或 DeniseVilla.com。

Twitter: @DrDeniseVilla

LinkedIn: Denise Villa Phd

世代動力學研究中心

世代動力學研究中心是Z世代、千禧世代和代際研究、諮詢和主題演說公司的佼佼者。世代動力學研究中心的專家團隊已為全球超過七百家客戶提供服務，它們代表許多最大規模的品牌以及幾乎每個重要產業，包括企業對企業科技、金融服務、消費科技、銀行、保險、飯店業、製造、零售、餐廳、服裝、政府、產業協會、醫療保健、私募基金等。

世代動力學研究中心的才能正在發掘解決從招聘到銷售等世代挑戰的新方法，進而為人們帶來積極、可行的觀點。我們由博士領導的團隊包括研究人員、策略師、平面設計師、顧問與廣獲稱頌的演說家。世代動力學研究中心的主題演說者打造登上全球媒體頭版的重量級活動，吸引聽眾規模約莫介於一千六百人至一萬六千人，而且單一場次活動廣召超過十萬名參加者。最近的演說活動地點遠至新加坡、巴黎、阿姆斯特丹、倫敦和墨西哥市。

世代動力學研究中心在四大洲採行多國語言帶頭許多原創調查研究。世代動力學研究中心帶頭為客戶打造的每一場研究與諮詢專案都是獨一無二的存在，因為每一家客戶都各有獨一無二的世代挑戰：從招聘Z世代、培養千禧世代管理人才，到推動產品創新和跨越五個世代銷售。世代動力學研究中心使用第一線手法，結合量化與質化研究，融會貫通深刻的代際見解，揭露全新洞見、隱而未見的趨勢與鉅細靡遺的行動，為客戶解決迫在眉睫的挑戰。

備註

前言

- our 2019 State of Gen Z: The Center for Generational Kinetics, "The State of Gen Z 2019," 2019, GenHQ.com.

1. 歡迎來到新常態

- Carter decided pretty quickly: Carter Wilkerson, https://nuggsforcarter.com/making-a-difference, accessed November 25, 2019.
- Marketing analysts at the Ayzenberg Group: H. B. Duran, "#NuggsForCarter Means over $7 Million Earned Media Value for Wendy's," AList Daily, May 11, 2017, https://www.alistdaily.com/social/how-nuggsforcarter-became-an-emv-win-for-wendys/.

· Odyssey's president, Brent Blonkvist, and his team: Brent Blonkvist, interview with the authors, August 2019.

2. 重新定義「世代」一詞

· Gen Z has an unprecedented dependence: The Center for Generational Kinetics, "The State of Gen Z 2018," 2018, GenHQ.com.

· According to research by Common Sense media: Common Sense Media, "Social Media, Social Life: Teens Reveal Their Experiences, 2018," https://www.commonsensemedia.org/sites/default/files/uploads/research/2018_cs_socialmediasociallife_fullreport-final-release_2_lowres.pdf.

3. 形塑Z世代的事件

· As of September 2019, fifteen million Millennials: U.S. Office of Federal Student Aid, "Federal Student Loan Portfolio by Borrower Age and Debt Size," September 30, 2019, https://studentaid.

ed.gov/sa/sites/default/files/fsawg/datacenter/library/Portfolio-by-Age-Debt-Size.xls.

- We discovered that 86 of high school–aged: The Center for Generational Kinetics, "The State of Gen Z 2018," 2018, GenHQ.com.
- According to the Pew Research Center: Richard Fry and Kim Parker, "Early Benchmarks Show 'Post-Millennials' on Track to Be Most Diverse, Best-Educated Generation Yet," Pew Research Center, November 15, 2018, https://www.pewsocialtrends.org/wp-content/uploads/sites/3/2018/11/Post-Millennials-Report_final-11.13pm.pdf.
- 2016 State of Gen Z Study found: The Center for Generational Kinetics, "The State of Gen Z 2016," 2016, GenHQ.com.
- According to a 2018 We are Flint study: We are Flint, "Social Media Demographics 2018, USA & UK, February 2018," https://costfromclay.co.uk/main-findings-social-media-demographics-uk-usa-2018.
- The average viewing session: Salman Aslam, "YouTube by the Numbers: Stats, Demographics & Fun Facts," Omnicore, January 13, 2020, https://www.omnicoreagency.com/youtube-statistics/.
- Our 2019 national study revealed: The Center for Generational Kinetics, "The State of Gen Z 2019," 2019, GenHQ.com.

- One YouTuber, Ryan: Madeline Berg, "How This 7-Year-Old Made $22 Million Playing with Toys," Forbes, December 3, 2018, https://www.forbes.com/sites/maddieberg/2018/12/03/how-this-seven-year-old-made-22-million-playing-with-toys-2/#128a34e94459.
- 42 of Gen Z say social media affects: The Center for Generational Kinetics, "iGen Tech Disruption," 2016.
- 55 of Gen Z: The Center for Generational Kinetics, "The State of Gen Z 2019," 2019, GenHQ.com.
- A 2019 report published in the Journal of Abnormal Psychology: Jean M. Twenge, et al., "Age, Period, and Cohort Trends in Mood Disorder Indicators and Suicide-Related Outcomes in a Nationally Representative Dataset, 2005–2017," Journal of Abnormal Psychology, 2019, vol. 128, no. 3, 185–99, https://doi.org/10.1037/abn0000410.
- In our 2019 national study: The Center for Generational Kinetics, "The State of Gen Z 2019," 2019, GenHQ.com.

4. 生活盡在六・一吋螢幕中

- our 2019 national study showed: The Center for Generational Kinetics, "The State of Gen Z 2019," 2019, GenHQ.com.
- In our 2018 State of Gen Z Study: The Center for Generational Kinetics, "The State of Gen Z 2018," 2018, GenHQ.com.
- Our 2016 national study: The Center for Generational Kinetics, "The State of Gen Z 2016," 2016, GenHQ.com.
- in our 2018 Gen Z study: The Center for Generational Kinetics, "The State of Gen Z 2018," 2018, GenHQ.com.
- Our research shows that: The Center for Generational Kinetics, "The State of Gen Z 2018," 2018, GenHQ.com.
- our 2019 national study showed: The Center for Generational Kinetics, "The State of Gen Z 2019," 2019, GenHQ.com.
- Blake Garrett is the founder and CEO of Aceable: Blake Garrett, interview with the authors, August 2019.

5. 金錢、儲蓄與花費

- Kylie Jenner and Sofia Richie: Ariana Marsh, “This 19-Year-Old's Designs Have Been Worn by Kylie Jenner and Sofia Richie,” Teen Vogue, December 1, 2016, https://www.teenvogue.com/gallery/this-19-year-olds-designs-have-been-worn-by-kylie-jenner-and-sofia-richie.
- Shelby Le Duc, “Local Fashion Designer in with Celebs,” Green Bay Press Gazette, June 28, 2016, https://www.greenbaypressgazette.com/story/life/2016/06/28/de-pere-fashion-designer-celebs/86245256/.
- our 2019 national study: The Center for Generational Kinetics, “The State of Gen Z 2019,” 2019, GenHQ.com.
- study of Gen Z ages fourteen to twenty-two: The Center for Generational Kinetics, “The State of Gen Z 2018,” 2018, GenHQ.com.
- Research out of the University of Applied Sciences: Mathias Bartl, “YouTube Channels, Uploads and Views: A Statistical Analysis of the Past 10 Years,” Convergence: The International Journal of Research into New Media Technologies, 2018, vol. 24, no. 1, 16–32, https://doi.org/10.1177/1354856517736979.
- According to data from Online Schools Center: “Doing It Their Way: Gen Z and

Entrepreneurship," Online Schools Center, accessed November 23, 2019,https://www.onlineschoolscenter.com/gen-z-entrepreneurship/.

· more than twenty-four billion US dollars were transferred on Venmo: J. Clement, "Venmo's Total Payment Volume from 1st Quarter 2017 to 4th quarter 2019 (in billion U.S. dollars)," Statista, January 30, 2020, https://www.statista.com/statistics/763617/venmo-total-payment-volume/.

· cash than older generations: Global Cash Card and The Center for Generational Kinetics, "Paycards: Generational Trends Shaping the Future of Worker Pay," 2017, The Center for Generational Kinetics.

· our 2019 national study reveals: The Center for Generational Kinetics, "The State of Gen Z 2019," 2019, GenHQ.com.

· Scott Gordon, CEO and cofounder of Kard: Scott Gordon, interview with the authors, August 2019.

· Meanwhile, Larry Talley and his team: Larry Talley, interview with the authors, August 2019.

· plan to go to college: The Center for Generational Kinetics, "The State of Gen Z 2018," 2018, GenHQ.com.

· 50 of all private colleges and universities: Marjorie Valbrun, "Discount Rates Hit Record Highs,"

Inside Higher Ed, May 10, 2019, https://www.insidehighered.com/news/2019/05/10/nacubo-report-shows-tuition-discounting-trend-continuing-unabated.

· on any student loan debt at all: The Center for Generational Kinetics, "The State of Gen Z 2018," 2018, GenHQ.com.

· In our 2017 State of Gen Z Study: The Center for Generational Kinetics, "The State of Gen Z 2017," 2017, GenHQ.com.

· 23 of Gen Z believe: The Center for Generational Kinetics, "The State of Gen Z 2017," 2017, GenHQ.com.

· Early data from TransUnion: Matt Komos, "Consumer Credit Origination, Balance and Delinquency Trends: Q2 2019," Transunion, August 23, 2019, https://www.transunion.com/blog/iir-consumer-credit-origination-q2-2019.

· 36 of Gen Z ages eighteen to twenty-four told us: The Center for Generational Kinetics, "The State of Gen Z 2019," 2019, GenHQ.com.

· 12 of Gen Z: The Center for Generational Kinetics, "The State of Gen Z 2017," 2017, GenHQ.com.

· 69 believe that: The Center for Generational Kinetics, "The State of Gen Z 2019," 2019, GenHQ.

com.

- Over one third (35) of Gen Z: The Center for Generational Kinetics, “The State of Gen Z 2017,” 2017, GenHQ.com.

6. Z 世代希望品牌做些什麼？

- Nike's stock price surged: Bloomberg, “Nike's Big Bet on Colin Kaepernick Campaign Continues to Pay Off,” Fortune, December 21, 2018, https://fortune.com/2018/12/21/nike-stock-colin-kaepernick/.
- according to Apex Marketing Group: Angelica LaVito, “Nike's Colin Kaepernick Ads Created $163.5 Million in Buzz Since It Began—and It's Not All Bad,” CNBC, September 6, 2018, https://www.cnbc.com/2018/09/06/nikes-colin-kaepernick-ad-created-163point5-million-in-media-exposure.html.
- Ad Age said it was: E. J. Schultz and Adrianne Pasquarelli, “Assessing the Fallout—Good and Bad—from Nike's Kaepernick Ad,” Ad Age, September 4, 2018, https://adage.com/article/cmo-strategy/assessing-fallout-good-bad-nike-s-kaepernick-ad/314809.

· YPulse polled Gen Z and Millennials: YPulse, “How Do Gen Z &Millennials Really Feel About Nike's Kaepernick Ad?” September 12, 2018, https://www.ypulse.com/article/2018/09/12/how-gen-z-millennials-really-feel-about-nikes-kaepernick-ad/.
· Brent Blonkvist, president of: Brent Blonkvist, interview with the authors, August 2019.
· Gen Z showed the biggest jump: thredUP, “2019 Resale Report,” 2019, https://www.thredup.com/resale.
· 24 of Gen Z ages thirteen to seventeen: The Center for Generational Kinetics, “The State of Gen Z 2019,” 2019, GenHQ.com.
· 44 of Gen Z say: WP Engine and The Center for Generational Kinetics, “Reality Bytes: The digital experience is the human experience,” 2018, https://wpengine.com/blog/reality-bytes-second-annual-generational-study-reveals-how-gen-z-behaves-buys-builds-online.
· Dugan shares: Mary Ellen Dugan, interview with the authors, September 2019.
· Lisa Utzschneider is CEO at Integral Ad Science: Lisa Utzschneider, interview with the authors, September 2019.
· as the Business Roundtable: Maggie Fitzgerald, “The CEOs of Nearly 200 Companies Just Said Shareholder Value Is No Longer Their Main Objective,” CNBC, August 19, 2019, https://www.

cnbc.com/2019/08/19/the-ceos-of-nearly-two-hundred-companies-say-shareholder-value-is-no-longer-their-main-objective.html.

· Lisa Utzschneider at IAS sees: Lisa Utzschneider, interview with the authors, September 2019.

· Arlo Gilbert is the founder of Osano: Arlo Gilbert, interview with the authors, August 2019.

7. Z 世代都在買什麼？

· The lingerie frontrunner reported: Sophie Alexander, et al., "Victoria's Secret Has More Than a Jeffrey Epstein Problem," Bloomberg, July 29, 2019, https://www.bloomberg.com/news/articles/2019-07-29/victoria-s-secret-has-more-than-a-jeffrey-epstein-problem.

· according to a study by consumer research firm Whistle: Whistle, "From Nerdy to Norm: Gen-Z Connects Via Gaming," 2018, https://www.whistlesports .com/report-from-nerdy-to-normal.

· Our own research studies found: The Center for Generational Kinetics, "The State of Gen Z 2018," 2018, GenHQ.com.

· According to a study by Nielsen: Nielsen, "Millennials on Millennials: Gaming Media Consumption," 2019, https://www.nielsen.com/wp-content/uploads/sites/3/2019/06/millennialson-millennials-gaming-media-consumption-report.pdf.

- Andrea Brimmer, chief marketing and PR officer at Ally Financial: Andrea Brimmer, interview with the authors, September 2019.
- Unify Square and Osterman Research: Eileen Brown, “Millennials Are Twice as Likely to Use Unapproved Collaboration Apps in the Workplace,” ZDNet, August 14, 2019, ttps://www.zdnet.com/article/millennials-are-twice-as-likely-to-use-unapproved-collaboration-apps-in-the-workplace.
- popular musician Marshmello: Martin Barnes, “The Past, Present & Future of Advertising Within Video Games,” Trendjackers, February 25, 2019, https://trendjackers.com/the-past-present-future-of-advertising-within-video-games/.
- a study by research firm Packaged Facts: Packaged Facts, “Gen Z and Millennials as Pet Market Consumers: Dogs, Cats, Other Pets,” February 16, 2018, https://www.packagedfacts.com/Millennials-Gen-Pet-Consumers-Dogs-Cats-Pets-11268949/.
- Andrea Brimmer recalls: Andrea Brimmer, interview with the authors, September 2019.
- The Wall Street Journal reported: Adrienne Roberts, “Driving? The Kids Are So Over It,” Wall Street Journal, April 20, 2019, https://www.wsj.com/articles/driving-the-kids-are-so-over-

it-11555732810.

- choosing sedans over SUVs: "Decoding Gen Z the Car Buyer," Automotive News, June 17, 2019, https://www.autonews.com/sponsored/decoding-gen-z-car-buyer.
- John Fitzpatrick is the CEO of Force Marketing: John Fitzpatrick, interview with the authors, December 2019.
- 91 of Gen Z tell us: The Center for Generational Kinetics, "The State of Gen Z 2019," 2019, GenHQ.com.
- according to data from TransUnion: Ben Lane, "Forget Waiting on Millennials, Gen Z Is Starting to Buy Homes," Housing Wire, August 15, 2019, https://www.housingwire.com/articles/49863-forget-waiting-on-millennials-gen-z-is-starting-to-buy-homes.
- The New York Times reported: Lisa Prevost, "Forget Tanning Beds. College Students Today Want Uber Parking," June 25, 2019, https://www.nytimes.com/2019/06/25/business/college-dorm-uber-amenities.html?.
- household items connected to the Internet: WP Engine and The Center for Generational Kinetics, "Future of the Internet," 2018.
- alert them before they need it: WP Engine and The Center for Generational Kinetics, "The Future

of Digital Experiences: How Gen Z Is Changing Everything," 2017, WPengine.com.

- In our 2017 State of Gen Z Study: The Center for Generational Kinetics, "The State of Gen Z 2017," 2017, GenHQ.com.

8. 贏得Z世代的品牌忠誠度

- with a net loss of $1.2 billion: Sprint, "Sprint Returns to Net Operating Revenue Growth, Near-Record Operating Income, and Positive Adjusted Free Cash Flow with Fiscal Year 2016 Results," May 3, 2017, https://s21.q4cdn.com/487940486/files/doc_financials/quarterly/2016/Q4/1-Fiscal-4Q16-Earnings-Release-FINAL.pdf.
- one person on Reddit gave Sprint the thumbs-up: miversen33, "How Sprint Leveraged Gen Z to Pivot Their Brand," Reddit, August 25, 2017, https://www.reddit.com/r/Sprint/comments/6vz22l/how_sprint_leveraged_gen_z_to_pivot_their_brand/.
- from $1.2 billion in net losses to a net income of $7.4 billion: Sprint, "Sprint Delivers Best Financial Results in Company History with Highest Ever Net Income and Operating Income in Fiscal Year 2017," May 2, 2018, https://s21.q4cdn.com/487940486/files/doc_financials/

quarterly/2017/q4/Fiscal-4Q17-Earnings-Release-FINAL.pdf.

- As Mary Ellen Dugan from WP Engine says: Mary Ellen Dugan, interview with the authors, September 2019.
- and more than 185,000 beanies: Love Your Melon, accessed November 25, 2019, https://loveyourmelon.com/pages/giving.Leigh Buchanan, "How These 2 Millennial Founders Rallied 13,000 College Students to Help Kids Battling Cancer," October 8, 2018, https://www.inc.com/leigh-buchanan/2018-inc5000-love-your-melon.html.
- Consumer research by Narvar reveals: Narvar, "The State of Returns: What Today's Shoppers Expect," 2018, https://see.narvar.com/rs/249-TEC-877/images/Consumer-Report-Returns-2018-4.3.pdf.

9. 客戶參與度和意識

- In 2018, Jason Cook and his marketing team: Jason Cook, interview with the authors, August 2019.

· In our 2018 State of Gen Z Study: The Center for Generational Kinetics, "The State of Gen Z 2018," 2018, GenHQ.com.

· our 2019 national study revealed: The Center for Generational Kinetics, "The State of Gen Z 2019," 2019, GenHQ.com.

· Gen Z is the first generation: Mary Ellen Dugan, interview with the authors, September 2019.

· encourage photo taking and sharing: eHotelier Editor, "Make Your Hotel Instagram-Friendly with These Redesign Tips," eHotelier, June 24, 2015, https://insights.ehotelier.com/insights/2015/06/24/make-your-hotel-instagram-friendly-with-these-redesign-tips/.IKEA Hotell, accessed November 25, 2019, https://ikeahotell.se/en/story/.

· In our 2018 State of Gen Z Study: The Center for Generational Kinetics, "The State of Gen Z 2018," 2018, GenHQ.com.

· in our 2017 State of Gen Z Study: The Center for Generational Kinetics, "The State of Gen Z 2017," 2017, GenHQ.com.

10. 和Z世代有個好的開始

- and then "ghosted" or disappeared on the company: Karen Gilchrist, "Employees Keep 'Ghosting' Their Job Offers—and Gen Zs Are Leading the Charge," CNBC, April 24, 2019, https://www.cnbc.com/2019/04/24/employees-are-ghosting-their-job-offers-gen-z-is-leading-the-charge.html.
- According to the U.S. Bureau of Labor Statistics: "Civilian Labor Force Participation Rate by Age, Sex, Race, and Ethnicity," U.S. Bureau of Labor Statistics, accessed November 25, 2019, https://www.bls.gov/emp/tables/civilian-labor-force-participation-rate.htm.
- Our 2018 State of Gen Z Study found: The Center for Generational Kinetics, "The State of Gen Z 2018," 2018, GenHQ.com.
- research from Instant Financial reveals that 76: Instant, national study on generational work behaviors, 2017, https://www.instant.co/.169 spend a year working there: Convergys and The Center for Generational Kinetics, "Attracting and Retaining Millennials in Contact Center Careers," 2017, https://genhq.com/wp-content/uploads/2018/12/Convergys_White-Paper2.pdf.
- 42 of college-aged Gen Z: PLRB and The Center for Generational Kinetics, "Insurance Claims

as a Millennial Career: An Unexpectedly Great Fit for the Next Generation of Employees," 2016, https://www.plrb.org/distlearn/plrb/webinars_tutorials/handouts/PLRBMillennialWhitePaper.pdf.

· in our 2018 State of Gen Z Study: The Center for Generational Kinetics, "The State of Gen Z 2018," 2018, GenHQ.com.

· Only 24 of Gen Z: The Center for Generational Kinetics, "Gen Z and Work," 2018, GenHQ.com.

· Goldman Sachs Media Kitchen team reported that: "From the 8th Annual Shorty Awards: Goldman Sachs & Snapchat," Shorty Awards, accessed November 25, 2019, https://shortyawards.com/8th/goldman-sachs-snapchat.

· McDonald's has used what it calls "Snaplications" : Jennifer Calfas, "McDonald's Is Using a New Method to Recruit Young Employees—Snapchat," Fortune, June 13, 2017, https://fortune.com/2017/06/13/mcdonalds-snapchat-jobs-2/.

· AT&T has realized: Lorraine Mirabella, "Get Ready for Gen Z, Employers. First Hint: They're Not Millennials," Seattle Times, June 4, 2019, https://www.seattletimes.com/explore/careers/get-ready-for-gen-z-employers-first-hint-theyre-not-millennials/.

· Gen Z first turn to friends: The Center for Generational Kinetics, "Gen Z and Work," 2018, GenHQ.com.

- Ronald Kasner is president and COO of iCIMS: Ronald Kasner, interview with the authors, September 2019.
- Salesforce has a special referral program: Neelie Verlinden, "7 Brilliant Employee Referral Programs Examples," Academy to Innovate HR (AIHR), accessed November 25, 2019, https://www.digitalhrtech.com/employee-referral-programs-examples/. Sarah Boutin, "Behind the Scenes at Salesforce: Our #1 Recruiting Secret," Salesforce blog, January 14, 2015, https://www.salesforce.com/blog/2015/01/behind-scenes-salesforce-our-1-recruiting-secret.html.
- Cole explains: Kat Cole, interview with the authors, September 2019.
- 78 of college-aged Gen Z: PLRB and The Center for Generational Kinetics, "Turning Millennial and Gen Z Job Seekers Into Job Applicants," 2016.
- Brent Pearson is the founder of Enboarder: Brent Pearson, interview with the authors, August 2019.
- Taylor shares: Tiffany Taylor, interview with the authors, September 2019.
- shares similar insight: Kat Cole, interview with the authors, September 2019.
- In our 2018 State of Gen Z Study: The Center for Generational Kinetics, "The State of Gen Z 2018," 2018, GenHQ.com.

· Tiffany Taylor and her HR team: Tiffany Taylor, interview with the authors, September 2019.
· Ron Kasner at iCIMS notes: Ronald Kasner, interview with the authors, September 2019.
· What would make Gen Z apply immediately?: PLRB and The Center for Generational Kinetics, "Turning Millennial and Gen Z Job Seekers Into Job Applicants," 2016.
· Ron Kasner and the iCIMS research team: Ronald Kasner, interview with the authors, September 2019.

11. 釋放Z世代員工的長期潛能

· Research published in Harvard Business Review: Dan Cable, Francesca Gino, and Bradley Staats, "The Powerful Way Onboarding Can Encourage Authenticity," Harvard Business Review, November 26, 2015, https://hbr.org/2015/11/the-powerful-way-onboarding-can-encourage-authenticity.
· Brent Pearson and his team at Enboarder: Brent Pearson, interview with the authors, August 2019.

· Research by Gallop reveals: Susan Sorenson, "How Employee Engagement Drives Growth," Gallup, June 20, 2013, https://www.gallup.com/workplace/236927/employee-engagement-drives-growth.aspx.

· according to our 2019 national study: The Center for Generational Kinetics, "The State of Gen Z 2019," 2019, GenHQ.com.

· 62 of Gen Z participants: The Center for Generational Kinetics, "The State of Gen Z 2018," 2018, GenHQ.com.

· college graduates from the class of 2019: Ripplematch, "The State of the Gen Z Job Search," 2019, https://info.ripplematch.com/the-state-of-the-gen-z-job -search/.

· Research from Glassdoor shows: Amanda Stansell, "The Next Generation of Talent: Where Gen Z Wants to Work," Gallup, February 20, 2019, https://www.glassdoor.com/research/studies/gen-z-workers/.

· in nine months or less: The Center for Generational Kinetics, "The State of Gen Z 2018," 2018, GenHQ.com.

· explains Steve Barha, founder of Instant Financial: Steve Barha, interview with the authors, August 2019.

· with the Distribution Contractors Association: Distribution Contractors Association and The Center for Generational Kinetics, "Gen Z and Millennial Employee Take-Action Playbook," 2019, dcaweb.org.
· In our national study with DCA we found: Distribution Contractors Association and The Center for Generational Kinetics, "Gen Z and Millennial Employee Take-Action Playbook," 2019, dcaweb.org.
· Ruth Ann Weiss is the owner of Eagle's Landing Day Camp: Ruth Ann Weiss, interview with the authors, August 2019.
· national studies with young employees: Distribution Contractors Association and The Center for Generational Kinetics, "Gen Z and Millennial Employee Take-Action Playbook," 2019, dcaweb.org.
· In our 2018 State of Gen Z Study: The Center for Generational Kinetics, "The State of Gen Z 2018," 2018, GenHQ.com.
· In our 2017 State of Gen Z Study: The Center for Generational Kinetics, "The State of Gen Z 2017," 2017, GenHQ.com.
· In our 2017 State of Gen Z Study: The Center for Generational Kinetics, "The State of Gen Z

2017," 2017, GenHQ.com.

· Our 2018 State of Gen Z Study showed: The Center for Generational Kinetics, "The State of Gen Z 2018," 2018, GenHQ.com.

· we found that 85: The Center for Generational Kinetics, "The State of Gen Z 2018," 2018, GenHQ.com.

· Their CEO, Sean Gordon, shared with us: Sean Gordon, interview with the authors, August 2019.

· Deloitte invested $300 million into Deloitte University: Dan Gingiss, "How Deloitte's $300 Million Investment in Employee Experience Is Paying Off," Forbes, April 30, 2019, https://www.forbes.com/sites/dangingiss/2019/04/30/how-deloittes-300-million-investment-in-employee-experience-is-paying-off/#174e1ce6ecc1.

· one of the top companies for new graduates to work in 2019: Vicky Valet, "America's Best Employers for New Graduates 2018," Forbes, September 5, 2018, https://www.forbes.com/sites/vickyvalet/2018/09/05/americas-best-employers-for-new-graduates-2018/#4554a7cc2894.

· Adobe Sales Academy, accessed November 25, 2019, https://blogs.adobe.com/adobelife/adobe-sales-academy/asa-learning-experience/.

· In our 2018 State of Gen Z Study: The Center for Generational Kinetics, "The State of Gen Z

2018," 2018, GenHQ.com.

展望未來：十大顛覆式創新

- Morgan Stanley and BCG: "Shared Mobility on the Road of the Future," Morgan Stanley Research, 2016, www.morganstanley.com/ideas/car-of-future-is-autonomous-electric-shared-mobility.
- Over half (52) of Gen Z: Cognizant and The Center for Generational Kinetics, "Gen Z: The World by the Thumbs," 2019, https://www.cognizant.com/gen-z.
- 60 of Gen Z: Cognizant and The Center for Generational Kinetics, "Gen Z: The World by the Thumbs," 2019, https://www.cognizant.com/gen-z.
- When it comes to AI: Ultimate Software and The Center for Generational Kinetics, "National Research Study," 2018.
- How Gen Z feels about smart devices: Cognizant and The Center for Generational Kinetics, "Gen Z: The World by the Thumbs," 2019, https://www.cognizant.com/gen-z.

- 48 of Gen Z think that AI: Ultimate Software and The Center for Generational Kinetics, "National Research Study," 2018.

高寶書版集團
gobooks.com.tw

RI 348

Z 世代經濟：未來最有影響力的新世代，將如何塑造 2035 世界新常態？

ZCONOMY: How Gen Z Will Change The Future Of Business—And What To Do About It

作　　者　傑森・多希（Jason Dorsey）、丹妮絲・薇拉（Denise Villa）
譯　　者　周玉文
責任編輯　林子鈺
封面設計　鄭婷之
內頁排版　賴姵均
企　　劃　方慧娟

發 行 人　朱凱蕾
出　　版　英屬維京群島商高寶國際有限公司台灣分公司
　　　　　Global Group Holdings, Ltd.
地　　址　台北市內湖區洲子街 88 號 3 樓
網　　址　gobooks.com.tw
電　　話　（02）27992788
電　　郵　readers@gobooks.com.tw（讀者服務部）
傳　　真　出版部（02）27990909　行銷部（02）27993088
郵政劃撥　19394552
戶　　名　英屬維京群島商高寶國際有限公司台灣分公司
發　　行　英屬維京群島商高寶國際有限公司台灣分公司
初版日期　2021 年 08 月

國家圖書館出版品預行編目（CIP）資料

Z 世代經濟：未來最有影響力的新世代，將如何塑造 2035 世界新常態？/ 傑森・多希（Jason Dorsey）、丹妮絲・薇拉（Denise Villa）著；周玉文譯 . -- 初版 . -- 臺北市：高寶國際出版：高寶國際發行，2021.08
面；　公分 .--（致富館；RI 348）

譯自：ZCONOMY: How Gen Z Will Change The Future Of Business—And What To Do About It

ISBN 978-986-506-166-1（平裝）

1. 經濟學　2. 消費心理學　3. 組織變遷

550　　110009427